CRISTÃOS SECRETOS

Dados Internacionais de Catalogação na Publicação (CIP)
(Câmara Brasileira do Livro, SP, Brasil)

André, Irmão & Janssen, Al
  Cristãos secretos: o que acontece quando os muçulmanos se convertem a Cristo / Irmão André e Al Janssen; tradução Onofre MunizEditora — São Paulo : Editora Vida, 2008.

  Título original: *Secret Believers*
  ISBN 978-85-383-0061-8

  1. Cristianismo e outras religiões - Islã 2. Cristianismo - Países islâmicos 3. Islamismo - Relações - Cristianismo 4. Muçulmanos I. Janssen Al II. Título

08-02595   CDD-266.0088

Índice para catálogo sistemático:
  1. Missionários : Cristianismo : Países islâmicos 266.0088

IRMÃO ANDRÉ E AL JANSSEN

CRISTÃOS SECRETOS

O que acontece quando muçulmanos se convertem a Cristo

Editora Vida
Rua Conde de Sarzedas, 246 — Liberdade
CEP 01512-070 — São Paulo, SP
Tel.: 0 xx 11 2618 7000
atendimento@editoravida.com.br
www.editoravida.com.br
@editora_vida /editoravida

CRISTÃOS SECRETOS
© 2007, by Irmão André e Al Janssen
Originalmente publicado nos EUA com o título
Secret Believers
Edição brasileira © 2008, Editora Vida
Publicação com permissão contratual da
Open Doors International (Santa Ana, CA)

Todos os direitos desta edição em língua portuguesa reservados e protegidos por Editora Vida pela Lei 9.610, de 19/02/1998.

É proibida a reprodução desta obra por quaisquer meios (físicos, eletrônicos ou digitais), salvo em breves citações, com indicação da fonte.

■

Exceto em caso de indicação em contrário, todas as citações bíblicas foram extraídas de *Almeida Edição Contemporânea*, © 1990, publicada por Editora Vida. Todos os direitos reservados.

■

As opiniões expressas nesta obra refletem o ponto de vista de seus autores e não são necessariamente equivalentes às da Editora Vida ou de sua equipe editorial.

Os nomes das pessoas citadas na obra foram alterados nos casos em que poderia surgir alguma situação embaraçosa.

Todos os grifos são do autor, exceto indicação em contrário.

Editor responsável: Sonia Freire Lula Almeida
Tradução: Onofre Muniz
Revisão de tradução: Marcelo Smargiasse
Revisão de provas: Polyana Lima
Diagramação: Efanet Design
Capa: Arte Vida

1. edição: 2008
2. reimp.: mai. 2009
3. reimp.: mar. 2015
4. reimp.: abr. 2016
5. reimp.: mai. 2018
6. reimp.: jul. 2018
7. reimp.: out. 2020
8. reimp.: jul. 2021
9. reimp.: jan. 2022
10. reimp.: fev. 2023

Esta obra foi composta em *Adobe Garamond*
e impressa por *Promove Artes Gráficas* sobre papel
Pólen Natural 70 g/m² para Editora Vida.

Sumário

Prólogo: O bom jihad 7

Parte 1 — Cristãos secretos 11

Parte 2 — Como devemos reagir? 235

Epílogo 275
Apêndice: Carta da igreja afegã perseguida
  em Cristo 277
Bibliografia 283

Prólogo

O bom jihad

O bom jihad.[1] Isso soa como um paradoxo até que se abra a Bíblia em 2Timóteo 4.7, onde Paulo diz: "Combati o bom combate". Na tradução árabe, as três últimas palavras tornam-se "o bom jihad".

Estamos empenhados em um combate. Uma verdadeira guerra que envolve o desafio do islamismo. Milhões de muçulmanos se estabeleceram na Europa e na América do Norte, e devemos reconhecer que pelo menos alguns deles odeiam o Ocidente. Já vimos a evidência: o Onze de Setembro, o ataque à boate em Bali, as explosões no trem de Madri, os ataques ao metrô de Londres, o Irã e o Iraque. Milhares de pessoas morreram, e grupos extremistas como a Al-Qaeda prometem que mais ataques virão.

No entanto, não parece tratar-se dessa guerra. Não é dessa guerra que o apóstolo Paulo falou a Timóteo. Ao contrário, esses acontecimentos são reflexos de uma guerra espiritual, de um conflito invisível. Como vamos reagir, nós, cristãos? Com armas e bombas? Essa é realmente a nossa única opção? Podemos assegurar que essa abordagem não irá vencer a guerra espiritual. Por um único motivo, trata-se de uma abordagem puramente defensiva, reacionária. É hora de os cristãos irem para a ofensiva.

---

[1] No conceito muçulmano, a luta espiritual contra os infiéis. Guerra santa. Esforço individual pela perfeição espiritual [N. do T.].

Então, como lutarmos o bom jihad espiritual? Para responder a essa pergunta, olhemos para um grupo de cristãos que vive sob o islamismo. Sim, existe uma igreja no mundo islâmico, em países como Irã, Iraque, Indonésia, Paquistão, Egito e outros do Oriente Médio e da Ásia Central. Em alguns países, a igreja está escondida e sobrevive escassamente. Em outros, existe uma igreja desde o tempo do Pentecoste. Essas comunidades viram o surgimento e o avanço do islamismo. Quase sempre sofreram terrivelmente. Se quisermos saber o que poderá vir à Europa e à América do Norte, devemos estudar esses grupos cristãos. Podemos aprender com seus sucessos e fracassos.

Contudo, como vamos contar a história? Queremos que você conheça essas pessoas surpreendentes, mas, se lhe dissermos seus nomes e onde vivem, vamos pôr a vida delas e suas igrejas em perigo. Elas nos disseram, entretanto, que *desejam* que suas histórias sejam contadas. Por isso, o método que escolhemos é um tanto fora do comum. A parte 1 de *Cristãos secretos*, cerca de 85 % do livro, é uma narrativa. Tudo o que você lê aqui é verídico; não inventamos nada, embora, em algumas situações, tenhamos preenchido lacunas com base em dados de amigos que vivem e ministram no mundo muçulmano.

Você irá notar que a história acontece num país não denominado do Oriente Médio. O nome das personagens, com exceção do Irmão André, é hipotético e, em muitos casos, as personagens são a combinação de mais de uma pessoa. Esperamos, dessa forma, proteger nossos amigos e ainda permitir que você entre no mundo real no qual vivem esses nossos irmãos. Embora eu (Irmão André) seja participante da história, o papel principal não é meu. Minha responsabilidade é encorajar e ajudar a igreja neste país muçulmano em tudo o que eu puder. No entanto, não se trata de minha história, motivo pelo qual me ponho em segundo plano e refiro-me a mim mesmo na terceira pessoa para que meus amigos fiquem no centro da cena.

Ao final deste livro, apresentamos algumas idéias de como reagir a essa história. Nós do Ocidente temos um papel importantíssimo a desempenhar no bom combate, e planejamos apresentar para sua reflexão uma estratégia para responder ao desafio do islamismo.

Em primeiro lugar, porém, queremos apresentar algumas pessoas maravilhosas. Junte-se a nós em nossa viagem a uma típica cidade árabe, Suq al

Khamis. Lá você irá conhecer Ahmed, um muçulmano que está enfrentando uma importante decisão de mudança de vida, e Abuna Alexander, padre local da igreja de São Marcos, que tenta nutrir sua congregação em meio a uma sociedade muçulmana hostil. Em seguida, você irá conhecer Butros, que está concluindo seus estudos na Inglaterra e precisa decidir se fica naquele país ou volta para o seu. Depois irá conhecer Nadira, esposa de Butros; Mustafá, que desempenha um papel importante na filial local do grupo fundamentalista Fraternidade Muçulmana; Hassan, um dos amigos mais íntimos de Ahmed; Salima, uma adolescente que descobre algo surpreendente na TV por satélite; Kareem, um graduado funcionário do governo; e Layla, uma menina cristã cujo tio se converteu ao islamismo.

Agora se acomode e entre nesta história. Voltaremos depois que você tiver terminado de lê-la para conversarmos sobre para onde ir a partir de então.

Parte 1
CRISTÃOS SECRETOS

1

UM PAÍS DO ORIENTE MÉDIO

Era manhã de domingo na cidade de Suq al Khamis e Ahmed estava refletindo sobre o impensável. O adolescente, magro, andava em círculos por sua sala, tentando decidir se assumia o risco. Olhou para o cartaz em cima de sua cama, embora tivesse as palavras memorizadas:

> Alá é o nosso objetivo.
> O mensageiro é o nosso líder.
> O Alcorão é a nossa lei.
> O jihad é o nosso caminho.
> Morrer no caminho de Alá é o nosso maior desejo.

Foi a última declaração que fez Ahmed tremer. Exatamente na noite anterior ele havia tido outro pesadelo: estava numa cova cheia de todo tipo de cobras que, enroladas nele, o atacavam com suas presas venenosas. Acordara suando, reconhecendo novamente a ameaça da punição eterna prometida por Alá a todos os que não seguissem fielmente os fundamentos do islamismo. Os sonhos variavam — às vezes ele podia sentir as chamas queimando sua carne; outras vezes ficava pendurado pelos cabelos enquanto sua pele era arrancada do corpo. Essa era a mensagem apavorante do islamismo ensinada pela facção da Fraternidade Muçulmana que se reunia com freqüência em sua casa. Sim, Alá era misericordioso; era, contudo, também um deus de horror e medo que se satisfazia em torturar os infiéis. E, de acordo com o ensino, todo cristão era *kafir*, um infiel. Sua única esperança de escapar dos horrores do inferno era levar uma vida exemplar de acordo com o islamismo. Ou morrer no jihad.

Nessa época Zaki foi para a universidade e logo escreveu para Ahmed fazendo suas ultrajantes perguntas que desafiavam o fundamento de sua religião. Zaki era amigo de Ahmed desde pequeno. Juntos os dois meninos haviam freqüentado a mesquita e ouvido os sermões inflamados do seu imã[1] todas as sextas-feiras. Juntos haviam também freqüentado a escola cristã local — seus pais haviam concordado que ela dava a melhor instrução para seus filhos. A religião foi parte importante da educação deles. Os alunos dedicavam todos os dias ao estudo de sua fé — os cristãos, numa sala, dirigidos por Abuna Alexander, um padre local; os muçulmanos, em outra, ensinados por um recém-formado pela principal universidade muçulmana da capital. Ahmed tinha de admitir que, mesmo tendo freqüentado uma escola administrada por cristãos, nunca realmente havia conversado com eles sobre suas crenças, exceto em tom de zombaria quando ele e Zaki e um amigo deles dois, Hassan, tentaram converter os alunos cristãos ao islamismo.

Agora seu melhor amigo estava propondo o inconcebível: talvez houvesse algo com o cristianismo. Zaki havia conseguido um *Injil*, o evangelho cristão, e estava lendo em segredo a respeito de *Isa* (Jesus). Não que aquele Jesus lhes fosse desconhecido — havia muitas referências a ele no Alcorão — mas as Escrituras cristãs apresentavam um retrato muito diferente desse profeta.

Ahmed tirou do bolso a carta amarrotada e tornou a ler as chocantes palavras de Zaki:

— Isa é o homem mais surpreendente que já viveu. Não posso deixar de compará-lo ao nosso Profeta (que a paz seja com ele). Não vou dizer mais nada. Consiga um exemplar do *Injil* e leia-o você mesmo. Vamos conversar quando eu for para casa, de férias.

Ahmed enfiou de volta a carta no bolso e pensou novamente em suas opções. Os sonhos estavam piorando. Se havia qualquer chance de encontrar respostas na igreja, valia a pena o risco. Contudo, ele tinha de ser cuidadoso. Ninguém em sua família podia saber. Apressou-se em sair da sala de estar e pegar sua motocicleta, estacionada à porta da frente. Deu a partida e levantou uma nuvem de pó ao percorrer a rua de terra até a estrada

---

[1] Ou "imame". Pregador na oração islâmica e também designação para os principais líderes religiosos do islamismo que sucederam ao profeta Maomé [N. do R.].

pavimentada para a cidade. Fez o trajeto costurando em meio ao tráfego matinal, ultrapassando carroças, caminhões que passavam pela cidade em direção à capital e furgões superlotados de passageiros que faziam o transporte local. Ao longo do trajeto, passou por fileiras de lojas, várias mesquitas e mercados públicos alvoroçados — o *suq* que emprestava seu nome à cidade — até chegar ao limite da cidade onde ficava uma igreja de tijolo de barro chamada de São Marcos. Ahmed conseguiu ver várias pessoas dirigindo-se à porta onde Abuna Alexander, vestido com uma batina preta e usando uma simples cruz de madeira, estava em pé recebendo os fiéis.

Ahmed estacionou sua moto ao lado da cerca da escola no outro lado da rua da igreja. A incerteza brotava dentro de si. E se alguém o reconhecesse? Como explicaria este comportamento ao seu pai? Olhou ao redor, mas não reconheceu ninguém. Desceu a rua, atravessou-a e tomou a direção da igreja. Rapidamente ele apressaria os passos para sentar-se bem atrás.

Entretanto, o padre o viu aproximar-se e uma expressão de preocupação surgiu em sua face.

— Eu conheço você — disse o padre Alexander, interrompendo a aproximação do menino à igreja — da escola, certo?

Ahmed concordou.

— Que surpresa ver você! O que o traz à igreja de São Marcos?

— Só quero visitar. Prometo que não vou causar problema.

O padre Alexander deu uma risada exaltada e disse:

— Não. Essa não é uma boa idéia. Dê meia-volta e vá embora. Este é um lugar para cristãos. Se você quer adorar a Deus, vá à mesquita.

As palavras deixaram o menino atordoado. Não lhe havia ocorrido que a igreja não o recebesse. Hesitante, tentou explicar:

— Só quero saber no que o senhor crê.

— Desculpe. Esta não é a hora nem o lugar. — A voz do padre se tornou severa. Era evidente que não deixaria Ahmed entrar na igreja.

— Então, pelo menos, posso tomar um evangelho emprestado?

— Por que você quer o evangelho? Você tem o seu Alcorão. Agora vá. A missa está para começar e você não deve ser visto aqui.

Ahmed começou a protestar, mas notou que vários paroquianos haviam parado para observar a cena estranha. Havia perdido a oportunidade de entrar furtivamente na igreja. Se demorasse um pouco mais, alguém poderia contar a seu pai. Voltou-se rapidamente e atravessou a rua às pressas até sua moto.

———

Por que aquele menino muçulmano queria vir à igreja? Abuna Alexander coçou a barba, perplexo, enquanto olhava o adolescente subir na moto e partir. O padre piscou ante a forte luz do sol que se refletia na estrada poeirenta. Um asno preguiçoso puxava uma carroça com um lavrador próximo à igreja para os campos que se estendiam para além de Suq al Khamis, na direção de um vilarejo, cerca de três quilômetros de distância. Dentro da igreja, cerca de 50 fiéis aguardavam o padre Alexander dar início à liturgia.

Não que o padre não gostasse de muçulmanos. Ele havia dado duro para ser um bom vizinho, mesmo depois que uma nova mesquita fora construída próxima à igreja de São Marcos. Às vezes seus alto-falantes funcionavam, tentando abafar as missas. Ele mantinha relacionamentos cordiais com vários imãs. Todos os anos ele lhes desejava feliz *Eid al-Fitr*, a festa que celebrava o fim do Ramadã, e alguns deles lhe desejavam feliz Natal. Na época da Páscoa, entretanto, os imãs o lembravam que os muçulmanos não acreditam que Jesus morreu na cruz, mas que, simplesmente, foi levado por Deus. Ele sentia-se impotente na tentativa de defender o cristianismo contra tais ataques.

A coexistência deles não era tranqüila. Menos de 10% dos 65 mil moradores da cidade se identificavam como cristãos, e isso era mais alto do que na maioria das comunidades. Oficialmente, naquele país todos tinham o direito de escolher sua religião, mas na realidade isso significava que todos tinham o direito de escolher o islamismo. O Alcorão dizia que todos os que deixassem o islamismo tornavam-se infiéis, e os infiéis deviam ser mortos. Além disso, a lei da Sharia, ativamente promovida pelo grupo local da Irmandade Muçulmana, se sobrepunha a qualquer outro sis-tema legal aos olhos de muçulmanos dedicados. Na verdade esses fundamen-talistas estavam começando a causar problemas para alguns em sua congregação. Um de seus membros, comerciante de ouro e principal contribuinte para o caixa da igreja, teve sua loja assaltada por alguns desses jovens. A polícia local não fizera nada a respeito. Em comunidades menores a pressão era ainda pior. Os extremistas haviam incendiado uma igreja em um vilarejo próximo.

Assim, que argumento havia para permitir que um muçulmano visitasse sua igreja? Isso destruiria a estabilidade do seu pequeno rebanho. Na qualidade de padre, ele era responsável pelas pessoas de sua congregação. Tinha de protegê-las dos lobos, e não cometer erros, porque alguns muçulmanos do seu bairro eram lobos. Embora houvesse uma trégua instável na comunidade, houve tempos no passado em que muçulmanos haviam tentado enganar e devorar os fiéis. Mesmo hoje, incentivos a membros do seu rebanho às vezes são oferecidos para que estes se convertam ao islamismo.

Em certa época, séculos antes, a igreja tinha sido forte. Havia árabes entre aqueles que ouviram Pedro pregar no Pentecoste, e logo depois disso a igreja se estabeleceu no mundo árabe. O cristianismo difundiu-se e dominou a região até o surgimento do islamismo no século VII. Os exércitos do Islã logo dominaram a região e forçaram as comunidades cristãs a se converterem. Durante mil e quatrocentos anos os que não se converteram ao islamismo sofreram em conseqüência de suas normas. Sob a filosofia da *submissão*,[2] os cristãos tiveram permissão de existir, mas foram penalizados com impostos adicionais e a condição de cidadãos de segunda classe.

— Devemos ser cuidadosos em nos lembrar de que no passado alguns muçulmanos nos enganaram — Abuna Alexander lembrou o líder da paróquia. — Eles fingiram se converter, somente para seduzir nossas filhas, casar-se com elas e depois voltarem ao islamismo.

Jovens muçulmanos haviam fingido estar interessados na religião, mas na realidade tinham vindo ver garotas de pernas de fora e sem lenços na cabeça. Não, ele não podia convidar os perseguidores a entrar em sua igreja para ficarem de olho nas mulheres.

Enquanto dizia para si mesmo que tinha de proteger seu rebanho, uma pontada de culpa apunhalou o padre. Ele sabia que Deus tinha convidado *todos* para que viessem e fossem salvos. Contudo, como os muçulmanos poderiam ser salvos? Por que algum cristão haveria de querer que eles fossem salvos? Eles não mereciam o julgamento de Deus? Se tivesse deixado aquele jovem entrar, a igreja toda ficaria em perigo. A polícia secreta poderia

---

[2] *Dhimmitude* – Submissão "espontânea" de cristãos, judeus ou qualquer outra pessoa não-muçulmana ao governo islâmico mediante a permissão de praticar sua religião conservando, porém, a condição de cidadão de segunda classe em relação ao muçulmano [N. do T.].

vir e questioná-lo. Poderiam até ordenar o fechamento da igreja para sempre. Ele não podia correr aquele risco. Certamente o garoto sabia daquilo. Ele não deveria ter colocado o padre numa situação tão precária.

Os sinos tocaram dentro do santuário, chamando Abuna Alexander. Ele entrou para dar início à missa.

2

INGLATERRA, DOIS ANOS ANTES

O trem para Londres balançava ao avançar rapidamente pela zona rural. Normalmente, não fosse o sono tão necessário, Butros gostava de olhar pela janela a luxuriante paisagem verdejante na esperança de ver uma antiga casa de fazenda com teto de sapé. Cercas características formadas por arbustos dividiam fazendas e os campos ondulados, povoados por ovelhas, vacas e, ocasionalmente, por um rebanho de pôneis zelandeses. A paisagem era um completo contraste com o deserto rude e seco do seu lar no Oriente Médio. Logo ele ia terminar seus estudos de pós-graduação e uma decisão mais importante se lhe apresentava. Devia ficar na Inglaterra, onde havia várias agências missionárias que poderiam utilizar seus talentos? Ou devia retornar ao seu país de origem, onde a igreja estava murchando sob o poder opressivo de uma cultura dominada pelo islamismo?

A luta interna havia se intensificado à medida que ele se aproximava da formatura, complicada pela jovem Nadira. Eles estavam estudando em universidades vizinhas e haviam se conhecido em uma reunião para estudantes cristãos. Tal como Butros, Nadira era de um país do Oriente Médio. Eles gostavam de se encontrar numa cafeteria para conversar em árabe a respeito de sua fé cristã. Não estavam "namorando" oficialmente, mas ele sabia que logo ia falar com os pais dela e pedir sua mão em casamento. Mesmo sendo de países diferentes, seria mais simples se ficassem na neutra Inglaterra, e as oportunidades ali lhe davam muito mais opções para sustentar uma família.

No entanto, ele sentia que Deus tinha um plano diferente e estava orando por uma clara indicação do que poderia ser. Quando o trem entrou na estação Victoria, os passageiros se levantaram para pegar seus pertences. Ainda absorto em seus pensamentos, Butros esperou. Só depois que todos saíram do seu vagão, foi que ele se levantou vagarosamente e saiu para a plataforma. Carregando uma bolsa a tiracolo, passou pelo terminal e desceu até o subsolo de Londres, onde pegaria o metrô para o seu apartamento.

De repente, uma voz o chamou em árabe, sua língua nativa:

— Meu querido irmão muçulmano, não se esqueça de vir à mesquita para as orações de sexta-feira. Não deixe que o Ocidente o envolva. Se seguirmos o caminho de Alá, um dia vamos ganhar a Inglaterra para o Islã.

Butros parou e olhou fixamente para o corajoso missionário, depois respondeu educadamente:

— Você está enganado. Não sou um irmão muçulmano. Sou discípulo do Senhor Jesus Cristo.

Um olhar de desgosto veio sobre o missionário e ele deu meia-volta e foi para o outro lado da plataforma. Butros tomou o metrô e, quando as portas se fecharam e o trem começou a se mover, viu o missionário falando apaixonadamente a outro estrangeiro desconhecido.

E então, mentalmente, Butros ouviu: *Aquele missionário muçulmano está determinado a mudar um país ocidental para o islamismo. E quanto à Grande Comissão que eu lhe dei?* Butros reconheceu que esse pensamento não era seu, mas um suave cutucão do Espírito Santo. E o seu coração respondeu: *Isso é para o mundo todo, Senhor. Certamente eu posso ficar aqui na Inglaterra e fazer a minha parte para ajudar a realizar a Grande Comissão.*

Então lembrou-se das palavras de Jesus em Atos 1.8: vocês "serão minhas testemunhas em Jerusalém, em toda a Judéia e Samaria, e até os confins da terra". O empurrão evangelístico dos discípulos começou na casa deles e de lá se espalhou. Da mesma forma, Butros sentiu que estava sendo compelido a voltar para sua terra natal e estremeceu ao considerar as implicações, lembrando suas aulas de grego em que a palavra *testemunha* é a mesma palavra para *mártir*. Aquilo significava que teria de pagar o preço definitivo para ser uma testemunha em sua terra?

Enquanto o metrô o empurrava suavemente à medida que rugia pelo túnel, Butros lutava com Deus. Missionários não haviam servido durante muitos anos em seu país? E, apesar de a atividade missionária não ser mais permitida, havia cristãos estrangeiros trabalhando em várias ocupações seculares, dando testemunho com a vida deles. Além disso, se ele voltasse para casa, como poderia sustentar uma família? Poderia pastorear uma igreja, mas os salários de uma igreja eram insignificantes. Se tentasse qualquer tipo de trabalho expandido, precisaria de ajuda, e como encontraria auxiliares em uma nação onde 95% da população era composta de muçulmanos? O que Deus tinha a dizer a respeito daquilo? Tudo o que ele ouvia em resposta era o forte ruído do trem.

Butros quase perdeu o ponto de parada. Estava chovendo e ele subiu as escadas até o nível da rua e correu dois quarteirões até o seu apartamento. Abriu a porta e pegou a pilha de correspondência que havia se acumulado nos poucos dias em que estivera ausente. Separou rapidamente as contas dos anúncios. Um envelope chamou sua atenção. Era da Holanda. Abriu-o e tirou uma carta do Irmão André.

Um ano antes Butros havia conhecido Irmão André durante um projeto missionário de verão na ilha de Chipre. O missionário veterano havia feito várias palestras à equipe missionária. Depois da publicação do seu livro *O contrabandista de Deus*, que relata a desesperada remessa de Bíblias a igrejas na Europa oriental e à União Soviética, André foi impedido de voltar aos países comunistas. Por isso ele deu maior atenção ao mundo muçulmano e suas mensagens focaram os desafios que o islamismo apresentava às agências missionárias cristãs. Entre as reuniões, André ouviu Butros contar a respeito das provações que a igreja enfrenta em seu país no Oriente Médio e sugeriu que Deus poderia ter uma obra especial para ele fazer naquele campo.

Avidamente, Butros leu as palavras do seu mentor: "Quero encorajá-lo a voltar para o seu país, depois de formado". Os olhos de Butros se encheram de lágrimas ao ler as frases que, carinhosamente, o lembravam de que ele era necessário ao seu país para fazer a obra que ele sabia que Deus o havia chamado a fazer. Se restava alguma dúvida a respeito de sua responsabilidade, ela se dissipou ao ler as linhas finais da carta: "Sei que você acha uma tarefa impossível. Entretanto, lembre-se, um homem com Deus é maioria".

———

Algumas semanas depois Butros fez um vôo curto de Londres a Amsterdã e passou um dia com Irmão André conversando sobre as possibilidades de ministério em seu país natal. O escritório do Irmão André pareceu um refúgio de um mundo barulhento e rude. Havia um suave sussurro do aquecedor funcionando perto do teto, acima da mesa de André. Passando por uma porta havia outra sala de trabalho que dava para um exuberante jardim onde André passava a maior parte do seu tempo quando não estava chovendo. A umidade das chuvas breves da manhã acrescentava um brilho luminoso ao verde vivo das árvores, dos arbustos e à alta cerca que separava a propriedade de André da de seus vizinhos. Irmão André sentou-se numa cadeira de balanço, enquanto Butros sentou-se num sofá gasto pelo uso, cujo tecido imitava o couro.

Butros olhou em volta da sala, desfrutando a sensação de biblioteca com estantes que cobriam duas paredes do chão até o teto, e outra parede repleta de lembranças dos anos de viagem de André. No centro da sala havia um grande e velho fole que servia de mesa de café. André explicou que era de um ferreiro.

— Ele me lembra que uma vez fui um ferreiro como meu pai. Meu pai, em um livro, é chamado de 'O Rembrandt dos ferreiros'. Ele tentou desesperadamente me ensinar o ofício, mas falhou completamente. — André puxou um pequeno cão de pelúcia que fechava a boca do fole. — Agora, não cometa a maldade de acionar o fole, se não o carpete se enche de fuligem.

Butros riu.

— Obrigado por gastar seu tempo para me receber — disse.

André levantou a mão.

— Não, a honra é minha. Estou aqui para servir você em tudo o que puder.

— Bem, primeiro deixe-me dizer que resolvi voltar para o meu país. Creio que Deus me chamou para trabalhar lá, mas não sei por onde começar.

— *Pelo começo!* — disse André, rindo. — O primeiro passo é *ir*. Quando encontrei aquele panfleto para o congresso da juventude comunista na Polônia, tudo o que fiz foi pegar meu passaporte, comprar uma passagem e ir. Uma vez lá, procurei meus irmãos. Uma vez encontradas as igrejas, o restante seguiu-se naturalmente.

— Ouvi o senhor dizer antes: "Procurei os irmãos". Mas e depois?

— *Ouça.* — André pegou uma das muitas Bíblias que enchiam várias estantes do seu escritório e abriu-a. — O livro de Apocalipse, capítulos 2 e 3.

— As cartas às sete igrejas — disse Butros.

— Correto. Foram as palavras escritas à igreja de Sardes, em Apocalipse 3.2, que se tornaram o chamado da minha vida. "Esteja atento! Fortaleça o que resta e que estava para morrer". Mas quero que você perceba duas coisas sobre essas sete cartas. Em primeiro lugar, cada uma termina com a mesma frase: "Ouça o que o Espírito diz às igrejas". Quer dizer que Deus irá dizer algo que não está na Bíblia. Isso significa que o Espírito tem algo a dizer em cada momento, em cada geração, em cada situação. Falei sobre isso em uma conferência para pastores no monte das Oliveiras há muitos anos. Um pastor levantou-se e disse: "André, diga-nos, o que o Espírito está dizendo às igrejas?". É exatamente isso que não posso dizer a você. Você precisa ouvir. O que o Espírito está dizendo à igreja no *seu* país?

Butros fechou os olhos por um momento para refletir naquelas palavras. Elas pareciam tão naturais para André, como se aquela fosse uma mensagem por ele pregada centenas de vezes — e não apenas pregada, mas também vivida.

— Então eu devo falar aos líderes denominacionais? Aos bispos?

— Você deve deixar que os líderes saibam o que está fazendo. Contudo, vá às cidades e vilarejos. Sente-se com os pastores e ouça-os. Peça-lhes que contem a você suas esperanças e temores. Informe-se a respeito da saúde espiritual de suas congregações. As pessoas estão espiritualmente fracas ou fortes?

— Não acho que estejamos muito fortes — lamentou Butros.

— Descubra por quê. Por exemplo, as Escrituras dizem que todas as pessoas têm o direito de ouvir o evangelho. Como a igreja está agindo quanto a isso? Estão evangelizando? Estão causando impacto em suas comunidades? Estão vendo as pessoas se convertendo a Jesus Cristo?

— Mas nós vivemos em uma sociedade muçulmana. Somos, talvez, 5% da população.

— Deus quer que os muçulmanos ouçam o evangelho?

— Sim, sei que ele quer. Esse é o desejo do meu coração, mas a maioria dos cristãos tem medo de testemunhar de Jesus.

— Então o que o Espírito está dizendo para a *sua* situação? Ele quer que você ajude a fortalecer as igrejas para que elas venham a ser uma testemunha efetiva aos muçulmanos? Sei que isso o torna vulnerável. Pense que Deus foi vulnerável. Ele salvou outros, mas não salvou a si mesmo. Temos de nos mover para uma posição onde sejamos vulneráveis, mas para um propósito: salvar outros. Não sei o que isso significa. Talvez os cristãos tenham de dar suas propriedades para servir muçulmanos em sua comunidade. Talvez assumir o risco e ir falar aos líderes terroristas. Lembre-se que estamos aqui para salvar outros.

Butros deixou escapar um grande suspiro, claramente preocupado com as implicações do que tinha ouvido. Em seu país as pessoas raramente eram tão diretas em suas conversas. André, no entanto, o havia rapidamente forçado a confrontar as questões centrais que ele encararia quando voltasse para o seu país.

— O senhor disse que havia duas coisas em todas as sete cartas.

— A segunda coisa é que em cada carta Jesus se refere "ao vencedor". Isso me diz que a igreja deve atacar. Deve evangelizar. Não apenas sobreviver, mas ir à ofensiva. E, quando isso acontece, temos a promessa que as portas do inferno não prevalecem contra os ataques da igreja. Mas, quando Jesus diz "o vencedor", deduz-se, também, que podemos não vencer. Foi de onde surgiu o meu chamado, em Apocalipse 3.2: "fortaleça o que resta e que estava para morrer".

— Eu penso que, no meu país, a igreja está apenas tentando sobreviver.

— Então fortaleça-a. Deus tem uma importante obra para ela fazer. O trabalho da igreja não é sobreviver. Ela existe para realizar a Grande Comissão. Seu trabalho é fazer discípulos de todas as nações. Você sabe que o islamismo é uma religião com atividade evangelística agressiva. A maior parte da igreja não está se dando conta desse desafio. Não estamos fazendo o que Deus nos disse para fazer. O nosso objetivo é que o mundo se encha do conhecimento do Senhor.

— O senhor tem algum programa que eu possa usar e que tenha funcionado em outros países?

André balançou a cabeça.

— Nunca fomos a algum país e prescrevemos o remédio para a igreja doente ou sofredora. Sempre fomos e perguntamos: "O que podemos fazer por vocês?". Porque o Espírito tem de falar a elas. Nós vamos e fortalecemos a igreja para que ela possa funcionar em sua situação, vivendo sob qualquer regime, político ou religioso, que impeça ou enfraqueça sua capacidade de realizar a Grande Comissão. Na Europa Oriental, a premente necessidade era de Bíblias. Mas em outros lugares não existem seminários e os pastores precisam de treinamento. Em muitos países muçulmanos a maioria dos cristãos não sabe ler, por isso, para fortalecer a igreja, nós damos treinamento na área da alfabetização. Em outros países em que os cristãos estão na base da escala econômica, nós os ajudamos a começar pequenos negócios para que possam tornar-se auto-suficientes e ter maior testemunho na comunidade.

— Já posso ouvir os protestos. Os muçulmanos não nos permitirão evangelizar. A cultura islâmica oprime os cristãos. Os pastores dirão que é perigoso para a igreja evangelizar os muçulmanos.

— Claro que é perigoso, mas é muito mais perigoso para todos nós não fazê-lo. Mesmo num exército vencedor existem baixas. Segurança não é o caso quando olhamos para a Grande Comissão. O propósito da igreja não pode ser sobreviver, ou mesmo prosperar, mas servir. Como você serve? — André fez uma pausa antes de dizer: — Às vezes os servos morrem ao servir.

Houve silêncio durante uns instantes. O aquecedor havia se desligado e o único som era uma chuva suave que pingava na clarabóia.

Então Butros disse:

— Honestamente, não sei se posso fazer isso.

André fitou atentamente seu amigo.

— Eu sei — ele disse, com voz amável. — Você se sente inadequado. Foi exatamente como me senti quando me lancei para trás da cortina de ferro. No entanto, oportunamente outros se juntaram a mim. Lembre-se, você não está fazendo isso sozinho. O Espírito Santo está com você. Ele o guiará. Ele levantará outros no país para trabalharem com você. E, oportunamente, encontrará outros como você que estão servindo à igreja perseguida nos países muçulmanos, comunistas e hindus. A igreja no Ocidente está ajudando. Quando as pessoas ouvirem o que Deus está fazendo por intermédio de você, irão querer orar e contribuir. Se você obedecer a Deus, ele proverá tudo aquilo de que você precisar para fazer o trabalho dele. Quero que saiba que vou orar por você todos os dias e, se houver *alguma coisa* que eu possa fazer para ajudar, farei.

3

UM PAÍS DO ORIENTE MÉDIO, UM ANO DEPOIS

Ahmed podia sentir a depressão, pronta para sugá-lo novamente para uma cova de desespero. Os pesadelos certamente voltariam naquela noite se ele não dominasse os pensamentos. Pegou a agenda e uma caneta. *A pessoa racional que faz perguntas e tem dúvidas e ainda assim acredita é cem vezes maior do que um deus que carrega a tesoura de um censor e o olho de um informante de polícia para espionar e furtar.* Sentiu a raiva escoar por intermédio de sua caneta. O árabe era a língua perfeita para expressar tais emoções, e a tradição da poesia árabe era destaque em sua família. Eram idéias perigosas, mas o estudante universitário de 20 anos de idade não conhecia outra maneira de processar a guerra em sua mente. *Um homem que pode discordar e ainda assim permanecer cortês com você é cem vezes maior do que um deus que não pode suportar a divergência de opinião ou a crítica — o frágil trono do ditador.*

A poesia enchia o vazio quando Zaki estava ausente. Zaki, o único amigo que sabia da jornada espiritual de Ahmed — que, de fato, o havia encorajado a fazer as perguntas proibidas a respeito do islamismo e havia lhe dado uma Bíblia —, estava fora do país, começando seus estudos de pós-graduação para formar-se médico. Zaki era o único que sabia a respeito do seu medo da morte. À noite, quando não conseguia dormir, Ahmed visualizava as torturas que seriam aplicadas a todos os que não se enquadrassem nos padrões de Alá.

Ahmed sabia que estava brincando com fogo, e em seus pesadelos ele sempre se queimava. Todavia, não conseguia escapar das páginas da Bíblia. Elas ofereciam um contraste total com qualquer outra literatura. Ele havia lido vários poetas de sua cultura, e a súbita mensagem que havia notado era a do deus do islamismo que tratava as pessoas como escravas. Ele havia lido as obras de Jean-Paul-Sartre e Karl Marx e pensara durante certo tempo na utópica visão do comunismo. Aqueles sonhos haviam se partido quando aprendeu, em seus estudos universitários, a respeito dos regimes brutais de Stalin e Mao. Na época, Zaki o apresentara a um poeta místico muçulmano que escreveu a respeito do *Mahdi*, o messias do islamismo que haveria de vir. "Quando Deus quis ver a face dele, mandou Jesus ao mundo", ele escrevera. Que idéia estranha! Por intermédio desse poeta ele, pela primeira vez, ficara sabendo a respeito da cruz e da crucificação.

O chamado do *adhan*[3] de uma mesquita do bairro interrompeu sua concentração. A oração do meio da tarde devia ser seguida de uma discussão semanal do Alcorão para estudantes universitários locais. Ahmed deixara de ir a várias sessões e alguns amigos haviam indagado a respeito de sua ausência. Por isso ele pegou seu tapete de oração e o Alcorão do alto da estante e andou rápido por um quarteirão até a mesquita local, um prédio simples e pequeno com assoalho de madeira e um único minarete. Tirou as sandálias, lavou o rosto, as mãos e os pés em uma das torneiras usadas para as abluções, e apressou-se a entrar. Era uma reunião pequena — a maior parte dos fiéis fazia suas orações em seu local de trabalho.

O saguão era espaçoso, mas despido de ornamentação, com exceção do *mihrab*, um nicho na parede da frente indicando a direção de Meca. Na moldura do *mihrab* havia versos do Alcorão pintados em linda caligrafia. Ahmed colocou seu tapete de oração em frente do *mihrab* assim que o imã começou a recitar os versos iniciais do Alcorão: "Louvor seja a Deus, o Senhor do Universo, o Compassivo, o Misericordioso, Soberano do Dia do Julgamento. Só a ti adoramos e só a ti nos voltamos em busca de ajuda. Guia-nos ao caminho reto, ao caminho daqueles a quem tens favorecido..."

Quantas vezes ele havia recitado aquelas palavras? Milhares. Acreditava nelas? Claro que sim. Todavia ele estava mudando. A quem Deus favoreceu? Durante o último ano ele havia lido e relido o *Injil*, e os ensinos de Jesus, o Profeta chamado Isa no Alcorão, ainda o surpreendiam. Ele memorizou várias declarações do Profeta que estavam no *Injil*: "Se alguém o ferir na face direita, ofereça-lhe também a outra". O Alcorão, ao contrário, o mandava lutar e matar. "Qualquer que olhar para uma mulher para desejá-la, já cometeu adultério com ela no seu coração". O Alcorão permitia-lhe

---

[3] Adhan é a chamada islâmica para a oração, tradicionalmente recitada pelo almuadem ou muezim, um cantor, no minarete, isto é, na torre de uma mesquita. Hoje em dia é muito comum que essas chamadas sejam feitas por um alto-falante instalado no alto da torre da mesquita [N. do R.].

casar-se com até quatro mulheres e mantê-las presas em qualquer país invadido. Ele conhecia os argumentos contra a Bíblia — que ela era distorcida e exigia a correção do Alcorão. Mas o homem Jesus, ele atraía Ahmed como uma borboleta o era por uma flor colorida.

Ahmed curvou-se, mãos nos joelhos, costas eretas enquanto o imã recitava um curto *sura*, um capítulo do Alcorão. Levantou a cabeça junto com a assembléia e respondeu:

— Deus ouve aqueles que o louvam.

Então todos se ajoelharam e se curvaram até que a fronte e o nariz tocassem o chão.

— Deus é grandioso! — recitou o imã.

Como era grande o profeta Jesus, Ahmed pensou.

Como eras rico em ser... pobre em ter.

Como podes ter dado quando nem sequer tinhas um lugar para reclinar a cabeça? Tu nos deste o teu coração — essa vasta amplitude que ainda nos cerca, cansado e muito carregado.

Muitos têm riquezas — água salgada que não mata sua sede. Tu podes vê-los em suas torres, famintos. Lá estão eles em seus castelos com ar-condicionado, famintos. As caixas de moedas não satisfazem. Elas só enferrujam.

Em pé novamente, enquanto as orações continuavam, Ahmed pensou em suas meditações sobre Jesus. Algo havia lhe acontecido. Quando a mudança havia ocorrido? Talvez nunca discernisse o momento exato, mas sabia então que estava convencido. Era impossível viver sem Jesus Cristo, porque só ele deu significado real à vida. Porque Jesus Cristo era, de fato, divino!

O que tinha a ver um muçulmano com tal conclusão? Ver Deus em qualquer ser humano era *shirk*, o pior pecado no islamismo. *Shirk* significava atribuir divindade ou atributos divinos a outra pessoa além de Alá. Maomé, não Jesus, era o selo de todos os profetas. Alá não teve filho; teve apenas mensageiros. Por isso aquilo era bobagem. Todavia Ahmed não podia negar o que havia aprendido, e tal convicção apaixonada não podia ser refreada para sempre. Ele tinha de falar a verdade. Mas onde? Como?

Quando as orações terminaram, Ahmed virou-se para o seu vizinho e disse:

— A paz seja contigo — e observou que o jovem já estava desenvolvendo um ponto escuro no centro da fronte, causado por curvar-se repetidas vezes e tocar vigorosamente a cabeça no chão. Aquela era uma marca de orgulho para um muçulmano devoto, demonstrando a todos que aquele fiel orava cinco vezes por dia.

Eles sentaram-se no chão enquanto o imã colocava o Alcorão num *rehal*, uma tribuna ornamentada de madeira. Na exuberância de sua juventude, em sua sede pela verdade, Ahmed sentiu-se compelido a falar. Talvez outros no salão tivessem os mesmos pensamentos, mas faltava a coragem para expressar suas dúvidas. Ele ia levantar a questão certa, a pergunta sincera. Dirigindo-se educadamente ao imã, perguntou:

— Por que nós, a religião que honra os profetas, ignoramos o maior de todos os profetas?

O imã olhou para ele, aturdido pelo fato de alguém ter falado antes que ele desse início à sua lição. Ahmed não podia mais parar.

— Existe alguém maior do que o profeta Isa? Olho para ele e vejo perfeição. Olho para ele e vejo Deus.

Foi quando o inferno desabou sobre Ahmed.

———

Abuna Alexander encontrou-se com Butros na entrada da igreja de São Marcos e o levou pelo lado direito do santuário, passando pelo altar e por uma porta que dava para o vestiário, onde suas vestes estavam penduradas. Em um canto havia uma escrivaninha de madeira, do outro lado, no balcão de linóleo de uma pequena e velha pia, estavam uma chaleira elétrica e alguns copos.

— Desculpe-me — este é o meu escritório — disse o padre, oferecendo uma cadeira dobrável ao seu convidado. — Não é muito, mas é tranqüilo e aqui posso meditar, estudar e orar.

— Fico grato por me receber — respondeu Butros.

— Na verdade, estou muito curioso a respeito do que você está fazendo. Ah, preciso ligar a chaleira. Aceita um pouco de chá ou café?

— Aceito um pouco de chá.

O padre encheu o recipiente com água e preparou dois copos pequenos, colocando folhas soltas de chá e uma generosa colherada de açúcar em cada um deles enquanto esperava a água ferver.

— Há quanto tempo você voltou? — Perguntou o padre Alexander.

— Seis meses. Quando concluí minha dissertação de doutorado na Inglaterra, senti Deus me chamar de volta para este país.

O padre olhou para ele com ar interrogativo.

— Mas você não é pastor?

— Bem, poderia ser. Ocupei vários púlpitos para dar descanso a pastores protestantes. Porém, acho que fui chamado para ministrar a outros pastores.

— Você é casado? — Alexander perguntou enquanto despejava a água quente nos dois copos e mexia a mistura.

— Sim. Meu casamento foi há três meses.

— Parabéns! Que você seja abençoado com muitos filhos. — O padre entregou a Butros um copo de chá quente, depois pegou outro, colocou-o sobre sua escrivaninha e sentou-se em sua velha cadeira do escritório. — Você procura ajudar pastores? Meu bispo é o meu pastor.

Butros compreendia a hierarquia nas denominações litúrgicas e disse imediatamente:

— Não vou minar a autoridade do seu bispo. Já tive uma reunião com ele para dizer-lhe o que estou fazendo e vou fazer-lhe um relatório quando tiver concluído minha pesquisa.

— Você está tentando reunir-se com todos os padres e pastores do país?

— Se possível, sim. Não são tantos.

— Posso perguntar por quê?

— Estou tentando saber como está a saúde da igreja.

— Estamos sobrevivendo — disse Alexander com uma risada aborrecida.

— Sim, mas talvez Deus queira mais do que sobrevivência. — Butros respirou fundo e iniciou um discurso que havia repetido em cada gabinete pastoral que visitara. — Nosso Senhor disse que devemos ser sal e luz. As igrejas neste país, aqui em Suq al Khamis, estão sendo sal e luz?

— Não estamos mal para uma igreja que está aqui há quase 2 mil anos.

Butros entendeu que o padre o estava testando. Butros era protestante e sua denominação começara com uma agência missionária britânica cerca de cem anos antes. Havia uma tensão crônica entre protestantes e denominações litúrgicas históricas. Como resultado, houvera pouca cooperação entre eles. Mas Butros sentiu que Deus o chamara para fortalecer *cada* igreja que o deixasse ajudar.

— Abuna Alexander, eu agradeço a Deus que você e seus colegas, padres e bispos preservaram a fé durante séculos. Vocês permaneceram fiéis quando o islamismo invadiu, e perseveraram sob terrível perseguição. Hoje, como vocês sabem, nós cristãos somos, provavelmente, não mais do que 5% da população. Aqueles que têm recursos foram embora para o Ocidente...

— Perdi duas famílias este ano. — Alexander interrompeu. — Eles têm parentes na Europa.

— Por isso nós lutamos contra sérias desigualdades. No entanto, eu acredito que Deus quer uma igreja forte aqui. Acredito que isso é necessário. Voltei para servir à igreja — não à protestante, católica, ortodoxa ou qualquer denominação específica, mas ao corpo de Cristo. Quero vê-la ser uma testemunha vibrante. Quero vê-la cumprir a sua missão dada por Deus.

Ele parou e aguardou. O padre havia terminado seu chá e colocado o copo sobre a escrivaninha. Ele brincava com a longa barba grisalha enquanto estudava Butros, que se mexia desconfortavelmente na instável cadeira dobrável. Finalmente o padre Alexander perguntou:

— Você sabe qual é o meu maior problema?

— Por favor, me diga.

— Protestantes. Eles não conseguem conversões entre os muçulmanos, por isso fazem proselitismo entre o meu povo. Existem várias famílias que saíram da igreja de São Marcos e começaram a freqüentar a igreja pentecostal na cidade.

A acusação pairou na sala. Butros tinha ouvido aquilo antes. Contudo, ele também tinha ouvido de alguns "convertidos" que queriam mais ensino bíblico e que haviam encontrado mais vida nos cultos protestantes. Ele vira congregações católicas e ortodoxas vibrantes — em alguns lugares os clérigos respondiam ao desafio com cursos bíblicos e programas para os jovens. Todavia, Butros se sentia desconfortável com a situação.

— Compreendo sua frustração. Não deveríamos estar competindo por membros de igrejas. Somos uma minoria tal que a nossa única esperança é trabalharmos juntos. O meu desejo é ajudar a nos unirmos em vez de nos dividir mais ainda.

Enquanto brincava distraidamente com a cruz de madeira pendurada no pescoço, o padre perguntou:

— Como você pretende servir à igreja?

— É o que estou tentando descobrir. Quero ouvir e aprender. E então, com seu bispo e outros líderes denominacionais, espero desenvolver um plano.

— Quem o está financiando?

Aquele era um assunto delicado, mas não havia sentido em esconder a verdade. Estava claro que havia poucos recursos no país para apoiar o que Butros estava fazendo. Ele se lembrou do Irmão André e fez uma oração de gratidão pelo fato de que seu ministério, junto com outros, pudesse prover o dinheiro inicial para começar aquela obra.

— Existe uma organização na Holanda que provê algum dinheiro. Assim que eu tiver um plano, eles podem dar mais, e eu posso também contatar outras agências.

O padre concordou. Ele servia à igreja em Suq al Khamis havia muitos anos e ninguém, exceto seu bispo, havia feito perguntas a respeito do seu trabalho e buscado ajudar. Ele queria, na verdade precisava, conversar.

— Posso te mostrar a igreja?

Alexander levantou-se e levou Butros para um pequeno gabinete, fora do vestiário, e o destrancou. Dentro havia uma privada e um lavatório.

— A privada quebrou há anos. Se algum de meus paroquianos precisa ir ao banheiro, deve usar meu apartamento que fica mais abaixo nessa rua. Ou tem de esperar até voltar para casa.

Ele trancou a porta e levou Butros até o santuário.

— Agora, olhe para o teto.

Butros inclinou a cabeça para trás e notou vários buracos.

— Quando chove, colocamos tigelas e bacias nos bancos e no chão. Agora, olhe para as paredes.

Eles foram até a parede mais próxima e Butros observou as gretas e a tinta descascada.

— Você vê, sim?

Butros acenou que sim. Ele compreendia o problema. Qualquer igreja que quisesse fazer reparos precisava conseguir permissão das autoridades governamentais. E a permissão quase nunca era concedida.

— Você sabe durante quantos anos temos tentado reparar o teto ou o banheiro? Não consigo me lembrar a primeira vez que solicitamos uma permissão. E olhe lá fora. — O padre pegou Butros pelo braço e saiu com ele do santuário e apontou para o prédio pegado à igreja. — Qualquer um pode conseguir permissão para construir uma mesquita. Eles construíram aquela há quatro anos, mesmo havendo outra mesquita a dois quarteirões daqui. Olhe para aqueles alto-falantes apontados diretamente para nós. Às vezes, durante nossos cultos, eles ligam esses alto-falantes e tentam nos abafar com o barulho.

Butros suspirou. Ele tinha ouvido queixas semelhantes pelo país. A situação dos prédios das igrejas era deplorável. No entanto, havia uma tarefa maior que o mantinha acordado à noite.

— Por favor, permita-me fazer mais uma pergunta muito importante. O senhor poderia me dizer qual é a saúde espiritual de sua congregação?

Padre Alexander permaneceu mudo por um momento. Butros pensou ter detectado uma profunda tristeza nos olhos daquele homem. Estudou o rosto do padre e viu nas rugas e marcas um homem que amava a Deus e tinha trabalhado muito durante anos. Finalmente, Alexander falou:

— Sim, essa é uma boa pergunta. Tenho algumas pessoas bastante comprometidas em minha igreja. Existem cerca de 65 famílias em minha congregação. Mas nem todos freqüentam. Em domingo de boa freqüência, podemos ter 40 ou 50 pessoas. Para outros, o cristianismo é simplesmente o que os distingue de seus vizinhos muçulmanos. Suas famílias são cristãs há gerações, séculos. Por isso eles são naturalmente cristãos. Mas eles não vêm à igreja, exceto no Natal e na Páscoa, e para se casarem e batizar os filhos.

O jovem sentiu fluir compaixão pelo velho e fiel padre. Nesse instante Butros se dispôs a fazer o que fosse possível para encorajar e ajudar.

— Padre, receio não poder consertar o prédio de sua igreja — ele disse com brandura — mas talvez juntos possamos encontrar um meio de consertar corações em sua congregação.

Um mês depois

Ahmed gemia de dor de suas contusões. Várias vezes nas últimas semanas seu pai o havia espancado com uma vara de bambu. Seus irmãos o haviam chutado, gritando:

— Seu infiel, volte para o islamismo — enquanto ele se retorcia no chão. De algum modo ele se rastejara até o seu quarto e deitara na cama.

O imã local, ao ouvir a revolucionária declaração de Ahmed, gritou de raiva. Os alunos agarraram Ahmed, arrastaram-no para fora da mesquita e o espancaram enquanto o levavam para casa. O imã insistiu que a família desse juízo ao jovem.

— Espanquem-no até que ele recite o *shahadah*.[4]

Ahmed precisava somente segurar o Alcorão e recitar as palavras: "Eu testifico que só existe um Deus e Maomé é o seu mensageiro", e a punição cessaria. A honra de sua família seria restaurada. Sua irmã mais nova, Farah, havia até sussurrado em seus ouvidos:

— Apenas diga as palavras. Você não precisa acreditar nelas.

Mas Ahmed não podia negar o que havia aprendido a respeito de Jesus, que era radicalmente diferente de Maomé. O profeta era honrado por seu sucesso militar, enquanto Jesus nunca liderou um exército e foi conhecido por sua mensagem de amor. Não havia registro de que Maomé tivesse realizado algum milagre, enquanto inúmeros milagres de Jesus estavam registrados no *Injil*. Por que ele iria querer voltar ao Profeta, que era tão humano, enquanto Jesus era divino? Aquela parecia ser a escolha. Entretanto, quanto tempo ele suportaria a pressão impiedosa? Parentes seus já falavam em matá-lo. Vários deles haviam gritado:

— Você trouxe vergonha sobre nós. Você merece morrer.

Um de seus primos até sorriu ao dizer:

— Deus ficará satisfeito quando eu te matar.

Ele pensou na morte e quanto ela o havia apavorado. Contudo, agora a morte não parecia tão assustadora. Estava surpreso com aquilo e, enquanto tentava encontrar uma posição confortável na cama, forçava a mente para compreender a mudança. No islamismo, havia uma única forma de um muçulmano saber que ia para o paraíso — morrer no jihad. As glórias do martírio eram freqüentemente pregadas na mesquita e ensinadas em aulas sobre o Alcorão. Para os que morreram na luta pelo islamismo, havia a promessa de muitas virgens e prazeres sem fim. Alguns também acreditavam

---

[4] Declaração de fé num único Deus e em Maomé como seu único profeta [N. do T.].

que um mártir podia levar consigo ao paraíso os membros de sua família. Tudo era tão glorioso, e Ahmed não acreditava em uma só palavra.

No que ele cria? As palavras que havia lido nos Evangelhos, quando Jesus ressuscitou Lázaro, vieram à sua mente: "Eu sou a ressurreição e a vida. Aquele que crê em mim, ainda que morra, viverá; e quem vive e crê em mim, não morrerá eternamente". Ahmed acreditava nisso, e não tinha medo de morrer por causa da verdade que havia descoberto. Entretanto, sentiu que, se tinha de morrer por amar Jesus, aquele não era o momento.

No dia seguinte ele conseguiu reunir forças para sair de casa, subir em sua moto e ir até os limites da cidade. Estacionou a moto na ruela a dois quarteirões da igreja de São Marcos e andou cuidadosamente por um desvio até chegar à residência do padre em uma via secundária a meio quarteirão de distância da igreja. Ahmed bateu à porta suavemente. Sem resposta, bateu mais forte. A porta se abriu um pouco e uma mulher, esposa do padre,[5] olhou para ele, fez uma expressão de espanto, e fechou a porta. Ahmed vislumbrou seu reflexo numa janela, viu seu rosto com cortes e contusões e calculou que sua aparência havia assustado a mulher. Antes que ele fosse embora, a porta se abriu novamente. O padre Alexander deu uma rápida olhada em ambos os lados da rua, depois abriu mais a porta, e disse:

— Rápido, entre antes que alguém o veja.

Uma vez dentro, o padre analisou o rosto de Ahmed.

— Já nos vimos, mas não consigo me lembrar de onde — disse.

Ahmed acenou que sim.

— Eu tentei visitar a sua igreja.

Padre Alexander pediu a Ahmed que se sentasse à mesa de jantar e, nos minutos seguintes, cuidou dos cortes e contusões em seu rosto e na parte superior de seu corpo. Uma vez terminado, o padre sentou-se à frente dele. Inicialmente, não disse nada. No silêncio, Ahmed abaixou a cabeça, incapaz de olhar para o padre nos olhos, com medo da rejeição.

Finalmente, o velho homem disse:

— Certo. Você está a salvo aqui, pelo menos por hora. Por favor, conte-me o que aconteceu.

---

[5] Presume-se, então, que o padre era ortodoxo [N. do T.]. No Catolicismo Ortodoxo, o celibato não é obrigatório [N. do R.].

Depois que Ahmed terminou sua história, houve outro longo silêncio. Finalmente, o padre se levantou e foi até a cozinha. Voltou alguns minutos depois seguido de perto pela esposa, que colocou diante de Ahmed um prato de ovos fritos, pão e queijo. O padre sentou-se para pensar enquanto Ahmed comia, sôfrego, pela primeira vez em vários dias.

Satisfeita a fome, Ahmed levantou o olhar para o padre, que pareceu severo ao dizer:

— Você não pode ficar aqui. Logo sua família o procurará, e será mais seguro se você puder sair da cidade. Você tem algum dinheiro?

Ahmed acenou negativamente.

— Não, escapei na primeira oportunidade. Tiraram tudo de mim, com exceção às roupas que estou usando... e à minha moto que estava estacionada do lado de fora da minha casa.

— Você tem emprego?

— Não. Eu freqüentava a faculdade local. Claro que agora não posso voltar. Não sei o que fazer.

— Certo. Sei de alguém que acho que pode ajudar. Você tem força suficiente para andar durante uma hora de moto?

Ahmed assentiu.

— Então vou dar um telefonema e, se ele concordar, vou te dar um pouco de dinheiro para gasolina e comida. Depois disso...veremos o que Deus quer.

4

TRÊS MESES DEPOIS

Sobre a escrivaninha estavam abertos uma Bíblia e um Alcorão. Um homem de seus 30 anos alisava a barba negra enquanto olhava para os textos.

— Isto é incrível — murmurou consigo mesmo.

A janela estava aberta e o ruído do trânsito invadia o apartamento de Mustafá. Ele parecia extraordinariamente alerta a sons que normalmente compunham o ruído de fundo subconsciente. Carros, ônibus e caminhões tinham tons de buzina distintos e suas buzinadas, breves ou longas, formavam um tipo de sinfonia. Ele podia até perceber o humor de cada motorista — tudo desde breves toques de buzina àquela buzinada longa e irritada, nenhuma das quais parecia mudar o constante rosnar do trânsito que tentava manobrar através das antigas ruas estreitas da cidade. Às vezes parecia que cada veículo estava buzinando seu descontentamento por ter de esperar outros trinta segundos antes de avançar alguns metros.

O calor opressivo do verão ainda não havia descido sobre aquela nação do deserto e o ventilador de teto de Mustafá girava na velocidade mínima. O chamado do muezim à oração soou da mesquita da universidade a apenas dois quarteirões de distância. Ele freqüentara várias vezes as orações ali, seguidas de reuniões com seus discípulos da Fraternidade Muçulmana. Normalmente eles permaneciam na mesquita, sentados em círculo no chão e estudando o Alcorão. Naquele dia, no entanto, ele não conseguia ir orar. Ele, que insistia nunca haver desculpa para um muçulmano deixar de ir às orações — mesmo doente, podia orar com seus olhos, abrindo-os e fechando-os para indicar o ajoelhar-se e o curvar-se em direção a Meca — naquele dia não podia deixar seu estudo.

Mustafá reclinou-se para trás em sua cadeira e pensou durante um momento na época em que era jovem em uma pequena cidade perto de Suq al Khamis. O que seu pai pensaria dele agora? Ele tinha três irmãos e quatro irmãs, mas o pai sempre havia esperado o máximo dele. Mustafá havia freqüentado a escola islâmica da cidade, e seu pai o forçara a memorizar grandes trechos do Alcorão para ganhar os prêmios em dinheiro oferecidos ao aluno toda vez que conseguisse recitar três suratas.[6]

Um primo o havia recrutado para a Fraternidade Muçulmana, que tivera seu início no alto Egito na década de 1920 e se espalhara por outros países do Oriente Médio. O primo havia alimentado sua sede de conhecimento dando-lhe livros de Hassan al-Banna, fundador da Fraternidade, e de outros pensadores fundamentalistas, como Sayyid Qutb, cujo livro *Milestones*, escrito enquanto ele estava na prisão, havia inspirado milhares de combatentes do jihad pelo mundo muçulmano.

---

[6] Um dos 114 capítulos em que se divide o Alcorão. Cada surata se divide em *ayat* (versos) [N. do T.].

Com o passar do tempo, Mustafá tornou-se radical demais até para seu pai. O filho acusou seus pais de serem descrentes. Quando o pai protestou:

— Eu oro, jejuo e faço tudo o que é exigido pelo Profeta, paz seja com ele — Mustafá respondeu:

— Não é suficiente. O senhor tem de confessar que a sociedade em que vivemos é infiel e que todos que não oram são ateus. Depois disse ao pai:

— Minha mãe é descrente porque ela não ora, por isso, se o senhor é um verdadeiro muçulmano, tem de se divorciar dela porque o islamismo proíbe ficar casado com uma mulher descrente.

Seu pai deu-lhe uma surra e o baniu de casa, por isso ele dormiu na casa de um colega, membro da Fraternidade Muçulmana.

Como parte da total dedicação ao islamismo radical, Mustafá e seus amigos aterrorizaram a pequena comunidade cristã, roubando as lojas dos cristãos de Suq al Khamis e vilarejos circunvizinhos. Ele não considerava aquilo roubo; era jihad. Os textos islâmicos ensinavam que os cristãos deviam ou pagar a taxa de submissão imposta aos judeus e cristãos ou aceitar o islamismo. Ou deveriam ser mortos. O fato de o seu país ser mais tolerante com os não-muçulmanos o deixava irritado. Esse era o problema — nenhum país muçulmano era, na verdade, totalmente comprometido com o islamismo e com a lei da Sharia. A Fraternidade estava determinada a corrigir isso.

Mustafá havia levado essa mensagem às nações circunvizinhas do Oriente Médio. Ele declarava apaixonadamente que reis, emires e altos funcionários do governo devem governar somente pelo islamismo e rejeitar qualquer semelhança dos sistemas legais ocidentais. Sua franqueza o havia levado à prisão, sendo deportado depois para o seu país de origem. Desde então ele concentrou seus esforços no campus universitário da capital, fazendo recrutamento para a Fraternidade. O xeque que liderava o grupo celular local gostava do compromisso de Mustafá e aproveitou seu intelecto articulado, fazendo-o escrever vários pequenos panfletos.

Foi uma dessas tarefas que o levou à sua crise. Ele tinha ouvido falar de alguns missionários cristãos, presos por tentarem converter muçulmanos ao cristianismo. Aquilo deixou Mustafá tão irritado que o xeque sugeriu que ele escrevesse um livro, revelando as distorções da fé cristã. Para fazer isso, Mustafá teve de ler a Bíblia. Ele se empenhou em provar que a Bíblia tinha sido alterada ou até corrompida, como ensinavam muitos eruditos muçulmanos. Entretanto, como ele poderia provar que o livro era falso se não podia comparar com o original? Examinou as críticas do Livro Sagrado feitas por vários escritores; no entanto, quando olhou os versículos referenciados pelos autores em seus argumentos, eles eram diferentes ou, em alguns casos, nem sequer existiam. Então o xeque lhe indicara a obra de Izhar al-Haqq, cujos argumentos pareciam mais racionais, mas seu livro tinha os mesmos erros que o dos eruditos.

Nos últimos dias Mustafá decidira se concentrar nas profecias da Torá (os primeiros cinco livros da Bíblia) e no evangelho que fizessem referência ao profeta Maomé. Embora ele não conseguisse encontrar o nome Maomé no Livro Sagrado, havia 26 textos que, supostamente, apontavam para ele. Leu ansiosamente o primeiro, em Gênesis 49.10: "O cetro não se apartará de Judá, nem o legislador dentre seus pés, até que venha Siló".[*] Al-Haqq disse que "Siló" era Maomé, mas quando Mustafá investigou para provar isso lingüística, retórica e legalmente, concluiu que Jesus Cristo cumpriu claramente a profecia muito mais do que Maomé.

Foi para Deuteronômio 18.15: "O SENHOR, o seu Deus, levantará do meio dos seus próprios irmãos um profeta como eu; ouçam-no". Al-Haqq havia explicado que os filhos de Isaque e os filhos de Ismael eram irmãos e, portanto, Maomé era irmão dos filhos de Isaque. No entanto, quando se referiu ao Alcorão, ali dizia que o profeta seria do povo árabe e falaria árabe. O texto da Torá falava de um profeta entre os hebreus e que falaria o hebraico. *Se esse profeta foi Maomé, então eu não confio no Alcorão.* Aquele era um pensamento perigoso.

Mustafá havia ficado exausto com o estudo e chegou à conclusão que *nenhum* dos 26 textos falava de Maomé. E agora tinha diante de si aquele verso do *sura* "A Tábua" do Alcorão: "Povos do Livro, vocês nada conseguirão enquanto não observarem a Torá e o Evangelho e o que do Senhor a vocês for revelado". O Alcorão afirmava a autoridade das Escrituras judaicas e cristãs. Foi até a surata 3.84 e leu: "Dize: 'Cremos em Deus, no que nos foi revelado, no que foi revelado a Abraão, a Ismael, a Isaac, a Jacó e às tribos, e no que, de seu Senhor, foi concedido a Moisés, a Jesus e aos profetas.

---

[*] Almeida Revista e Corrigida.

Não fazemos distinção alguma entre eles. A Ele nós nos rendemos' ". Entretanto, como podia o Deus cristão ser o mesmo que Alá? Ele leu nos Evangelhos: "Amem os seus inimigos e orem por aqueles que os perseguem, para que vocês venham a ser filhos de seu Pai que está nos céus". Alá ordenou exatamente o contrário no Alcorão. Na surata "O Arrependimento", Deus ordenou: "Matai os idólatras, onde quer que os acheis; capturai-os, acossai-os e espreitai-os". Era impossível os dois Deuses serem um e o mesmo. Era impossível os dois livros, a Bíblia Sagrada e o Alcorão, estarem, os dois, certos. Embora concordassem em algumas coisas, as diferenças eram notáveis. *Um deles tinha de estar errado.*

O momento de oração terminou e o fluxo de atividade na rua voltara ao normal. Contudo, agora Mustafá sabia o que tinha de fazer: orar. *Alá, Deus, qual é o livro verdadeiro? Mostre-me qual livro está certo.*

Uma paz o invadiu, e Mustafá sentiu confiança de que Deus revelaria a verdade.

Butros desfrutava a calma de seu escritório ao se levantar cedo quase todas as manhãs. O apartamento onde ele e sua esposa, Nadira, viviam era pequeno, porém confortável. Um dos diminutos quartos servia como escritório, com estantes, uma pequena escrivaninha e um sofá de dois lugares que se convertia em cama para visitas ocasionais. Era confortante estar cercado por todos os comentários e livros de teologia que ele havia reunido durante seus anos de estudo na Inglaterra. Os autores eram seus amigos e mentores que davam orientação em seu trabalho solitário. Eventualmente ele teria de empacotar a maior parte daqueles livros e encontrar um novo escritório. Ele e Nadira estavam casados havia seis meses, e dois meses antes ela havia lhe dado a maravilhosa notícia de que estava grávida. Não ia demorar para aquele quarto se transformar em um berçário.

Logo depois do casamento, Nadira havia conseguido um emprego como professora da escola primária, perto do apartamento deles. Aquele emprego, mais a ajuda financeira de uma organização na Holanda e doações esporádicas de alguns amigos na Inglaterra, garantiam sua modesta renda. Butros havia, também, recebido uma pequena herança com a morte do seu pai, incluindo um pedaço de terra, arrendada a fazendeiros perto de Suq al Khamis.

Butros ficava incomodado com o fato de não poder dar mais a Nadira. Ela havia crescido em uma família relativamente rica e seu pai tinha lhe oferecido um emprego nos negócios da família. Agora a vida deles estava prestes a sofrer uma mudança significativa. Naquele país, uma vez nascido o primeiro filho, as mulheres raramente voltavam a trabalhar. Contudo, quando Butros quis saber se ele deveria aceitar a oferta do seu sogro, Nadira nem quis saber:

— Deus chamou você aqui — ela garantiu — e eu vou ajudá-lo. Estamos nisto juntos. Devemos crer que Deus irá prover todas as nossas necessidades.

Havia muito em que pensar. Butros visitou quase todas as igrejas do país. Havia bebido incontáveis xícaras de chá e café e ouvido pastores, padres e líderes leigos que estavam ansiosos por derramar o coração a um parceiro que fosse simpático. Como resultado, aprendeu muito. Muitos pastores, especialmente das áreas rurais mais afastadas, tinham formação teológica muito limitada. Muitos nunca haviam freqüentado um seminário ou escola bíblica. Às vezes desempenhavam a função somente por serem os únicos alfabetizados na congregação. Havia também falta de recursos pastorais — comentários e outras ferramentas de que se valem os pastores no Ocidente. Butros conseguiu, por intermédio de um grupo de discussão bíblico de um país árabe vizinho, vários recursos valiosos e os distribuiu aos pastores para suas bibliotecas pessoais. Conseguiu também exemplares de *O contrabandista de Deus* em árabe, com o título traduzido "Apesar do impossível". Aquilo, Butros sentiu, descrevia a sua situação. Ele teve certeza que os jovens alfabetizados de sua igreja na capital e no país tinham uma chance de ser inspirados pela história de fé de Irmão André.

Além de pensar nas necessidades da sua família, Butros se preocupava com os recursos de que precisaria para expandir o trabalho. Não havia fundos extras para iniciar qualquer programa grande, especialmente depois da chegada de Ahmed, mandado para ele pelo padre de Suq al Khamis. Por intermédio de um senhorio em sua igreja, conseguiu um pequeno apartamento para o jovem convertido. Ahmed procurou trabalho, mas encontrou apenas trabalhos ocasionais. Ele procurou Butros em busca de orientação espiritual e, uma ou duas vezes por semana, uma refeição. De algum modo Deus havia providenciado tudo o que era necessário para a sua família, para a literatura, para suas viagens pelo país, para Ahmed e outros que o procuravam em busca de ajuda, mas se Butros ia implementar sua visão, iria precisar de mais recursos.

Nadira entrou no quarto.

— Você levantou-se mais cedo do que de costume — ela disse.

Ela sentou-se perto de Butros e colocou a mão em seu ombro.

— Desculpe tê-la acordado. Tenho muito em que pensar e orar. Como você está se sentindo esta manhã?

— Um pouco melhor. Faz quase três meses, por isso, talvez o enjôo matinal comece a cessar.

— Aceita chá?

Nadira assentiu com um sorriso, e Butros foi até a diminuta cozinha preparar uma xícara de chá que, ele esperava, acalmaria o estômago enjoado de sua esposa. Ele sabia que muitos homens em sua cultura jamais gastavam tempo na cozinha. Butros e Nadira haviam conversado muito sobre a maneira como o casamento deles precisava refletir sua fé cristã. Butros não aceitava a perspectiva popular na qual os homens viam suas esposas como propriedades. Em seu país, poucas mulheres trabalhavam em empresas ou lojas. Esperava-se que elas ficassem em casa, tivessem filhos, criassem-nos e, sempre ao sair de casa, andassem com a cabeça coberta. Não que a família fosse menos importante para eles do que os cristãos. Pelo contrário, Nadira era muito mais para Butros do que a mãe de seus filhos. Era uma amiga e confidente, capaz de ministrar às mulheres. Eles eram parceiros naquela obra e Butros sempre buscava o conselho de sua esposa.

Butros voltou ao gabinete com uma bandeja com uma jarra de chá, duas xícaras, leite e açúcar. Enquanto esperava, Nadira dera uma cochilada no sofá de dois lugares. Quando o marido colocou a bandeja sobre a escrivaninha, ela se espreguiçou e sentou-se. Depois de ter se servido e tomado alguns goles de chá, Nadira perguntou:

— Então, por que o meu marido está se levantando tão cedo?

— Estou tentando formular um plano para mandar ao Irmão André, e obter conselho dele. — Olhou para a esposa e sorriu. — Depois eu preciso de apoio financeiro para a minha família que está crescendo, e vou precisar de algumas pessoas para me ajudar a fazer esse trabalho.

Nadira voltou-se para encarar o marido, dobrando os pés debaixo de si.

— E o que você está pensando? — perguntou.

— A necessidade número 1 é o treinamento de pastores. Muitos deles trabalham sozinhos e tiveram pouco ou nenhum treinamento em seminário ou escola bíblica. Conversei com os bispos e líderes denominacionais. Quero organizar uma conferência, um retiro, talvez uma ou duas vezes por ano quando pastores possam ir, ser renovados e encorajados e ter algum ensino. Os líderes estão me encorajando nisso. Estou pensando em convidar Irmão André para ser o primeiro palestrante.

— Isso parece um bom começo.

— Existem muito mais necessidades e não podemos atendê-las todas de uma vez. Mas estou particularmente preocupado com as igrejas das áreas rurais. Em alguns vilarejos, as igrejas não têm pastor ou padre. As condições são difíceis demais para um jovem se estabelecer lá com sua família. A pobreza significa que as congregações mal podem contribuir com uma pequena quantia mensal. Quase sempre não existem escolas ou, na melhor das hipóteses, há uma mesquita que só oferece o ensino do Alcorão. Para um homem que queira educar os filhos, as oportunidades estão nos vilarejos ou nas cidades. Por isso eu estou preocupado com a condição das igrejas nos vilarejos e estou pensando em como precisam ser levantados líderes leigos para ajudar a preencher a lacuna. Além disso, muitos cristãos são analfabetos; não conseguem ler a Bíblia e sabem muito pouco a respeito de sua fé. São incapazes de arrumar empregos melhores e melhorar sua situação econômica, o que significa que a igreja fica drasticamente limitada em sua influência.

— Por isso o meu marido irá mudar a estrutura social da sociedade — Nadira brincou. — Ele irá resolver o problema do analfabetismo e melhorar a condição financeira da comunidade cristã.

Butros foi forçado a sorrir — sua esposa adorava caçoar dele e seu humor o ajudava a manter uma perspectiva equilibrada.

— Vamos começar pequenos — ele disse. — Gostaria de fazer a experiência com centros de alfabetização iniciais em alguns vilarejos. Já que muitas igrejas rurais não têm pastores, talvez possamos dar uma força a essas igrejas ensinando cristãos adultos a ler e a escrever. Talvez depois possamos oferecer também programas de capacitação profissional.

— Você não tem instalações nem treinadores.

— Eu sei. Existem questões demais. É por isso que levantei cedo. Há muito pelo que orar.

Nadira colocou a xícara de chá vazia no chão, estendeu a mão e tomou as mãos do marido nas suas.

— Bem, estou aqui para ajudar. Podemos começar orando juntos por isso.

O apoio de uma boa esposa era uma dádiva preciosa e Butros fez uma oração silenciosa de gratidão por Nadira.

— Existe uma coisa pela qual precisamos orar — disse Butros. — O jovem convertido Ahmed.

5

TRÊS MESES DEPOIS

Ahmed conseguiu desaparecer no imenso emaranhado da capital. O minúsculo apartamento alugado por Butros deu-lhe uma moradia segura. Ele sobrevivia de trabalhos eventuais e recebia refeições e cestas de alimento de Butros. Ele tinha tempo disponível demais e sua mente se agitava em como começar um negócio. Decidiu não continuar os estudos universitários durante certo tempo, já que isso significava a transferência da faculdade de Suq al Khamis e isso podia alertar a família sobre o seu paradeiro. A única pessoa de sua casa com quem ele havia falado era sua irmã, Farah, e foram conversas curtas nas quais ele não havia dado indícios de onde estava vivendo. Apesar de ser uma existência solitária, Ahmed usava o tempo para ler a Bíblia e alguns outros materiais que Butros havia lhe dado. À medida que aprendia mais sobre a fé cristã, tornava-se cada vez mais ansioso para falar a respeito dela com muçulmanos.

Além de Zaki, Hassan era um dos melhores amigos de Ahmed. Já que Hassan era estudante universitário na capital, não era difícil encontrá-lo. O campus ficava a apenas vinte minutos a pé do apartamento de Ahmed.

Naquele dia eles sentaram-se num agitado pátio enquanto estudantes cruzavam o campus ou abriam os livros para trabalhar em suas tarefas.

Uma vez instalado em sua casa segura, Ahmed imediatamente havia raspado a barba e decidido vestir jeans e camiseta em vez da tradicional túnica branca — a *jallabiya*. Butros, que sempre usava calças e camisas, havia sido contra a transformação, dizendo:

— O cristianismo não está relacionado a aparências externas.

Mas Ahmed achou importante a mudança no vestuário — era um reflexo do que estava acontecendo em suas convicções.

Hassan notou imediatamente. Quando Ahmed localizou o amigo pela primeira vez no campus, Hassan gritou:

— Ahmed, você tornou-se cristão?

Certa vez, quando voltaram para Suq al Khamis, Hassan disse para Ahmed:

— Os cristãos se beijam na véspera de ano-novo, comem porco e acreditam em três deuses e outros ensinamentos falsos. Como alguém pode acreditar nessas coisas?

Quando Hassan gritou sua pergunta no campus, Ahmed lhe disse para ficar quieto e o levou para um canto da lanchonete dos alunos. Ahmed ficou surpreso pelo fato de seu amigo não o rejeitar imediatamente, pelo contrário, os dois começaram uma série de intensas discussões que culminou em Hassan perguntar se podia tomar emprestada a Bíblia de Ahmed.

— E o que você achou? — Ahmed perguntou quando Hassan tirou o Novo Testamento da mochila e lhe devolveu. — Você leu o evangelho de Mateus?

— Eu li o livro todo.

Hassan pegou de volta o Novo Testamento e o abriu no Sermão do Monte, em Mateus 6.

— Escute isso: "E quando vocês orarem, não sejam como os hipócritas. Eles gostam de ficar orando em pé nas sinagogas e nas esquinas, a fim de serem vistos pelos outros [...] Mas quando você orar, vá para seu quarto, feche a porta e ore a seu Pai, que está em secreto. Então seu Pai, que vê em secreto, o recompensará". Isso me toca profundamente. Eu leio isso e sinto um relacionamento muito íntimo entre Deus e mim.

— Isso é porque você tem um relacionamento íntimo com seu pai — observou Ahmed. — Essa passagem ensina algo que é estranho ao islamismo.

Hassan não estava interessado em conversar a respeito das diferenças entre o islamismo e os ensinos de Jesus. Fechou o Novo Testamento e disse:

— Enquanto eu lia este livro, tive a sensação de que o meu coração estava sendo lavado, mas não posso explicar como. Eu leio a respeito de Jesus e tenho a sensação de vê-lo andando e em pé diante de mim de uma maneira muito especial. Ele tocou a minha alma.

Ahmed estava satisfeito com a resposta do amigo, mas sabia que havia um processo necessário que leva tempo.

— Quero que você pense em três perguntas — disse Ahmed. Primeira: E se você morresse agora, para onde iria?

— Direto para o inferno — riu Hassan.

Ahmed não riu com o amigo.

— Segunda: Você acha que Deus ama todas as pessoas da mesma forma? Ou ele ama mais os crentes?

Hassan assentiu, mas não disse nada.

— Terceira pergunta: Você acha que Deus ama você e o conhece de uma maneira bem íntima e pessoal?

Hassan pareceu profundamente comovido com a última pergunta e fechou os olhos quando Ahmed disse:

— O Ramadã começa na semana que vem. Você deve observar o mês de jejum e orar com sinceridade durante esse tempo.

Hassan abriu os olhos, surpreso pelo fato de Ahmed não tê-lo forçado ao cristianismo. Ele não estava certo se queria continuar sendo muçulmano.

Ahmed concluiu:

— Se você buscar Deus em oração, ele irá se revelar, desde que você queira sinceramente conhecê-lo.

———

Duas semanas depois

Butros e o refugiado de Suq al Khamis estavam sentados em uma cafeteria mais ou menos a meio caminho entre seus apartamentos. Era tarde da noite e todos haviam quebrado o jejum mais cedo, muitos com generosas refeições. Enquanto a maioria das mulheres ficava em casa para assistir a novas novelas, muito populares durante o Ramadã, muitos homens se espreguiçavam na cafeteria com suas vestes tradicionais e turbante na cabeça. Alguns fumavam, satisfeitos, seus narguilés. Vários jogos de gamão eram disputados e a loja se enchia do barulho dos dados sendo sacudidos e jogados sobre as mesas.

Às vezes Butros sentia-se tímido em estar usando roupas ao estilo ocidental, e admitiu que a vestimenta nativa era confortável, especialmente nos dias extremamente quentes. Mas ele se acostumara com camisetas e calças na Inglaterra e geralmente preferia esse traje. Na verdade, na capital muitos homens usavam mais trajes ocidentais, embora a maioria das mulheres ainda se cobrisse com o tradicional *abeyya,* uma toga comprida e preta e um lenço na cabeça.

Depois que o garçom serviu aos homens pequenas xícaras de café árabe aromatizado com cardamomo, Ahmed se inclinou para a frente, atento para que ouvidos curiosos não ouvissem e, quase sussurrando, disse:

— Eu quero começar um negócio.

Butros tentou esconder a surpresa.

— Que tipo de negócio? — perguntou.

— Você sabe que eu preciso de um trabalho regular. Preciso de uma renda normal para não depender da sua generosidade. Estava pensando em começar uma gráfica.

— Por que uma gráfica?

— Tenho visto o que você faz. Você está desenvolvendo materiais de estudo e isso precisa ser impresso. Você está planejando uma conferência e vai precisar de materiais preparados. Você conhece pastores e padres; as igrejas deles precisam de material impresso. Eu penso que podemos atender essa necessidade.

Butros recostou-se na cadeira, pegou seu café e o tragou num rápido gole. Depois disse:

— Você tem razão. Nós precisamos mesmo de serviços de impressão. Mas você não tem lugar para trabalhar. Não tem equipamento.

Um largo sorriso passou pela face de Ahmed. Ele enfiou a mão no bolso da calça e tirou um pedaço de papel.

— Encontrei um espaço comercial não muito longe daqui. E eu sei que você está à procura de espaço para escritório. — Butros assentiu, reconhecendo que logo teria de se mudar.— Bem, há espaço para o seu escritório e há espaço ali mesmo para instalar o equipamento de impressão. Consegui alguns números para mostrar a você. Aqui está o que irá custar para começarmos...

Nos minutos que se seguiram, Ahmed mostrou a Butros o seu plano. Tinha o custo do aluguel do espaço, da compra de uma pequena impressora e do pagamento do estoque inicial de papel e tinta. Estava claro que ele fizera uma boa pesquisa. No entanto, os custos eram apenas parte do negócio. Butros respirou fundo e respondeu:

— Bem, você pensou numa série de coisas. Mas é muito dinheiro e eu não o tenho.

— Mas você tem amigos. Certamente alguém gostaria de investir num empreendimento tão grande.

— Ahmed, você não me mostrou por que isso é um grande empreendimento. Você tem os custos, mas não tem um plano de negócio. Quanto de trabalho você acha que pode arrumar? Quanto tempo vai demorar para atingir o ponto de equilíbrio? Como você irá pagar os investidores e qual o lucro que eles terão com o dinheiro investido?

— Eu confio em você. Você irá arrumar serviço.

Butros riu.

— Não, Ahmed. Estou completamente ocupado agora. Posso te apresentar a algumas pessoas, mas não tenho tempo para arrumar encomendas para você. E eu quero te fazer uma pergunta: que experiência você tem em impressão?

— Eu aprendo rápido.

— Suponha que eu consiga levantar o dinheiro e instalemos uma tipografia, você sabe fazer funcionar uma impressora? Sabe como mantê-la e consertá-la quando ela enguiçar?

Ahmed elevou a voz ao dizer:

— Eu posso fazer isso. Sou bom com as mãos.

— Certo, calma.

— Você precisa me ver com minha moto. Posso desmontá-la e consertar tudo. Sem problema.

— Trata-se de uma moto, não de uma impressora.

— E qual é a diferença?

— Ahmed, se você é bom com motos, encontre um emprego para consertar motos. Como você pode ver, existem muitas nesta cidade.

— Então você não vai me ajudar? Pensei que você fosse meu amigo. Eu trago uma boa idéia...

— É uma boa idéia. Mas eu não tenho dinheiro para estabelecer você nisso. E você não tem experiência. Não existe um plano de negócio. Mesmo que tivéssemos o dinheiro para o equipamento, não há garantia de podermos conseguir encomendas suficientes para termos lucro.

Ahmed bateu a mão na mesa.

— Não posso acreditar nisso.

E saiu da cafeteria pisando duro. Alguns homens levantaram o olhar de seus narguilés. Um deles deu a Butros um sorriso de compreensão.

Butros pagou os cafés e voltou para o seu apartamento. Ele conhecia apenas alguns muçulmanos convertidos no país, embora soubesse da existência de outros. A maioria dos que encontrou era jovens rapazes, solteiros, desempregados. Eles eram um peso para a comunidade cristã. Em alguns países, ele sabia que agências missionárias estrangeiras sustentavam esses convertidos, mas não acreditava que isso fosse bom para os homens. Eles precisavam encontrar independência, para sua própria saúde financeira e também para sua maturidade espiritual. Uma coisa era ajudá-los num período de transição; no entanto, não era bom para os jovens se tornar dependentes. A boa notícia era que Ahmed não estava procurando caridade. Ele parecia inteligente e disposto a trabalhar bastante. Todavia, Butros realmente pouco sabia a respeito dele.

Havia outra preocupação. Ele se lembrou da Escritura: "Não é bom que o homem esteja só". Assim que Ahmed encontrasse um emprego fixo, Ahmed ia precisar de uma esposa. Só que aquele problema era mais difícil ainda de resolver do que encontrar emprego. Por um motivo: naquela cultura, as famílias geralmente arranjavam os casamentos, e esses homens estavam separados de suas famílias. Logicamente, a igreja devia prover um lugar para o encontro de mulheres jovens em idade de se casarem, mas a maioria dos pais cristãos não queria ver suas filhas se casando com "muçulmanos". Quase sempre os cristãos tradicionais não confiavam em crentes em Cristo de origem muçulmana. A melhor solução para esses jovens era casar-se com mulheres que fossem também cristãs de origem muçulmana, só que não havia tantas disponíveis.

Senhor, preciso de tua ajuda e sabedoria. Quando estava diante de uma dificuldade, a melhor coisa que Butros tinha a fazer era orar. Ahmed tinha muitas necessidades. Aquela era certamente uma situação em que as únicas soluções eram as que Deus pudesse prover.

6

SEIS SEMANAS DEPOIS

Salima reclinou-se sobre uma pilha de travesseiros na cabeceira de sua cama e olhava a TV onde um homem, em árabe, ensinava o evangelho. Ela o encontrara por acaso três anos antes ao passar pelos vários canais captados pela antena parabólica da família. No começo, havia rido do estranho pregador, mas depois ficou intrigada. Na escrivaninha, do outro lado da cama, estava um curso por correspondência que ela havia pedido ao programa. Ao término de cada lição, ficava mais interessada no profeta Isa (Jesus).

A adolescente achou surpreendente que estivesse assistindo a tal programa. A família de Salima era famosa no país. Seu pai era um comerciante bem-sucedido com estreitos relacionamentos com a família real. Ela era a filha do meio de sete irmãos, quatro garotos e três garotas e viviam em uma casa espaçosa num excelente terreno de 20 mil metros quadrados nos limites da capital. Seu quarto enorme tinha tudo o que uma garota pudesse querer — um armário cheio de roupas finas, estantes cheias de ótimos livros, uma coleção de bonecas que seu pai começara a lhe dar quando ela era ainda criança, e um sistema de som de última geração.

Salima sabia que muitas garotas em seu país recebiam pouca ou nenhuma instrução. Entretanto, ela gostava da escola e seu pai havia favorecido sua insaciável curiosidade, arcando com os custos de instrução em uma escola particular. No momento, ela estava até sonhando com a possibilidade de ir para a faculdade. Ou poderia inscrever-se em cursos de informática e, talvez, conseguir um emprego em escritório na cidade. Entretanto, seu pai, orgulhoso como era do seu trabalho duro, pensava ser melhor que ela se casasse, lhe dissera que havia algumas perspectivas que ele estava examinando. Salima não tinha pressa em se casar, mas sabia que, apesar de ter o direito de recusar, seria difícil ir contra a vontade do pai.

Foi a curiosidade que fez Salima solicitar o curso por correspondência. Quando uma lição estava programada para chegar, ela ficava de olho na caixa de correspondência. Até então, ninguém na família havia descoberto o que ela estava fazendo. Não obstante serem bem-sucedidos materialmente, as expectativas religiosas eram também altas. Seu pai e os irmãos iam à mesquita todos os dias. O rigor não era o mesmo para as mulheres — havia um lugar reservado para elas orarem em casa. Mas Salima sabia que seria uma vergonha para a família se fosse descoberto que ela estava estudando o cristianismo. Por isso tinha o cuidado de esconder seus livros e, se precisasse, mentiria a respeito do seu interesse. Ninguém devia suspeitar do que se passava em seu coração.

Havia algo a respeito do profeta Isa que era irresistível. Na compreensão de Salima a respeito do islamismo, Alá estava distante e inacessível. Certamente ele não parecia importar-se com a vida diária de uma mulher. Era permitido a um homem muçulmano ter até quatro esposas e Salima e muitas colegas suas consideravam aquilo humilhante. Ela era feliz pelo fato de seu pai ter apenas uma esposa, mas sabia de outras famílias em que aquele não era o caso.

O homem Isa era diferente dos homens que ela conhecia. A vida dele era surpreendente, a começar pelo milagre do seu nascimento. A maneira como ele curou as pessoas, a maneira como desafiou os líderes religiosos hipócritas e, mais especialmente, como ele tratou as mulheres — ela chegava a desejar ter vivido na época dele. Isa disse que Deus amava todas as pessoas e disse aos discípulos para seguirem seu exemplo e amarem uns aos outros. Ela desejava conhecer o amor verdadeiro, e algo dentro dela parecia dizer que o encontraria no profeta Isa.

Ouviu-se uma batida à porta, e uma das empregadas anunciou que o seu irmão mais velho estava pronto para levá-la ao centro comercial. Ela estava usando uma blusa e uma calça jeans colada ao corpo, mas jamais podia ser vista dessa maneira fora de casa. Pegou a toga preta que estava pendurada atrás da porta e vestiu-a sobre a roupa enquanto se apressou até o vestíbulo onde seu irmão a esperava, balançando impacientemente as chaves do carro. Antes de passar pela porta da frente, certificou-se de que o *hijab*, seu lenço cobria a cabeça.

O irmão de Salima era um motorista imprudente. Gostava de costurar no trânsito, dentro e fora da cidade. Várias vezes ela fechou os olhos, certa de que o carro ia bater. Mas, em dez minutos, chegaram em segurança ao centro comercial e ela viu duas amigas suas lhe acenarem quando o carro parou. O irmão lhe disse que a pegaria em três horas. Ela gostava de perambular pelo centro comercial com as amigas, especialmente olhando roupas e jóias. Embora as garotas não pudessem exibir suas roupas publicamente, cada uma delas tinha um armário cheio da moda ocidental mais recente.

O tempo gasto com as amigas passou rápido demais e logo o irmão a levava para casa, dirigindo de maneira irresponsável. Assim que Salima entrou em casa, tirou depressa a toga e o lenço, jogou-os sobre uma cadeira e correu, escada acima para o seu quarto. Parou no topo da escada. Sua mãe estava em pé à entrada do seu quarto, com olhar furioso para a filha. De repente Salima lembrou que, na pressa em sair, havia cometido um erro terrível. Normalmente ela arrumava a escrivaninha antes de sair de casa. Qualquer coisa suspeita era trancada em uma gaveta. Como podia ter feito uma coisa tão estúpida? Ali, nas mãos de sua mãe, estava o curso bíblico por correspondência.

―――

Butros sempre esperava com ansiedade suas reuniões com Yusef, pastor titular da igreja Al Waha. Havia mais de vinte e cinco anos que o pastor Yusef pastoreava a igreja e a vira tornar-se a maior igreja protestante do país. Muitos outros pastores o reconheciam como líder e mentor espiritual. Sua paixão era tornar a Bíblia suficientemente clara para que qualquer um a entendesse, por isso seus sermões eram fáceis de acompanhar. Ele havia ajudado na tradução do Novo Testamento para o árabe simples — a Bíblia árabe mais antiga usada durante décadas era arcaica e, para muitas pessoas, difícil de ser lida.

Logo depois de ter voltado da Inglaterra, Butros visitou o pastor Yusef e continuou encontrando-se regularmente com esse amável homem de Deus em busca de conselho e encorajamento. Quando Ahmed fugiu para a capital, Butros telefonou para Yusef, que entrou em contato com um membro da igreja e que administrava alguns apartamentos. Assim, eles conseguiram encontrar um lugar seguro para Ahmed.

Naquele dia Butros estava contando a Yusef o que ele havia aprendido com suas visitas a igrejas pelo país e os planos que estava desenvolvendo. Estavam também discutindo a necessidade de espaço para escritório e, eventualmente, de pessoal que Butros tinha.

— Eu adoraria ter o seu escritório perto de mim — admitiu o pastor Yusef —, mas não tenho certeza de que seja uma boa idéia. Você está construindo relacionamentos entre todas as denominações, por isso o seu escritório deve ficar em algum lugar neutro. Entretanto, pode haver vários voluntários na igreja que queiram ajudá-lo.

Nesse momento a secretária de Yusef abriu a porta e anunciou:

— Pastor, está aí certo Mustafá para vê-lo.

— Por favor, desculpe a interrupção — disse Yusef para Butros. — Minha secretária tem instrução para dar prioridade ao atendimento a qualquer um que venha me procurar.

Um homem magro e barbudo entrou no escritório. Yusef e Butros se levantaram para dar-lhe boas-vindas.

— Não sei por que estou aqui — disse Mustafá enquanto se cumprimentavam.

— Talvez você esteja aqui porque Deus o trouxe — respondeu Yusef. Apresentou Butros e disse: — Importa se ele ficar? Talvez juntos possamos ajudá-lo.

Mustafá olhou para os dois homens e revelou sua frustração.

— Esta é a sexta igreja que eu visito. As cinco primeiras me mandaram embora.

Yusef sorriu e disse:

— Você é bem-vindo aqui. Por favor, sente-se. Aceita um refrigerante?

Enquanto os três homens bebiam refrigerante, Mustafá falava de sua jornada espiritual.

— Anotei mais de 300 perguntas — disse o membro da Fraternidade Muçulmana. — Estou confuso e tenho me perguntado: *O alcorão é a palavra de Deus? Se a Bíblia é verdadeira, então para quem eu vivo?*

— Trezentas perguntas são muitas — disse Yusef com um sorriso gentil.

Era fácil compreender por que aquele homem, que acabara de fazer 60 anos, gozava da confiança de tantas pessoas e por que os visitantes muçulmanos se abriam com ele.

— Você encontrou respostas?

— Não sei. Talvez eu acredite que a Bíblia seja autêntica. Não posso, com certeza, encontrar qualquer evidência de que ela tenha sido alterada.

— Bom. É um começo. E qual é a pergunta que mais o incomoda?

— Como Deus pôde ter um filho? — Mustafá ficou agitado e inclinou-se para a frente enquanto repetia as perguntas que ouvira os eruditos muçulmanos fazerem. — Como Deus pode ser homem? Ele é santo demais, grande demais, sublime. Ele não precisa de nada. Vocês dizem que Jesus era Deus. Mas ele precisava de alimento. Ele ia ao banheiro. Como Deus pode ir ao banheiro? É blasfêmia dizer isso a respeito de Deus. — Mustafá reclinou-se, satisfeito com seu argumento lógico. — E vocês dizem que Jesus foi crucificado — continuou. — Quando ele disse estar com sede, como pôde ter permitido que derramassem vinagre em seu nariz? Como pode Deus experimentar tal estado de fraqueza? Além disso, se Deus não precisa de nada fora de si mesmo, como Jesus foi ao templo orar? Isso significa que ele precisava de Deus, provando que ele mesmo era apenas um profeta.

Yusef sorriu e disse:

— São boas perguntas. E nós temos boas respostas. Nós cremos que Jesus era totalmente Deus *e* totalmente homem. Como homem, Jesus compartilhou de todas as necessidades da existência física. Como Deus, ele pode beneficiar os que aceitam sua salvação e castigar aqueles que o recusam. Os cristãos não vêem problema em Jesus orar. Era sua amizade e comunhão com o Pai. O Alcorão também afirma que Deus ora. A surata 33.43 diz: "Ele é Quem vos abençoa (literalmente: "ora"), assim como fazem Seus anjos, para tirar-vos das trevas e levar-vos para a luz".

Mustafá pareceu momentaneamente confuso que o pastor citasse o Alcorão. Depois inclinou-se para a frente e disse:

— Mas, se Jesus é Filho de Deus, isso significa que Alá deve ter se casado e que o Filho não é eterno.

— O Alcorão descreve Jesus como "a Palavra de Deus" e "o Espírito de Deus". Os Evangelhos chamam Jesus de Filho a quem Deus ama e em quem ele se alegra. Todas as três frases estão dizendo que Isa procede de Deus. Essa é a intenção de ambos os livros — descrever de onde Jesus vem. Não pense nisso em termos de Deus se casando com Maria e tendo um filho. Não é isso que diz o Alcorão nem os Evangelhos. A paternidade de Deus não é física, e sim espiritual. — Yusef continuou com um brilho no olhar. — Deus também é o nosso Pai — o mesmo princípio. E eu sou seu filho — o mesmo princípio. Trata-se, na verdade, apenas de uma analogia para nos ajudar a compreender um pouco do que, de fato, está além do nosso entendimento. O uso bíblico das palavras *Pai* e *Filho* é para explicar o relacionamento entre Deus, o Pai, e Jesus, sua eterna "Palavra". Ambos transcendem o tempo. Ambos estão unidos no Espírito Santo...

— O que vocês chamam de Trindade — Mustafá interrompeu. — Vocês realmente acreditam em três Deuses?

— Não, um Deus, porém três pessoas.

— Um mais um e mais um é igual a três — disse Mustafá.

— Deus não é um conceito matemático — respondeu Yusef, sem abandonar de forma alguma o debate. — Nenhum texto, cristão ou muçulmano, interpreta a "unicidade" com o sentido de que Deus tem apenas um atributo ou somente uma característica.

Com isso ele parou, abriu os braços e disse:

— Meu amigo, não podemos responder a todas suas perguntas de uma vez. Mas existem respostas. Quero convidá-lo a gastar seu tempo e fazer suas maravilhosas perguntas.

Mustafá ouviu e alisou sua longa barba. Houve silêncio no escritório durante um momento. Butros simplesmente observava. Então Mustafá admitiu que estava em dificuldade.

— Cerca de um mês atrás eu tive uma visão. Um homem com um manto branco apareceu para mim. Ele disse: "Eu sou quem você está procurando. Levante-se e leia a meu respeito no Livro Sagrado".

— E quem você acha que era esse homem? — Yusef perguntou.

— Jesus. — Mustafá fez uma pausa. — Eu disse ao senhor que pertenço à Fraternidade Muçulmana no campus, mas comecei a me afastar. O xeque notou, e alguns dias atrás ele foi ao meu apartamento e me acusou de descrença. Eu lhe disse que *ele* era o culpado por ter me encorajado a ler a Bíblia e a escrever uma refutação. Ele tentou pegar meus papéis, mas eu o impedi. Então ele disse: "Você é um ateu. Você sairá do grupo e irá parar de ensinar".

— E o que você vai fazer?

— Quero continuar meu estudo, mas não acho seguro fazê-lo no meu apartamento.

— Você precisa de um lugar para ficar? — Yusef perguntou.

Mustafá fez que sim.

Yusef virou-se para Butros e perguntou:

— Você acha que o nosso amigo Ahmed gostaria de ter um colega de quarto?

———

Quando o calor não era forte demais, Butros e Nadira gostavam de passear pela vizinhança depois do pôr-do-sol. Nadira estava então com oito meses de gravidez, e dois meses antes ela havia deixado o emprego de professora. Ela andava de forma desajeitada, mas aguardava com ansiedade as caminhadas.

— Tenho de sair do apartamento — ela dizia.

Naquela tarde sequer falaram durante um momento ao passarem lentamente pelas lojas que vendiam roupas. Butros esperou pacientemente enquanto ela examinava vários rolos de tecidos. Ele entendia que ela estava pensando nas roupas do bebê e nas cortinas para o berçário que ela queria montar — assim que soubessem se teriam um menino ou menina. Alguns tecidos coloridos chamaram a atenção de Butros e ele os apontou para Nadira.

— Você deveria fazer um vestido novo para você.

Nadira riu e disse:

— Não seja bobo. Olhe para mim — estou enorme com o bebê! Além disso, não temos recursos agora.

Butros corou enquanto sua esposa retomava a inspeção de material para cortinas. Fora uma querida senhora de sua igreja que gentilmente havia observado as roupas velhas de Nadira e o criticara por não cuidar melhor de sua esposa. Ele queria muito dar-lhe e decidiu que faria uma surpresa com o tecido para um vestido novo depois que o bebê nascesse.

Das lojas de tecidos eles andaram mais um quarteirão onde havia várias lojas que vendiam temperos. Nadira parou para conversar com seu lojista favorito, Abdul, que prontamente apresentou para seu olfato e paladar um pouco de canela que ele acabara de comprar. Ela comprou 30 gramas e um pouco de cominho e coentro. Em outro quarteirão, em sua banca favorita de frutas, ela examinou algumas tâmaras.

— As tâmaras mais doces do país! — disse Hadi enquanto insistia para que Nadira e Butros experimentassem uma.

Nadira comprou meio quilo e, enquanto Hadi as embrulhava, falou a Butros com um sorriso:

— E então, quando o verei na mesquita?

Butros riu. Aquilo era um jogo contínuo. Hadi havia feito a *hajj*, a peregrinação a Meca e Medina e desde então convidava animadamente todo cristão que visitasse sua banca para ir orar em sua mesquita.

O casal passeou por mais alguns quarteirões. Nadira provocou o marido de maneira brincalhona ao dizer:

— E então, nenhum testemunho para Hadi esta noite?

— Ele nunca perde a oportunidade de tentar me levar para o islamismo.

— E quando você irá convidá-lo para ir à igreja? — ela provocou.

— Logo, Nadira, logo.

Nadira notou que Butros não estava entrando na brincadeira de que eles sempre gostavam. Quando eles tomaram a direção de volta para sua rua, Nadira disse calmamente:

— Você está tenso, meu marido.

Butros sorriu.

— Você me conhece bem — ele disse, mas não respondeu à pergunta cuja resposta estava implícita. Sabia que Nadira era paciente e ia esperar até que ele estivesse pronto para falar. Ela era para ele um conforto maravilhoso. Enquanto ele desenvolvia uma pequena rede de pastores e homens de negócios cristãos para o seu trabalho, Nadira permanecia sua conselheira mais íntima.

Naquele exato momento sua responsabilidade era por Ahmed e Mustafá, e podia haver outros se mudando para aquela diminuta casa segura. A cada semana ele ficava sabendo de mais interessados e convertidos.

— Tenho uma idéia de uma maneira de os homens que estamos ajudando poderem se sustentar — disse Butros. — Você conhece as terras que estamos atualmente arrendando para fazendeiros. E se, em vez disso, as usássemos para instalar um pequeno negócio e para que os homens pudessem viver lá?

Nadira agarrou o braço do marido para manter o equilíbrio num paralelepípedo irregular na calçada.

— Existe algum perigo, particularmente para Ahmed, em viver tão perto da cidade onde mora sua família?

— Não tenho certeza. Preciso pensar nisso.

— Em que negócio você está pensando?

— Agricultura e também criação de galinhas. Poderíamos começar com, talvez, 50 ou cem aves. Eles podem vender os ovos e a carne.

— Eles têm alguma experiência com plantação e criação de galinhas? Eles precisam saber o que estão fazendo.

Aquela era uma pergunta importante. Havia uma parte da população que pensava ser humilhante sujar as mãos no trabalho de uma fazenda.

Butros riu.

— Não sei; estou conhecendo-os aos poucos. Presumi que, uma vez que eles tenham vivido na área rural, poderiam sentir-se bem com a idéia. Mas não, não sei se estariam dispostos a viver e a trabalhar em uma fazenda.

— Falando em morar, temos apenas um abrigo na propriedade. Não se pode esperar que os homens morem ali.

Butros suspirou. Ele havia pensado que os homens pudessem dormir no abrigo, ou mesmo ao ar livre durante um curto período. Mas eles precisavam de algo mais. Talvez eles pudessem construir um abrigo, mas ele precisaria também arrumar dinheiro para os materiais de construção.

De volta para o prédio de apartamento, Nadira soltou o braço de Butros, segurou no corrimão e, vagarosamente, subiu as escadas até seu apartamento, no segundo andar. Fechada a porta de entrada, Nadira disse:

— Você é um bom homem, Butros, um homem generoso. Devemos pensar e orar a respeito disso. Mas há outra coisa em que devemos pensar. Qual é a nossa missão? Para que Deus nos chamou?

Butros olhou a esposa nos olhos.

— Isso também me preocupa. Começar um negócio irá tirar a energia e os recursos de que precisamos para o que já estamos fazendo.

— Então vamos pensar em como podemos usar a nossa propriedade para levar mais adiante esses objetivos. Deus nos deu aquela terra por um motivo. Devemos orar a respeito de como melhor usá-la.

Nadira tomou a mão de Butros e a colocou sobre sua barriga.

— Sente o bebê chutar?

Butros sorriu.

— Precisamos pensar também em nossa família — Nadira continuou.

— É bom que você pense nos dois convertidos. Deus os confiou a nós e precisamos fazer o que pudermos para ajudá-los. Mas você pensou em como vamos alimentar nosso filho?

— Muito — ele disse. — Até agora Deus nos proveu tudo aquilo de que precisamos.

— Você e Deus são bons provedores — disse Nadira.

— Mas vamos precisar de mais recursos, e logo.

7

UM ANO DEPOIS

Butros sabia que se passaria uma hora e meia ou mais depois da chegada do vôo da Qatar Airways vindo de Doha, para que Irmão André surgisse de seu encontro com as caóticas filas de controle de passaporte e da batalha para recuperar a bagagem de uma única esteira rangente construída antes que se previssem as exigências dos enormes Boeings 747. Todavia Butros e 25 jovens de sua igreja se aglomeravam ansiosamente em torno da saída do terminal para esperar seu convidado especial.

Havia quase três anos desde que Irmão André desafiara Butros para voltar e servir a Deus em sua terra natal. Eles tinham mantido contato e, na realidade, as cartas de André pareceram chegar na hora certa quando Butros questionava se tinha ouvido corretamente o chamado de Deus. Algumas vezes houve exortações da Escritura que pareciam perfeitamente escolhidas para suas circunstâncias. Eram conselhos inestimáveis com base em anos de ida até a igreja perseguida, primeiro atrás da cortina de ferro e, depois, a países como China, Vietnã e Cuba. Aquelas informações deram a Butros a confiança em Deus de que ele precisava para sair e revelar o seu plano para o seu ministério.

No momento Butros sentiu que a visita do Irmão André, a primeira ao país, vinha na hora certa. Butros estava ansioso para apresentar André a alguns líderes da igreja e conversar sobre a visão cada vez maior de tratar das questões enraizadas que mantinham as igrejas do seu país fracas e ineficientes. O destaque da viagem seria a primeira do que ele esperava que viesse a ser uma conferência anual para pastores. Durante cinco dias aqueles homens corajosos poderiam vir, descansar e ser renovados enquanto recebiam o treinamento do Irmão André e do pastor Yusef.

Esticando-se na ponta dos pés, Butros viu seu amigo empurrando um carrinho cheio de duas pesadas malas e algumas caixas, passando pela alfândega e dirigindo-se à saída. Ele voltou-se para o grupo que o cercava e disse:

— Fiquem todos prontos.

O holandês surgiu e vasculhou na multidão um rosto conhecido, ignorando um grupo barulhento de motoristas de táxi que tentava vender-lhe uma corrida até o centro da cidade. Ao ver Butros acenar, André abriu um sorriso e aproximou-se do grupo quando os jovens começaram a cantar. Depois de um verso em árabe, cantaram outro em inglês:

> Se minha língua se mantiver em silêncio,
> Meu coração cantará e louvará até à morte.
> Cantarei que o Senhor da glória me amou
> E me deu seu Espírito Santo.
> Aleluia, Aleluia, Aleluia.

Homens e mulheres, adolescentes e jovens, vestidos com jeans no estilo ocidental e camisas pólo, atraíram olhares de surpresa. Enquanto o coro cantava com entusiasmo, Butros envolvia seu amigo num forte abraço e o beijava em ambas as faces na saudação tradicional árabe:

— Bem-vindo. Finalmente você veio ao meu país.

André ouviu as vozes fortes do coral jovem, surpreso de que eles pudessem entoar com tanta coragem cânticos cristãos naquele país muçulmano. Ele já se dava conta de que mais aprenderia do que ensinaria em sua viagem. Apesar de aquela ser uma igreja que vivia sob perseguição, pelo menos um pequeno grupo de cristãos não parecia intimidado com cultura islâmica.

Passava da meia-noite quando eles chegaram ao hotel, mas Butros estava ansioso para falar ao seu convidado a respeito dos planos para as duas semanas seguintes. Ele encheu de água uma chaleira elétrica e perguntou a André se ele gostaria de uma xícara de chá.

— Aprendi a saborear o chá inglês durante meus estudos na Inglaterra — disse Butros.

— Bem, eu sou holandês, o que significa que eu gosto de café — disse André, rindo. — Mas terei prazer em tomar chá com você.

Eles se acomodaram em duas poltronas, Butros despejou o chá e disse:

— Esperei com muita ansiedade sua visita. Há muita coisa que desejo que o senhor veja. — Entregou um itinerário a Irmão André e apontou para os destaques. Estava mais preocupado com o fato de fazer Irmão André falar duas vezes por dia na conferência. — Serão oito vezes. Espero que não seja muito.

— Absolutamente. Estou aqui para servi-lo. Mas seria uma enorme ajuda se você me falasse um pouco a respeito dos homens a quem eu vou falar. Como estão as igrejas deles? Quais são as necessidades aqui?

— Vamos começar a reunião informativa amanhã. Quero que conheça o pastor Yusef. O senhor pregará na igreja dele no domingo. — Então Butros reclinou-se na poltrona, inalou o vapor do seu chá e, calmamente, disse: — Acho que o senhor irá descobrir que os muçulmanos ficariam bem contentes se não houvesse, absolutamente, igrejas neste país.

———

Na manhã seguinte Butros pegou André às 10 horas da manhã para o percurso de vinte minutos até a igreja Al Waha. Ele dirigia um antigo modelo de carro fabricado na Alemanha, que havia acumulado muitos quilômetros no percurso pelo país em sua visita a igrejas e para se reunir com pastores. As ruas da cidade estavam alvoroçadas com vários modos de transporte. Xeques opulentos passavam pelo centro da cidade em Mercedes guiadas por motoristas particulares, lançando pó sobre as carroças que trabalhavam ao longo das faixas vedadas ao trânsito. Os ônibus transitavam lotados de jovens. Os homens iam de motos ou de bicicletas — um ciclista carregava uma pilha de gaiolas com galinhas vivas; outro levava a mulher e a filha com seus véus, empoleiradas precariamente nos pára-lama traseiro.

O ar estava também cheio da poeira das inúmeras construções em andamento naquela cidade que se expandia. Impressionantes arranha-céus enchiam a área central da cidade e guindastes balançavam no alto de vários prédios parcialmente concluídos — hotéis, prédios de escritórios comerciais e condomínios de apartamentos. André notou que aparentemente em cada quarteirão, próximo a cada novo edifício, havia uma mesquita novinha em folha. Em contraste, a igreja Al Waha era uma anomalia gótica, remanescente de outra era, quando o colonialismo dominava e uma agência missionária protestante havia tentado estabelecer um ponto avançado para o cristianismo entre as tribos árabes nômades.

— Houve um tempo em que esta área era um complexo murado com uma escola, um hospital e casas para os missionários — Butros explicou enquanto estacionavam atrás da igreja. — Há muitos anos o governo nacionalizou a escola e o hospital e expulsou a organização missionária que os administrava. Tudo o que resta é esta igreja, e somos gratos pela presença dela no coração da capital.

Na parte de trás da igreja havia uma série de escritórios e, embora fosse sábado, o lugar parecia cheio de atividade — alguém tirava fotocópias, um pastor assistente aconselhava um casal mais velho e vários jovens se reuniam numa sala de conferências. O estúdio do pastor Yusef ficava num canto mais sossegado. Ele recepcionou calorosamente seus convidados e deu a volta em torno de sua escrivaninha para sentar-se com eles enquanto conversavam.

— Butros falou ao senhor a respeito da nossa igreja? — perguntou Yusef num inglês perfeito. Depois, com um brilho nos olhos, perguntou: — Ele lhe disse que o nome Al Waha significa "O oásis"? Gosto dessa imagem. Gosto de pensar que somos um oásis no deserto e fornecemos água às pessoas desesperadamente sedentas.

— É uma excelente figura do que a igreja deve ser — disse Irmão André.

— Por isso o senhor dará água fresca à congregação amanhã — disse Yusef. — Realizamos um breve culto pela manhã. Como domingo é dia de trabalho, muitos não podem vir pela manhã. No domingo à noite realizamos o nosso culto maior. Teremos mais de 500 pessoas aqui.

— O que faz desta a maior congregação protestante do país — Butros acrescentou.

— O meu antecessor, o homem que foi o meu mentor, sempre apresentava a mensagem do evangelho em todos os sermões que pregava. Sempre havia um convite para aceitar a Cristo. Gostamos que todos tenham um confronto com Jesus — disse Yusef enfaticamente.

— Amém — André sentiu simpatia por aquele árabe entusiasta, de voz mansa e paixão exuberante. — E qualquer um pode vir a esta igreja? Muçulmanos também?

— Todos são bem-vindos. Nunca mandamos ninguém embora. Apresentamos Cristo, e as pessoas são como pombos — juntam-se onde há migalhas. Nunca apresentamos a igreja ou a denominação. O nosso objetivo é que eles conheçam Jesus.

— Estou ansioso para pregar amanhã — disse André. — Mas não é perigoso ser tão aberto, deixar que todos venham ouvir? Na noite passada o meu amigo Butros disse que muitas pessoas nesta cidade ficariam felizes se, absolutamente, não existissem igrejas.

Yusef pareceu triste ao responder:

— Sim, isso é verdade.

— Em alguns países muçulmanos *não* existem igrejas, Afeganistão e Arábia Saudita, só para citar dois. Aqui, pelo menos, você tem uma igreja estabelecida onde se pode reunir legalmente.

— Legalmente talvez, mas sob controle deles — respondeu Butros. Com certeza eles não querem nos dar liberdade para nos desenvolvermos, florescermos, crescermos.

— Então vocês estão sob os olhos das autoridades? — André pediu esclarecimento.

— Pior do que isso. Vivemos sob constante pressão da sociedade — Yusef respondeu. — Sabemos que estamos sempre sendo vigiados e que alguém quer nos impedir de realizar o ministério. — Ele inclinou-se para a frente para enfatizar seu próximo ponto. — É preciso compreender que a igreja existe apenas como uma comunidade permitida em meio à imensa maioria do povo muçulmano.

— E qual é a força da igreja aqui? — André perguntou. — Ela está dando um testemunho efetivo para a cultura?

— Somos fracos e mornos — respondeu Yusef. — Estamos negligenciando a nossa principal responsabilidade, que é a de missões. Os cristãos agem como os dez espiões que retornaram de Canaã a Moisés e declararam que a invasão proposta deveria ser cancelada.

— E o que podemos fazer a respeito? — André perguntou.

Os olhos bondosos de Yusef fitaram atentamente os de André.

— Só existe uma esperança para a igreja exercer impacto sobre a comunidade muçulmana.

— Qual é?

— Amor. Depois de longos anos de guerra e perseguição, os cristãos raramente vêem os muçulmanos como pessoas a quem Deus ama e por quem Cristo morreu. Os cristãos necessitam de um novo enchimento do Espírito Santo para amar aqueles com quem não concordam. E a maior expressão de amor é compartilhar com eles a coisa mais preciosa que o cristão tem, que é a boa-nova da salvação em Jesus Cristo.

André pensou naquilo por um momento enquanto Butros concluía:

— Como se vê, uma igreja eficiente é também a maior ameaça ao islamismo. Se queremos de fato ser luz e sal, seremos atacados.

———

A cena diante do Irmão André era um sereno contraste com o barulhento clamor da capital a apenas uma hora de carro. O sol nascente pintava cores assombrosamente lindas — vermelho, verde-azulado, laranja e púrpura — sobre as colinas rochosas. Tomou um trago de café solúvel com dois tabletes de açúcar e um de creme e saiu do quarto para um pequeno pátio a fim de desfrutar o cenário do deserto. O retiro de pastores estava sendo realizado em um rústico centro de retiro administrado por uma corporação estrangeira. Foram quatro dias animados, quando André interagiu com ministros de várias denominações ortodoxas e protestantes, bem como com um sacerdote da igreja anglicana e outro de uma paróquia católica da capital.

Os primeiros momentos da manhã propiciavam os únicos momentos sossegados a sós. André passeou do quarto até a areia rochosa, desfrutando o ar frio da manhã que, em menos de uma hora, se tornaria insuportavelmente quente em sua ascensão inexorável para mais de 37 graus centígrados. Passaram-se duas semanas desde sua chegada ao Oriente Médio, e no final daquela tarde, depois da mensagem final na conferência, Butros o levaria de carro até o aeroporto e o devolveria à sua cultura holandesa. Ele não estava ansioso para partir. As pessoas ali haviam ganhado o seu coração.

Era duvidoso que André e Butros pudessem ter feito mais naquelas duas semanas. Durante os primeiros dias, eles se reuniram com líderes cristãos na capital, e André pregou várias vezes nas igrejas deles. No segundo domingo, Butros levou André a um vilarejo onde havia uma igreja, uma missão protestante que, muitos anos antes, havia construído uma capela simples de pedra. O piso era de chão batido coberto de tapetes desbotados. As únicas mobílias eram quatro cadeiras e um púlpito simples numa plataforma de madeira. O pastor cumprimentou André efusivamente, dizendo:

— Em trinta anos, esta é a primeira vez que um estrangeiro visitou a nossa missão.

Aproximadamente cem pessoas compareceram e sentaram-se no chão — homens à direita, mulheres à esquerda, com várias crianças correndo livremente por entre eles — para ouvir o visitante holandês. André olhou a multidão, muitos deles em trajes árabes, e se sentiu desajeitado ali, diante deles, de terno e gravata. Depois de falar por alguns minutos, ele tirou o paletó e foi sentar-se no chão em meio à congregação. Várias crianças rapidamente se reuniram em torno dele e duas delas sentaram-se em seu colo. Enquanto ele "pregava" seu sermão, Butros traduzia para a congregação, em árabe.

Posteriormente André desfrutou uma refeição simples com as pessoas e andou pela propriedade da missão, onde várias famílias viviam. Ficou chocado ao saber que os cristãos eram impedidos pela maioria muçulmana de tirar água do poço do vilarejo. A única água disponível aos cristãos era de um pequeno poço na propriedade da igreja, mas não era suficiente. André se ofereceu para arrumar o dinheiro para cavar um novo poço para a comunidade cristã.

Depois daquele culto, Butros levou André ao centro de conferência. Uns 50 homens haviam participado das reuniões e pareciam famintos pelas mensagens de André. Agora ele pensava em como encerrar a conferência. Que mensagem Deus queria que ele apresentasse àqueles homens dedicados?

Ele ainda estava orando a respeito do que falar quando ouviu a campainha tocar para o café da manhã. Quando entrou na sala de jantar, sentou-se entre Butros e Abuna Alexander, um dos poucos homens com quem ainda tinha de conversar durante a conferência. Tirou de uma tigela umas colheradas de feijão vermelho e colocou-as em seu prato, amassou o feijão com um garfo, acrescentou um pouco de azeite e sal, depois comeu a mistura com pedaços de pão chato e redondo.

— Você já está se tornando um bom árabe — disse Alexander.

— *Shukran* — respondeu André. "Obrigado" foi uma das poucas palavras em árabe que ele havia aprendido.

— Meu inglês não é tão bom — disse Alexander com um sorriso tímido, dando indicações do seu desejo de conversar.

Butros inclinou-se e disse que teria prazer em traduzir e disse para André:

— Padre Alexander serve há muitos anos em Suq al Khamis, uma pequena cidade da região rural deste país.

Enquanto André despejava uma xícara de chá forte de uma jarra no centro da mesa, o padre Alexander contava sua história:

— Eu nasci em uma família cristã. Minha mãe era fiel na freqüência à igreja, mas meu pai só ia de vez em quando. Minha mãe morreu quando eu tinha 10 anos. O padre local tomou conta de mim, e meu pai tornou-se mais devoto. Na adolescência, me senti chamado para o sacerdócio. Sou padre há trinta anos.

André estudou a face do padre e pôde perceber o cansaço produzido por anos de trabalho duro, não reconhecido.

— Por favor, o senhor poderia me falar a respeito da sua igreja? — pediu Irmão André.

O padre explicou que servia cerca de 75 famílias, embora muitas delas não freqüentassem regularmente.

— Nós também administramos uma escola em cooperação com outra igreja do outro lado da cidade. Temos duas famílias relativamente bem de vida. Um é comerciante de ouro; o outro vende televisores e outros eletro-domésticos. São generosos para com a igreja e isso nos ajuda a continuar.

— Que desafios o senhor enfrenta?

Alexander e Butros explicaram que muitos paroquianos eram cristãos apenas nominais e não mostravam interesse pelo trabalho religioso. Alexander admitiu também que sua congregação estava lentamente se encolhendo. As famílias com recursos estavam se mudando para a Europa ou para os Estados Unidos.

— Os muçulmanos ficam contentes em vê-los ir embora — disse Alexander.

— Não é uma situação saudável quando uma igreja não está crescendo — observou Irmão André. — Vocês precisam de sangue novo. O futuro de qualquer igreja está nos adolescentes. Mantenha-os entusiasmados e a igreja terá vida.

O padre balançou a cabeça, triste.

— Receio ser difícil manter os adolescentes interessados quando seus pais nem sequer freqüentam. Há uma igreja pentecostal na cidade — eles têm muitos adolescentes. Contudo, não importa o que eu faça, não vejo como atrair a juventude para São Marcos.

— Por que o senhor acha que é assim?

— A outra igreja tem música contemporânea. Eles não respeitam as tradições históricas da igreja.

André percebeu que o padre não estava disposto a mudar o estilo de culto para agradar a alguns meninos. Contudo, ele tinha visto muitas igrejas litúrgicas vibrantes e pensou que soubesse pelo menos uma razão para a diferença.

— O senhor os encorajou a ler a Bíblia?

— Nós lemos as Escrituras durante a liturgia. Na nossa tradição as pessoas não lêem a Bíblia em casa. É tarefa do sacerdote ensiná-las.

— Mas o senhor não pode ensinar-lhes a Bíblia se elas não forem à igreja.

O padre estendeu as mãos e admitiu:

— Esse é o meu problema.

— Em minha experiência, não há nada mais empolgante do que jovens estudarem a Bíblia juntos.

André falou de sua própria experiência quando jovem assim que saiu do serviço militar e como as vidas mudadas, dele e de outros, causaram um pequeno reavivamento em várias igrejas.

— Muitos de nós começamos a ler a Bíblia todos os anos. Como resultado, todo o grupo de jovens foi para o campo missionário. E se o senhor desafiasse os adolescentes de São Marcos a ler o Novo Testamento neste ano e a comentá-lo em grupo — sob a sua orientação?

O padre cofiava a barba enquanto pensava na idéia.

Butros perguntou:

— Alexander, as pessoas têm suas próprias Bíblias?

O padre fez que não. Butros continuou:

— Se lhes arrumássemos as Bíblias, talvez o senhor pudesse realizar uma competição, algo divertido para atrair os adolescentes, e então o senhor poderia lançar um desafio — dar a cada adolescente um exemplar do Novo Testamento se eles concordassem em lê-lo nos doze meses seguintes.

Alexander assentiu e, finalmente, disse:

— Isso poderia me causar novos problemas, se os jovens ficarem entusiasmados demais.

André respondeu:

— Eu sempre tenho dito que é mais fácil acalmar um fanático do que entusiasmar um cadáver!

Mesmo com a barreira da linguagem, o padre compreendeu a figura e começou a rir.

— Bem, talvez eu devesse aplaudir esse tipo de problema.

— Butros fará o que puder para ajudá-lo. Eu tenho outra pergunta. Todos em sua igreja sabem ler?

— Talvez metade da congregação saiba ler. Mas com os adolescentes, a quantidade é maior. Seus pais querem que eles tenham a chance de progredir, e a nossa igreja dá oportunidade para educação.

— Mas na maior parte somente para os homens — Butros acrescentou.

— Para os que não sabem ler, o senhor deveria pensar num programa de alfabetização — André disse.

— Esperamos treinar alguns professores para alfabetizar — disse Butros.
— Suq al Khamis seria um excelente lugar para começar um programa. E todos os que completassem o curso e aprendessem a ler receberiam uma Bíblia na formatura.

— Vocês me dão muito em que pensar — disse o padre. — Se não crescermos, morreremos.

Butros atalhou:

— Padre Alexander também está enfrentando um novo desafio. Por favor, fale ao Irmão André a respeito dele.

— Na semana passada um jovem muçulmano veio me dizer que agora era seguidor de Cristo. Ele é o quarto este ano. Eles me dizem que querem se converter e ser batizados.

— Isso é fantástico! — André disse.

— Não. Isso é um problema — disse Butros. — A situação em Suq al Khamis é tensa neste momento. O fundamentalismo muçulmano está em ascensão. Jovens estão apelando para um compromisso maior para com o islamismo. Estão exigindo que o governo repila as leis que têm o estilo ocidental e aceite somente a lei da Sharia. O governo está preocupado com a influência deles. Em alguns vilarejos da redondeza acontecem ataques contra igrejas e lojas de cristãos.

O padre Alexander falou e Butros traduziu:

— Se deixarmos que muçulmanos entrem em nossa igreja, vamos pôr em risco toda a congregação. A polícia pode fechá-la. Os extremistas podem reunir uma turba e tocar fogo nela e em nossas casas também. Isso já aconteceu. E a polícia não irá detê-los. — O padre abriu os braços e levantou as mãos. — Então, o que eu posso fazer?

— Normalmente esses jovens que se tornam seguidores de Jesus se mudam para a capital — Butros continuou. — Eu encontrei um apartamento para três deles, um lugar seguro. Existem conversões semelhantes acontecendo em outras partes do país.

— Detesto dizer isso — disse o padre Alexander —, mas minha igreja não quer nenhum convertido. Nós simplesmente não sabemos o que fazer com eles.

Houve um silêncio incômodo entre os três homens. Então Irmão André disse, talvez mais para si mesmo do que para Butros e para o padre Alexander:

— Como pode existir uma igreja onde os convertidos não são bem-vindos?

———

Na maior parte do trajeto até o aeroporto, Irmão André e Butros permaneceram em silêncio. Em parte era devido ao cansaço — eles haviam trabalhado muito durante mais de duas semanas. Mas havia também muito em que pensar. Finalmente, André quebrou o silêncio:

— Os muçulmanos que se tornam seguidores de Cristo pagam um alto preço. — De tudo o que viu e aprendeu, o que mais tocou seu coração foi a situação dos convertidos. — Espero de fato que, da próxima vez que eu vier, possa me encontrar com alguns desses irmãos.

Butros assentiu, reconhecendo o pedido, enquanto dirigia pelo trânsito caótico. Alguns momentos depois, quando o aeroporto surgiu à vista deles, ele falou:

— Sim, quero que o senhor os encontre. E eu preciso de suas orações a respeito da situação. Isso acrescentou uma nova complexidade ao ministério.

— Estou tentando entender por que a igreja não tenta trazê-los para o corpo. Sei que existem riscos...

— Não seja rígido demais com os pastores. Eles foram, no passado, enganados por supostos convertidos. Lobos em pele de cordeiro — acho que o senhor conhece essa frase. Entretanto, até os verdadeiros convertidos são considerados infiéis de acordo com a lei islâmica. Ao ajudá-los, a igreja comete crime aos olhos do islamismo. Se for descoberto que um pastor batizou um ex-muçulmano, isso é considerado passível de morte.

Assim que saiu do estacionamento do terminal, Butros saiu da estrada e estacionou. Desligou o motor e virou-se para o amigo:

— André, quero que você compreenda a situação, porque juntos talvez possamos arrumar um jeito de ajudar esses irmãos. Estou aproveitando a oportunidade para discipular três desses homens. Eles amam a Jesus, mas sabem muito pouco sobre como viver a vida cristã.

— Qual a idade deles?

— Dois têm por volta de 20 anos; o terceiro acaba de fazer 30. Isso é parte do desafio. Eles não têm emprego. Não são casados. Fugiram de suas famílias. Neste exato momento, eles dependem totalmente de mim. Veja então que, se mais muçulmanos se converterem, neste exato momento seria muito difícil ajudá-los.

— Mas, se não os ajudarmos, eles podem voltar imediatamente para o islamismo.

— Sim, muitos convertidos o fazem. É sabido que pelo menos metade de todos os muçulmanos que se convertem voltam para o islamismo. A solidão e a pressão da família e da comunidade e dos grupos islâmicos são simplesmente grandes demais. É preciso coragem demais para deixar a antiga vida. Eles vão a uma igreja e são repelidos. Quase sempre são detidos, e a polícia, rotineiramente, tortura os prisioneiros. Eles são, em toda parte, intimidados e pressionados a voltar para o islamismo.

Então André disse, mais para si mesmo:

— As coisas antigas já passaram; eis que surgiram coisas novas.

— Mas como tornar-se novo? — Butros respondeu. — Irmão André, eu voltei para ajudar a fortalecer a igreja em meu país para que ela seja luz, e isso inclui ser uma testemunha aos muçulmanos. Mas a igreja está apenas tentando sobreviver. Ela não pode e nem vai evangelizar. E agora temos esses convertidos...

— Bebês recém-nascidos.

— Sim, bebês espirituais que precisam de cuidados. Eu não planejei isso. Eu sou um homem só. Não tenho ajudantes, não tenho infra-estrutura.

— Mas tem o Espírito de Deus com você.

André fez uma pausa e elevou uma rápida e silenciosa oração aos céus em favor do amigo. Não queria sugerir uma solução preestabelecida que não se aplicasse ali. Cerca de uma hora depois ele estaria a bordo de um avião, de volta para casa. Butros tinha de dar seqüência nas mais desafiadoras das circunstâncias.

— Butros, Deus não comete erros. E esses muçulmanos convertidos não estão fora do chamado de Deus a você. Eles fazem parte da igreja — nós apenas não vemos ainda como eles se encaixam no corpo estabelecido.

Lembre-se, você é o homem escolhido por Deus para este momento neste país. Ele lhe dará a sabedoria de que você precisa. Ele proverá os recursos de que você precisa. E, a propósito, minha organização irá ajudar. Nós temos o seu último planejamento e orçamento. Logo você terá notícias nossas, e serão boas notícias.

André tirou a carteira, pegou todas as notas do dinheiro local que tinha e pôs na mão do amigo.

— Quando cheguei, troquei mais dinheiro do que precisava. Por favor, pegue isto e use-o para ajudar a cobrir as despesas com os homens que estão no apartamento seguro.

Butros ficou constrangido a pegar o dinheiro.

— Não posso aceitar isto — ele disse, tentando devolvê-lo.

— Sim, você pode. Por favor, não me prive dessa pequena bênção.

Butros lutava com suas emoções.

— Irmão André, você é um grande encorajamento para mim. Espero que você continue vindo aqui. Eu preciso de suas orações e de seus conselhos.

— Vou ajudá-lo no que eu puder. Telefone-me. Volto sempre que você precisar.

8

UMA SEMANA DEPOIS

Dois homens de terno estavam à porta do apartamento.

— Estamos procurando por Butros.

— Sou eu — disse Butros.

Fez os homens entrarem, e Nadira foi ao quarto do casal para amamentar o bebê, então com quase um ano de idade. Ao observar os homens, Butros imediatamente concluiu que eles eram da *Mukhabarat*, a polícia secreta do país. Eles olhavam atentamente para o conteúdo da diminuta sala de estar, como se estivessem tentando memorizar cada detalhe.

— Precisamos fazer-lhe algumas perguntas.

— Certamente. Por favor, venham ao meu escritório. Aceitam café ou chá?

Eles não estavam interessados em hospitalidade, porém entraram rapidamente em seu estúdio, fecharam a porta e deram a entender que Butros se sentasse. Um deles, de camisa azul e que havia falado, disse:

— Precisamos compreender o que você está fazendo neste país.

— Não entendo — respondeu Butros. — Este é o meu país. Nasci aqui. Sou um cidadão leal.

— Estamos aqui para sua proteção — acrescentou o outro homem, o de camisa branca, que nem sequer se identificou pelo nome.

— Receio não estar compreendendo — disse Butros cautelosamente. — Estou correndo algum tipo de risco?

Os homens não responderam, mas o de camisa azul disse:

— Seria melhor que você nos dissesse o que faz.

Com os sentidos em alerta máximo, Butros orou em silêncio: *Senhor, me proteja. Dê-me as palavras certas.* — Eu trabalho com igrejas. Mas isso vocês provavelmente já sabem. — Os homens não mostraram reação. — Eu ajudo pastores a serem mais eficientes em seu trabalho.

— Que materiais são estes? — disse o de azul, pegando um monte de livretos que Butros havia recebido do Fórum Bíblico, um grupo de organizações que distribui Bíblias e outros recursos em muitos países.

— Bíblias e material de ensino.

— Para igrejas?

— Sim, para igrejas. Para que elas possam ser mais eficientes no ensino de suas congregações a respeito da fé cristã.

O homem de camisa branca pegou uma agenda e anotou algumas coisas. Olhou para Butros e disse:

— Você ganha muito dinheiro vendendo estes materiais.

Butros deu de ombros.

— Não, não de fato. A maior parte deles eu dou.

O de camisa azul pôs a mão sobre o fichário que estava em cima da escrivaninha de Butros, virou-o e começou a vasculhar as fichas. Butros ficou tenso, mas depois lembrou-se de que não havia nomes ali que causassem qualquer suspeita. Entretanto, não gostou daquilo.

— E como você sustenta o seu trabalho? — perguntou o de camisa branca. — Como consegue o suficiente para custear suas conferências e viagens?

— Eu tenho várias fontes de sustento.

— De onde?

— Várias igrejas dão contribuições.

— A igreja Al Waha?

— Sim, ela é uma das igrejas.

— Vem algum dinheiro da Europa ou da América?

— Um pouco.

O de camisa azul fechou o fichário e o retornou à sua posição original.

— Você não se registrou como ONG oficial?

Ele estava se referindo a uma organização não-governamental.

— Ainda não. Tenho intenção de iniciar logo o processo.

— Você sabe que precisa ser uma ONG para receber dinheiro estrangeiro.

— Estou ciente de que isso é preciso se for recebido mais que certa quantia de renda de recursos estrangeiros.

Butros sabia que estava indo além do permitido sem o registro de uma ONG, mas também estava preocupado com a supervisão do governo que o registro atrairia e ele queria evitá-lo o mais que pudesse.

O de camisa branca mudou de tática e disse:

— E quem era o estrangeiro de cabelo branco que visitou você?

— Ele é conhecido como Irmão André.

— Ele é um monge?

— Não, esse é apenas o nome pelo qual ele é conhecido internacionalmente.

— De onde ele é?

Butros fez força para não rir, porque certamente eles sabiam de onde ele era.

— Holanda.

— Por que ele veio?

— Veio a meu convite. Ele falou em várias igrejas e na conferência de pastores.

— Você trabalha com muçulmanos?

Aquela era uma mudança brusca. Tinha de ser cauteloso.

— Não, senhor.

— Fomos informados que você faz proselitismo entre os muçulmanos. Não toleramos isso.

— Não, eu não faço proselitismo.
— Você batizou algum muçulmano? — perguntou o de camisa azul.
— Não, senhor, eu nunca faria isso. Só batizo cristãos.

Ninguém falou durante um momento. O de camisa branca colocou de lado o caderno de anotações e olhou para Butros.

— Você parece um homem decente. Foi educado na Inglaterra, certo?

Butros presumiu que eles sabiam tudo a respeito de sua educação.

— Sim, senhor.

— Então, por que você não deixa este país e volta para a Inglaterra? É mais seguro lá.

Havia uma ameaça implícita naquelas palavras. Butros ficou perturbado com a sugestão de que ele não pertencia àquele lugar.

— Por que eu deveria ir embora? Este é meu país também. É aqui que Deus nos colocou. A vontade dele é que vivamos e trabalhemos aqui. E essa é a nossa intenção; até onde Deus nos permitir, vamos viver e trabalhar aqui.

Os dois homens se dirigiram para a sala de estar. Ao sair do apartamento, o de camisa branca virou-se e olhou para Butros.

— Você deveria pensar no que eu disse. Se realmente ama sua família, sua esposa e seu filho, vá embora enquanto pode.

―――

Uma semana depois

Três homens viviam no diminuto apartamento de dois quartos pequenos e um banheiro do tamanho de um armário. Em um quarto, os homens dormiam no chão em colchões finos que, durante o dia, ficavam enrolados. No outro, havia almofadas colocadas contra a parede e uma pequena mesa para café. Num lado havia uma pia, uma geladeira e um fogão.

Butros entrou no apartamento levando a comida que sua esposa havia preparado e um pouco de *khobz*, o pão chato local que ele pegara na padaria da esquina e garrafas de refrigerante que havia comprado na loja ao lado da padaria. Espalhou os embrulhos da esposa na pequena mesa. Havia um prato de plástico cheio de pasta de grão de bico e outro de *baba ghannouge*, uma saborosa mistura de berinjela com tomate e cebola. Além disso havia antepastos de *mashi warag ainab*, folhas de parreira recheadas com carne moída, e *fatayer*, pequenos pastéis cheios de queijo ou espinafre.

O aroma atraiu os homens como abelhas ao néctar da flor. Mustafá disse:

— *Bismillah* — em nome de Deus — e pegou um pão, partiu um pedaço e começou a mergulhá-lo na pasta de grão de bico quando Butros interrompeu:

— Um momento.

Mustafá levantou o olhar, sem ter certeza do que fizera de errado.

— Antes de comer, damos graças ao nosso Pai celestial por prover o nosso alimento diário. Por isso, vamos esperar um minuto e orar juntos.

Depois de darem graças, Ahmed, Mustafá e Hassan sentaram-se no chão junto à mesa e comeram avidamente. Durante um momento, devido ao desentendimento na cafeteria, havia ficado um clima tenso entre Ahmed e Butros. Mesmo depois de feitas as pazes, tiveram mais alguns choques. Não havia dúvida que Ahmed era um homem inteligente, cheio de idéias, ansioso por encontrar seu caminho na sociedade e em sua nova fé. Butros compreendia a luta do jovem e era paciente, orava por ele, encorajava-o, dava-lhe, de vez em quando, uma pequena ajuda financeira, já que Ahmed não havia encontrado uma forma viável de ganhar a vida de maneira consistente.

Butros reconhecia que Ahmed tinha dom para comunicação. Depois da reunião no gabinete do pastor Yusef, Mustafá aceitara o convite para morar com Ahmed e os dois tinham longas conversas. Finalmente, Mustafá teve uma resposta para suas perguntas e Ahmed foi estimulado intelectual e espiritualmente pelas discussões.

A mudança no fundamentalista radical foi gradual, mas dramática. Certo dia ele disse a Ahmed:

— Não posso acreditar no amor que sinto por todas as pessoas. Quero beijar todas elas!

Ele havia viajado para visitar a família, fora até sua mãe, a beijara e lhe dissera que a amava. Ela ficou surpresa, porque antes ele a considerava uma descrente, e perguntou-lhe por que agora ele a amava.

— Porque agora eu conheço um Deus que ama. Ele vive em meu coração e eu o conheço por intermédio de Isa.

Ela o advertira de que não contasse a ninguém da família porque, certamente, ele seria internado num hospital e submetido a tratamento para doentes mentais.

— Eu não estou louco! — Mustafá protestara. — Li os Evangelhos. Jesus nos mostra como Deus é e me levou a ter paz com Deus.

Hassan, dando claros sinais de que estava gostando da comida, olhou para Butros que estava sentado recostado à parede.

— Por que você não come conosco? É uma comida deliciosa — ele disse e inclinou a cabeça para trás para um longo gole de refrigerante.

— Isso é o que eu como sempre — disse Butros com um sorriso. — Como vocês podem ver claramente, estou ganhando uns quilos na cintura.

— Não é Ramadã. Você não precisa jejuar — Hassan brincou enquanto estalava um *fatayer* na boca.

Hassan havia se mudado para o apartamento algumas semanas depois de Mustafá. Butros o conhecera logo depois, e Hassan contou a história do desafio de Ahmed de ler o Alcorão durante o Ramadã.

— Pedi a Deus que se revelasse a mim como havia se revelado a Ahmed. Fiz um trato com ele — se ele não se revelasse a mim, eu decidiria abandoná-lo.

— Você quer dizer o islamismo? — Butros perguntou.

— Islamismo, cristianismo, religião — tudo. Eu não queria fazer um jogo. Quando li o Alcorão, não senti nada me tocar pessoalmente — foi apenas um livro de regras. Ele me mostrou um caminho. Mas, quando li a Bíblia, foi a experiência oposta. Jesus não me mostrou um caminho. Ele me mostrou *o* caminho. Ele é *siraat-e-mustaqeem* — a estrada reta. Vi que a Bíblia é um livro vivo porque o autor que a escreveu está vivo e eu senti Deus me falando por intermédio desse livro. O amor de Deus me tocou de uma forma muito pessoal. Como resultado, deixei o islamismo completamente durante um período de quatro meses. E então minha irmã deu à luz uma filha. Dois dias depois do seu nascimento, a bebê teve um ataque cardíaco. Os médicos aconselharam minha irmã que a levasse para casa porque ela ia morrer em breve. Imediatamente eu pensei em Jesus, o que cura, e comecei a orar: "Isa, quando estavas na terra costumavas curar as pessoas. Agora, peço-te que cures este bebê que está doente". Imediatamente a bebê abriu os olhos e deu um lindo sorriso. Depois disso, fechou os olhos e dormiu. Minha irmã pensou que a criança tivesse morrido, mas Deus a havia curado. Ela agora está completamente curada, e os médicos não conseguem acreditar. Foi por isso que vim até aqui para encontrar Ahmed e contar a ele a ótima notícia. Estou subjugado pelo amor de Jesus. Sou uma nova pessoa. Uma nova criatura!

Butros olhou para os três homens, surpreso pelo que Deus tinha feito na vida deles e mais do que um pouco preocupado com a responsabilidade que sentia em não deixá-los órfãos, de ajudá-los a crescer, amadurecer e se tornarem crentes saudáveis. Ele mal sabia como começar.

O alimento havia se acabado, com exceção de um pouco de pão, que seria economizado para o café da manhã do dia seguinte.

— Temos coisas importantes a discutir — disse Butros enquanto tirava a Bíblia de sua bolsa.

Hassan tomou um longo gole de refrigerante, depois perguntou a Butros:

— O senhor pode nos dizer como é o verdadeiro seguidor de Cristo? Eu quero ser o melhor cristão possível. Todos nós queremos isso. Como faremos isso?

— É uma boa pergunta, Hassan — Butros respondeu. — Tenho pensado em como vocês podem usar o seu tempo mais produtivamente e a sua pergunta é uma boa pista para isso. Deixem-me perguntar se algum de vocês decorou o Alcorão.

Mustafá levantou a mão.

Hassan disse:

— Ahmed e eu decoramos bastante quando éramos garotos.

— A Bíblia é um livro bem diferente do Alcorão — disse Butros. — Na verdade é uma reunião de 66 livros diferentes escritos por muitos autores num período de mil e quinhentos anos em três línguas diferentes. Ela consiste em poesia, história, sabedoria e muito mais. Tal como o Alcorão, ela tem regras, leis, mas tem muito mais do que isso. Como Hassan descobriu, tudo na Bíblia aponta para aquele que alega ser o caminho, a verdade e a vida. Os muçulmanos acreditam que o Alcorão só pode ser verdadeiramente compreendido em árabe, a língua original. A Bíblia, no entanto, é um documento vivo. Ela foi traduzida para muitas línguas para que as pessoas possam lê-la em seu próprio idioma o que Deus tem a lhes dizer. Desde que as traduções transmitam o espírito da mensagem, que está próxima do texto original, então o Espírito de Deus nos fala por intermédio dela. A Bíblia é muito mais extensa do que o Alcorão, por causa disso poucas pessoas são capazes de memorizá-la. Entretanto, acredito ser valioso decorar trechos. As Escrituras dizem que o homem é abençoado se tiver prazer na Palavra de Deus e se nela meditar de dia e de noite. Por isso eu gostaria de propor um trecho para vocês memorizarem.

Butros pediu aos homens que abrissem suas Bíblias em Filipenses, capítulo 2. Lidos os primeiros 18 versículos, disse:

— Hassan, essa passagem fala da atitude que devemos tomar como seguidores de Cristo. Essa atitude é muito diferente da cultura onde vivemos. O escritor da carta insiste que pensemos e ajamos como Jesus. Agora deixem-me perguntar o que Jesus tinha antes de deixar o céu e tornar-se homem.

Os três jovens estudaram a passagem; depois Ahmed, que pareceu despertar ao estudar as Escrituras, falou:

— Ele tinha tudo. Tinha todas as riquezas, todo poder, toda glória. Era honrado, adorado, louvado.

— E o que ele abandonou para vir viver entre nós?

— Tudo — disse Hassan.

— Com exceção de sua posição. Ele ainda era Deus — disse Ahmed.

— Mas abriu mão de toda sua honra como Deus. Todo seu poder e glória — ele abriu mão para tornar-se humano.

Butros estava impressionado com a rapidez com que seus alunos compreendiam as verdades lidas nas Escrituras.

Mustafá perguntou, rapidamente:

— Diz aqui que ele foi obediente até a morte, e morte de cruz. Eu estava pensando — Os Evangelhos dizem que tiraram suas vestes. Isso significa que ele ficou nu?

— Significa.

Os olhos de Mustafá se umedeceram quando disse:

— Pode haver uma vergonha maior do que Deus, nu diante do mundo, suportando uma execução pública?

As palavras ficaram no ar durante um momento. A cultura árabe era baseada em vergonha e honra, sendo, portanto, inconcebível à maioria das mentes árabes que Deus permitisse ser humilhado a tal ponto. Finalmente, Butros quebrou o silêncio:

— Isso tem algo a nos dizer hoje? Como árabes? Como aqueles que saíram do islamismo?

Ahmed respondeu solenemente:

— Isso é muito diferente da atitude dos homens em nossa cultura.

— O que você quer dizer?

— Nós temos orgulho de ser árabes. Somos obcecados por honra. Todavia Deus abriu mão de sua honra e sua glória para se tornar um ser humano. E, quando devia ser honrado como rei, foi traído, espancado, cuspido, insultado, morto. Eu gostaria de saber... isso significa que se espera que sejamos envergonhados por nossa família, por nossa cultura por causa de Cristo?

As implicações daquele raciocínio ficaram no ar, ali na sala. Finalmente, Butros disse:

— Sugiro que vocês memorizem essa passagem e pensem nela à noite, quando forem dormir, quando acordarem pela manhã, quando estiverem sentados no apartamento ou andando nas ruas. Dentro de alguns dias vamos falar mais a respeito disso.

— Agora eu tenho uma proposta para discutir com vocês. — Butros abriu uma caixa que trouxera consigo. Ele a havia colocado no chão enquanto os homens comiam. Tirou três livros pequenos e os entregou aos homens. — Este é um estudo sobre o evangelho de João que eu quero que vocês façam. Eu os recebi do Fórum Bíblico. É um grupo de organizações que publica e distribui Bíblias e materiais de estudo. Eles sugeriram que eu abra uma papelaria e uma livraria aqui na cidade e eu gostaria que vocês três me ajudassem a administrar essa loja.

Os três homens levantaram o olhar simultaneamente, surpresos.

— Tenho pensado e orado pela situação de vocês — Butros continuou. — Quem sabe Deus quer atender às necessidades de vocês e à minha também. O Fórum Bíblico sente que é tempo de abrir uma loja em nosso país. Eles se ofereceram para pagar o aluguel de uma pequena loja. Ahmed, há um excelente espaço perto de onde você viu. O Fórum Bíblico irá abastecer o estoque. Irá também comprar uma máquina para fotocópia para que possamos também suprir o serviço de cópia. Vou mudar o meu escritório para lá. Atualmente o meu filho Thomas tem dormido comigo e com minha esposa. Nadira disse que é hora de converter meu gabinete em um quarto para ele.

— Minha proposta é esta. Hassan, você ainda estuda, mas é bem-vindo para trabalhar conosco em suas horas vagas. Mustafá e Ahmed, eu gostaria de saber se vocês administrariam a loja e distribuiriam Bíblias e outros materiais cristãos, como este estudo, a igrejas na cidade.

Ao final do tempo em que passaram juntos, Ahmed desceu as escadas com Butros.

— Quero te agradecer — ele disse um tanto tímido. — Sei que às vezes eu fico um pouco exacerbado.

— Aceito suas desculpas — disse Butros com um sorriso. — Você realmente tem boas idéias. Só que elas não são práticas, ou às vezes precisam de tempo. Telefonei para meus amigos do Fórum Bíblico e lhes falei a respeito de sua idéia para uma tipografia. Eles disseram que algum dia poderão precisar de uma tipografia aqui. Mas neste exato momento, devido ao meu trabalho com as igrejas, eles acham que chegou a hora de termos um armazém e um escritório para distribuir materiais.

Já na rua, Butros virou-se e acrescentou:

— Então veja, Deus usou você. Talvez não seja o que você tinha em mente, mas Deus honrou sua idéia e esse é o resultado.

Ahmed se abriu num sorriso. Butros deu um abraço no jovem e, antes que ele fosse embora, acrescentou:

— Ahmed, Deus tem grandes planos para você.

9

TRÊS MESES DEPOIS

Butros entregou suas solicitações e sentou-se próximo a um homem baixo, de terno amarrotado e camisa sem gravata. Ele sabia que aquele era o primeiro dos longos dias de espera nos gabinetes do governo para que os burocratas lhe dissessem do que precisava para preencher outro formulário ou entregar-lhes outro documento. Às vezes o processo era legítimo. Quase sempre os funcionários queriam *backshish*, suborno para apressar o processo. Ele detestava o sistema e se recusava a pagar suborno. Precisava do registro de ONG para operar legalmente no país. O processo demoraria pelo menos dois meses — provavelmente até seis meses sem *backshish* — e então ele poderia abrir uma conta bancária e receber recursos de fontes estrangeiras. Butros estava determinado a conduzir todo o seu negócio com honestidade e convencido de que isso fazia parte do seu testemunho cristão. Se essa atitude significasse que certos processos viessem a demorar mais por ele não comprometer sua integridade, então esse seria o custo do seu negócio.

— Ouvi falar que tempo é dinheiro — disse o homem sentado ao seu lado. — Portanto, quanto você acha que está nos custando ficar aqui sentados hoje?

Butros deu uma olhada para o vizinho e viu uma centelha em seu olhar. Ele esticou a mão e disse:

— *Ahlan wa sahlan*. Meu nome é Kamal. Leciono na faculdade.

— *Ahlan bik*. Eu sou Butros. O que o traz aqui para gastar tanto dinheiro em espera?

— Ah, eu recebi um amável convite. Dirijo uma pequena organização que ajuda distribuir o Alcorão a alunos africanos pobres. Houve algumas perguntas a respeito do meu relatório anual. Nada sério. Mera formalidade. — Ele inclinou-se um pouco mais perto e sussurrou: — Apenas um jeito de nos manter honestos, e... — esfregou o dedo indicador no polegar. — Acho que alguém precisa de um pouco de ajuda para as compras da esposa.

Butros riu.

— Bem, já que não vou entrar nesse jogo, é melhor eu me acostumar a ficar esperando aqui. Estou abrindo uma ONG.

— E qual é o propósito da sua organização?

— Várias coisas. Principalmente programas de alfabetização em cidades e vilarejos. — Butros não queria continuar com muitas perguntas a respeito do seu trabalho, por isso perguntou, rápido: — Que matéria você ensina na faculdade?

— Estudos islâmicos — respondeu o professor. Vejo que você tem um nome cristão, Pedro, que, acredito, seja a forma inglesa.

— Correto.

— Posso perguntar o que você faz?

— Sou pastor. Ajudo pastores a serem líderes eclesiásticos mais eficientes.

— Fascinante. Eu sempre quis aprender mais a respeito do cristianismo.

— Mesmo? — Butros olhou, incrédulo, para o homem. — A maioria dos muçulmanos não tem interesse no que pensamos.

— Não, eu realmente tenho curiosidade. Desde que o profeta Maomé, paz seja com ele, nos deu a revelação definitiva, eu sempre quis saber por que os cristãos não a aceitam. Por isso eu gosto de conversar com cristãos, para testar e compreender o que eles crêem...

— E tentar convertê-los ao islamismo.

Kamal riu.

— Sim, isso também. Sei que muitos de meus irmãos forçariam os cristãos a se converterem até pela espada, mas eu acho que esse é um recurso extremo. Uma abordagem elegante é muito mais eficiente.

— Bem, devo dizer que você não esconde suas intenções.

— De forma alguma.

Uma porta que dava para a sala de espera se abriu e um nome foi chamado.

— Sou eu.

Kamal se levantou e entregou um cartão de visitas a Butros.

— Eu ficaria honrado se você me fizesse uma visita para tomar um café e uma conversa interessante.

Butros se levantou e apertou a mão do homem.

— Será um prazer enorme.

―――

A área de jantar do apartamento de Butros era apertada para começar. Além disso, com três homens famintos e mais um menino de um 1 ano de idade sentado numa cadeira alta, a sala estava completamente cheia. Enquanto Nadira terminava o preparo da refeição principal na diminuta cozinha, Ahmed e seus amigos partiam pães e mergulhavam os pedaços em pasta de grão de bico.

Quando Butros ouviu sua esposa resmungar ao retirar um prato do forno, levantou-se e foi ajudá-la, apesar da expressão de surpresa no rosto dos convidados. Voltou alguns momentos depois carregando uma tigela de guisado, seguido de Nadira com uma bandeja de *kafta*. Para os convidados, isso era sempre o favorito; a receita dela consistia em cordeiro moído e temperado na forma de pequenas lingüiças e cozido no arroz.

Butros e Nadira consideravam a hospitalidade parte importante do seu trabalho. Embora a cultura árabe valorizasse a hospitalidade, Butros sentia que ela havia diminuído; à medida que as pessoas se mudavam para a capital, ocupavam-se mais com trabalho e tinham mais opções de entretenimento, como cinema e televisão por satélite. Havia menos oportunidades para apenas visitar, sentar-se juntos, beber café ou chá e conversar. Butros e Nadira haviam decidido que sua casa era um dos melhores lugares para ministrar e, apesar do apartamento ser pequeno, raramente passava uma semana sem que tivessem convidados.

Meia hora depois, quando todos se reclinaram em suas cadeiras, satisfeitos, Butros se levantou e tirou os pratos. Os três homens notaram que Nadira ficou à vontade e não se levantou para, constrangida, assumir aquelas tarefas. Aquilo era algo que Butros gostava de fazer, dar à sua esposa um pequeno alívio depois do trabalho de preparar a refeição e permitir-lhe mais tempo para desfrutar a conversa com os convidados. Depois que Butros se levantou, empilhou os pratos e colocou as sobras na geladeira, Nadira voltou para a cozinha para preparar chá.

Enquanto todos bebiam e se deliciavam com um prato de *baklava*,[7] Butros aproveitou a oportunidade para falar sobre uma importante verdade cristã. Butros havia resolvido que, se ia discipular e orientar crentes de origem muçulmana, isso incluiria falar sobre o casamento e modelar a família cristã. Aqueles homens vinham de famílias muçulmanas e, portanto, não tinham noção de que em certas áreas os cristãos tinham idéias significativamente diferentes a respeito de comportamento. Isso era especialmente verdadeiro na área da dinâmica homem/mulher.

— Nadira e eu temos orado por vocês — ele começou, olhando carinhosamente para a esposa enquanto falava. — Existe um provérbio na Bíblia que diz: "A mulher exemplar é a coroa do seu marido"[8]. Acho que vocês notaram esta noite que eu tenho uma coroa preciosa.

Nadira corou quando os três homens pararam de comer, curiosos para saber o que Butros estava fazendo.

— Não se constranjam — ele respondeu. — Quero que vocês saibam que um cristão deve atribuir um alto valor à sua esposa. Ela é mais do que aquela que cria seus filhos. É preciosa além da medida, tenha ela um filho

---

[7] Doce feito com massa folhada, amêndoas e mel [N. do T.].
[8] Provérbios 12.4 [N. do T.].

ou uma filha — ou não tenha filhos, absolutamente! Ela é sua parceira na vida e no trabalho. É sua companheira espiritual. A Bíblia diz que o marido e a esposa precisam um do outro para serem completos, que os dois devem se tornar um só ser.

Butros olhou para Ahmed e viu que ele estava ouvindo atentamente, embora sua face mostrasse confusão. Talvez estivesse lutando para compreender por que aquilo estava sendo discutido.

— Uma das coisas pela qual estamos orando por vocês é que Deus lhes dê mulheres piedosas para esposas — Butros continuou. — Claro que casamento e família são muito importantes em nossa cultura. No entanto, eles têm significado especial para nós, cristãos. Sei que vocês foram atraídos para Jesus por seu amor. Para os cristãos, o casamento é uma maneira pela qual expressamos esse amor. A Bíblia diz que os maridos devem amar suas esposas assim como Cristo ama sua igreja. Jesus mostrou seu amor pela igreja sacrificando-se — sofrendo por ela a morte na cruz. Uma forma de mostrar o nosso amor por Cristo é sacrificar nossos desejos egoístas e nos entregarmos para atender às necessidades da nossa esposa. A razão para isso é muito importante. A igreja é chamada de a noiva de Cristo. Nossos casamentos devem refletir essa verdade.

Houve um silêncio embaraçoso. Os homens não sabiam o que responder. Finalmente, Hassan disse:

— Você tem uma esposa maravilhosa. — Olhando para Nadira, acrescentou: — Esta foi uma refeição maravilhosa. Espero um dia ter uma esposa que possa cozinhar tão bem quanto você.

Nadira e todos à mesa riram. Então Ahmed deixou escapar:

— E como eu acho uma esposa? Minha família tem vergonha de mim. Nenhum de meus amigos permitirá que suas filhas se casem com um infiel. Existe uma igreja que providencie meu casamento? É possível encontrar uma família e ter o dote para os pais da garota? Que esperança temos nós três de encontrar esposas?

Foi uma explosão emocionada e Nadira olhou com simpatia para Ahmed ao responder aos três homens:

— Deus proverá. Não sabemos como. Neste momento, não podemos ver qualquer resposta humana, mas Deus conhece os sentimentos de vocês, seus anseios. Devemos esperar e orar. Enquanto isso Deus usará este tempo para prepará-los. E, se Deus tem uma esposa para vocês, ele também irá prepará-la.

Butros acrescentou:

— Hassan, Nadira faz muito mais do que cozinhar. Ela é uma maravilhosa mãe para o nosso filho, mas Nadira sempre será mais do que a mãe dos nossos filhos. O trabalho que eu faço é também trabalho dela. Somos parceiros na obra de Cristo. Eu conto a ela o que estou pensando. Ela ouve meus sonhos. Ela me adverte e aconselha. Ela trabalha lado a lado comigo. Nós oramos juntos. Sem ela, eu não faria o que faço.

— Não se esqueça de que eu também tenho sonhos — Nadira cutucou o marido.

— É verdade. Minha esposa gostaria algum dia de prover um lugar para mulheres maltratadas. Isso é parte da *nossa* visão.

Ahmed fez que sim, mas Butros compreendeu que o jovem estava tentando processar aquela informação. Levaria tempo. Isso era bom. Seu propósito era plantar uma verdade no coração dos seus discípulos, verdade que florescesse quando eles tivessem suas próprias famílias.

———

Uma forte batida à porta tirou Nadira de uma tranqüila reflexão. Quanto Thomas estava cochilando, ela sempre tirava um momento para apenas sentar-se no sofá do quarto do bebê e fechar os olhos. Butros finalmente se mudara havia várias semanas para a loja montada pelo Fórum Bíblico, de forma que agora o filho tinha seu próprio quarto. Nadira dirigiu-se depressa até a porta da frente, esperando que quem quer que fosse não batesse novamente e acordasse o filho. Abriu a porta e encontrou uma mulher vestida de *abeyya* e *hijab*, que disse em voz bem baixa:

— Por favor, você pode me ajudar?

Embora receosa das intenções da mulher, Nadira abriu a porta um pouco mais para que a mulher pudesse entrar. Fechada a porta, Salima retirou o véu e a toga. Nadira pendurou-os e a acompanhou até fazê-la sentar-se à mesa de jantar. A garota rompeu em prantos e, durante um momento, não conseguiu dizer nada. Depois das lágrimas, ela apenas tremia e Nadira envolveu os braços em torno dela, dizendo:

— Está tudo bem. Aqui você está segura.

Nadira esperava ter razão. Trouxe uma caixa de lenços de papel e a colocou sobre a mesa. Preparou chá. Thomas chorou e Nadira foi buscá-lo, acalentando-o contra o peito. Sentou-se do outro lado de sua hóspede e, enquanto balançava suavemente o menino para que voltasse a dormir, disse:

— Seja qual for o seu problema, por favor, considere este o seu refúgio.

Salima tinha já diante de si uma pequena pilha de lenços usados sobre a mesa. Assoou o nariz mais uma vez, tomou um gole de chá e se desculpou:

— Desculpe-me. Você nem sequer faz idéia de quem eu sou. Meu nome é Salima. Assim que você me deixou entrar, eu apenas desabei. Era como se estivesse tudo fechado, esperando para sair.

Nadira deu a volta em torno da mesa e segurou a mão da garota.

— Você não precisa se desculpar. Não quer descansar por um momento? Ou você quer conversar?

Salima respirou fundo.

— Acho que gostaria de conversar, se estiver bem para você.

— Primeiro, deixe-me colocar Thomas de volta no berço.

Salima voltou a sentar-se no sofá e sentiu chegar novamente as lágrimas. Nadira voltou e sentou-se ao lado dela, tomou suas mãos e fitou seus olhos.

— Agora me conte.

Devagar, Salima contou sua história, de como aprendera a respeito de Isa e do cristianismo por intermédio de um programa de televisão por satélite e do curso por correspondência e, depois, do dia terrível quando sua mãe descobriu a evidência.

— Meu irmão ficou furioso — disse Salima. — Ele foi horrível. Disse-me que preferia me matar pela honra do islamismo a deixar que eu arruinasse a reputação da família. Tentei explicar que não havia feito nada contra o islamismo, que o Alcorão fala a respeito de Isa, e que eu apenas queria aprender mais sobre esse profeta. Mas ele não me ouviu.

— Quando meu pai chegou em casa, ele e meu irmão vasculharam o meu quarto. Encontraram uma Bíblia e alguns outros livros sobre o cristianismo e, com o curso por correspondência, eles os queimaram no quintal e me fizeram assistir. Rasgaram a Bíblia, página por página, e a jogaram no fogo. "Isto é o que pensamos do cristianismo", disse meu irmão enquanto rasgava as páginas e as queimava. "Não queremos isto em nossa casa. Isto é vulgar, imoral."

Salima começou a chorar novamente e Nadira tirou alguns lenços da caixa e os colocou na mão da garota. Ela continuou falando dos meses terríveis que se seguiram. Seu pai a espancou. O irmão tirou a TV, o aparelho de som e os livros do seu quarto e, durante várias semanas, ela ficou trancada no quarto, sem poder sair.

— Eles disseram: "Agora veja se o seu Deus irá resgatá-la". O estranho é que eu nem sequer sei se sou uma cristã. — Ela fez uma pausa e acrescentou: — Eu só queria ser amada como está na Bíblia. — Fitou Nadira nos olhos e perguntou: — Isso é tão mau? O que há de errado em querer ser amada?

— Esse é o coração do cristianismo — disse Nadira docemente. — Deus é amor.

Salima deu um sorriso melancólico ao continuar sua história.

— Assim que descobri o amor de Isa, daquele momento em diante ninguém mais me amou em minha família. Posso mostrar quanto me bateram.

— Você precisa de um médico?

— Não sei. Acho que não. Eu teria desistido se não fosse por uma coisa. Certa vez, depois que meu pai me bateu, eu estava sozinha em meu quarto e ouvi uma voz dizer: "Por que você está preocupada?". Vi aquele homem, vestido do mais luminoso branco — que clareou o quarto. E ele disse: "Você não está sozinha. Você é uma pessoa encantadora. Portanto, seja forte em sua fé".

Ela começou a chorar novamente.

— Levou um pouco de tempo para eu me dar conta de que tinha tido uma visão. Ele era muito bonito. Isso foi o que me fez seguir em frente nas semanas seguintes. Então meu pai decidiu que o melhor para mim era me casar para que eu me esquecesse de tudo a respeito do cristianismo. Falou-me do homem que havia escolhido, e esse homem não era uma boa pessoa. Era muito crítico a meu respeito e rígido demais em relação ao islamismo. Por isso eu disse ao meu pai: "Não posso me casar com ele". Ele explicou que os convites já haviam sido enviados e que o salão da cerimônia já estava reservado. "Certo, o senhor diz que eu sou uma cristã. Assim, se ele também for um cristão, eu me caso com ele". E isso o deixou muito zangado. Disse que eu o estava envergonhando, que eu não tinha nenhum respeito por sua reputação. Receio ter dito coisas que não devia.

Salima voltou a chorar. Nadira a abraçou e a encorajou a continuar falando.

— Eu disse a ele: "O senhor só pensa em sua reputação. Já sofri demais porque o senhor insistiu em dizer que eu era uma cristã quando eu dizia que não era. Portanto, se o senhor tiver razão, meu marido deve também ser um cristão". Isso foi há duas semanas. Ele me bateu muito. — A lembrança provocou uma nova onda de lágrimas. — Ele me espancou com uma cadeira de madeira. Espancou-me com seus sapatos. Espancou-me com as mãos, me chutou. Trancou-me no quarto. Meu corpo estava sangrando e ferido; durante vários dias eu mal conseguia pensar.

— Como você escapou? — Nadira perguntou.

— Nunca antes eu havia pensado em deixar minha família. Eu não pensava que pudesse viver sem minha família. Mas de repente, ontem à tarde, ouvi alguém me dizer: "Levante-se e saia deste lugar". Acho que talvez era a mesma voz que ouvi na visão. Por isso eu pensei que, se Deus me quer em outro lugar, eu irei. Levantei-me e mudei de roupa. Achei que talvez ainda houvesse algum dinheiro em minha pequena bolsa. Achei um jeito de espreitar pela porta. E aí aconteceu o surpreendente — nossa casa está sempre cheia e movimentada, mas não havia ninguém lá. Eu simplesmente saí e encontrei um táxi que me levou até a estação rodoviária. Isso foi há dois dias. Achei uma pensão e disse que tinha acabado de chegar de fora da cidade e precisava ficar por uma noite. Era um lugar muito ruim, mal cheiroso e sujo. A maior parte das mulheres ali era aldeãs. Esta manhã eu andei até encontrar uma igreja. O pastor pensou que eu precisasse de dinheiro. Eu lhe disse que estava procurando emprego. De qualquer maneira, acho que ele viu que eu estava em péssimo estado e sugeriu que eu viesse aqui.

— Estou muito contente por você ter vindo — disse Nadira. — Você deve estar exausta depois de tudo o que passou. Então vamos fazer o seguinte: Vou providenciar um pouco de água quente e quero lavar seus cortes e contusões. Vou preparar alguma coisa para comer e depois você irá dormir.

Nesse momento Butros entrou no apartamento e, durante um instante, Salima ficou com medo. Nadira percebeu isso no rosto dela e se aproximou para apertar sua mão.

— Está tudo bem. É o meu marido e você pode confiar nele. Nós dois estamos aqui para ajudá-la.

———

Salima dormia profundamente. O sofá-cama fora armado e a jovem havia caído imediatamente num sono profundo. Butros havia mudado o berço de Thomas para a sala de estar e o bebê também dormia profundamente. Nadira e Butros trocaram idéias em voz baixa:

— Ela está com muito medo, mas também quer muito conhecer Deus — disse Nadira. — Não tem idéia do que fazer. Perguntou-me se existe algum ritual pelo qual tenha de passar na igreja para tornar-se uma cristã. Eu lhe disse que não se trata de rituais ou de igreja, mas de Jesus.

— Ela precisa de tempo — disse Butros. — E isso é um problema. Se ela é de família rica, podemos ter certeza de que estão vasculhando a cidade à sua procura. Talvez ela possa ficar aqui por, no máximo, um dia ou dois. Depois precisamos encontrar um lugar melhor, mais seguro.

— Você está pensando em conseguir outro apartamento, como fez para Ahmed e os outros?

Butros pensou nisso por alguns momentos e respondeu:

— Não acho que ela deva morar sozinha. Ia parecer suspeito. Ela precisa de um acompanhante masculino e precisa de aconselhamento e discipulado espiritual.

— Gostaria que tivéssemos um refúgio. Um lugar seguro para cuidar de 10 ou 12 moças iguais a ela.

— Isso seria ideal — Butros concordou. — Mas neste momento não existe tal lugar.

— Ela é muito bondosa — disse Nadira. — Nem sequer sabe se é uma cristã, mas é atraída pelo amor de Deus.

— Tive uma idéia. — Butros foi até a cozinha e telefonou para Abuna Alexander.

10

QUATRO MESES DEPOIS

Butros convidou Irmão André para voltar ao seu país para ver o progresso do trabalho e contribuir com a crescente preocupação de como atender às necessidades dos crentes de origem muçulmana.

No dia seguinte à chegada de Irmão André, eles atravessaram a cidade e foram até o campus da universidade.

— Quero que você conheça o dr. Kamal — disse Butros enquanto dirigia, explicando como havia se encontrado com o professor em várias ocasiões para conversar sobre temas religiosos. — O inglês dele é muito bom, por isso não será necessário que eu traduza.

Entraram num edifício de quatro andares, próximo a uma antiga mesquita com dois minaretes adornados ladeando uma pequena cúpula.

O gabinete ficava no andar mais alto. O professor Kamal estava com o mesmo terno que usava na primeira vez em que Butros o conheceu no gabinete do governo. Estava claramente empolgado em conhecer Irmão André.

— Gostaria de recebê-los com esta saudação islâmica: Que a paz, a misericórdia e a bênção de Alá sejam sobre vocês.

— Obrigado. Eu venho ao senhor e ao seu país em nome de Jesus Cristo, o Príncipe da Paz — respondeu André.

O professor ofereceu refrescos, mas desculpou-se por não participar.

— Estou jejuando — ele explicou.

— Pensei que o Ramadã tivesse terminado há quatro dias — André disse.

— Sim, mas alguns muçulmanos jejuam durante outros seis dias.

— Se o senhor está jejuando, eu também vou recusar o refrigerante. Entretanto, não estou a par dessa extensão do Ramadã. O senhor poderia me explicar isso?

— Alguns muçulmanos jejuam todas as segundas e quintas-feiras. Mas cada dia que se jejua durante o Ramadã vale por dez dias de jejum de qualquer outra época do ano. O Ramadã dura 30 dias e isso equivale a 300 dias. O calendário muçulmano é de 354 dias. Assim, se acrescentarmos mais seis dias ao Ramadã, isso nos dá mais do que um ano inteiro, ou seja, 360 dias de jejum.

O professor os conduziu escada abaixo e através de um saguão que se ligava à mesquita. Enquanto andavam, Irmão André perguntou ao professor o propósito dos jejuns muçulmanos.

— No islamismo, jejuar não é apenas deixar de comer e beber. Não, significa também não fazer mal algum aos outros. Seus olhos devem jejuar também — não olhar para os outros com inveja. Uma boa pessoa é aquela que não fere outras com a língua — não amaldiçoa seu próximo. Não fere os outros com as mãos — por exemplo, não rouba. Todas essas coisas são o significado do jejum. Ele é espiritual. É como você trata os outros. O propósito é prevenir-se de fazer qualquer coisa ruim.

Pararam à porta da mesquita e Irmão André replicou:

— Gostaria de saber árabe e poder sentar-me na classe em que o senhor leciona.

Os três homens tiraram os sapatos e entraram na mesquita. O salão principal era bem maior do que Irmão André esperava, a julgar pela aparência externa do prédio. Kamal disse que de 2 a 3 mil pessoas podiam orar ali, e que às vezes mais pessoas oravam no pátio externo. De meias, os três homens andaram pelo carpete vermelho vivo no qual havia tapetes individuais de oração impressos direcionados para Meca.

O salão estava vagamente iluminado por lâmpadas elétricas penduradas entre colunas de mármore. A melhor luminária ficava próxima a frente onde paredes de mármore brilhante e nichos cobertos por letras douradas refletiam a luz das lâmpadas. Em um lado, dois estudantes, ajoelhados, se curvavam, aparentemente completando o tempo de oração do meio dia que tinham perdido. Em frente ao púlpito de madeira escura, cuidadosamente entalhado, um jovem estava sentado com as pernas cruzadas e com um Alcorão aberto sobre um suporte de madeira. Em torno dele havia meia dúzia de adolescentes.

— Ele é um dos meus alunos — disse o professor. — Como parte do seu programa, ele ensina o Alcorão a alunos colegiais.

Irmão André observava o edifício enquanto Kamal explicava que aquela mesquita era similar no design à famosa mesquita da Universidade Al-Azhar, no Cairo.

— Obtive meu título de doutor em Al-Azhar — ele disse. — É o centro do ensino islâmico e um título obtido lá é o mais prestigioso do mundo. Minha visão é que um dia esta universidade venha a ter o mesmo tipo de reputação.

— É uma grande visão — disse André.

— *Inshallah*.[9] Se Deus quiser, pode acontecer.

Quando calçaram os sapatos e foram dar uma volta pelo campus, André aproveitou a oportunidade para dizer quanto estava contente pelo fato de o professor estar aberto a uma discussão com cristãos.

---

[9] Queira Deus; se Deus quiser; Amém [N. do T.].

— O senhor é muito instruído a respeito do islamismo. Eu tenho realmente interesse em ouvir sua visão da sociedade islâmica ideal.

— Sim, o islamismo é um sistema integrado — respondeu o professor. Cruzou as mãos atrás das costas numa postura professoral, como se o Irmão André e Butros fossem dois alunos em suas bem conhecidas aulas. — Ele não apenas prepara a pessoa para uma vida feliz no futuro; lida também com todos os problemas e as prováveis soluções que as ajudam a erradicá-los. Isso só pode ser conseguido pelo estabelecimento da sociedade islâmica e pelo fortalecimento de seus principais fundamentos.

— E quais são esses fundamentos?

— Primeiro: todos os crentes são irmãos. Deus disse: "Os crentes são irmãos, por isso promovam a praz entre seus irmãos". Essa fraternidade foi um novo tipo de relacionamento, desconhecida pela sociedade árabe até o advento do islamismo. Do ponto de vista sociológico, esse princípio de fraternidade elimina os defeitos sociais, impõe sensibilidade social entre os muçulmanos e os capacita a manter um alto nível de relacionamentos sociais e evita qualquer tipo de fragmentação.

André decidiu não fazer no momento a pergunta óbvia sobre o porquê de as sociedades muçulmanas quase sempre terem falhado em conseguir esse ideal. Em vez disso, perguntou:

— Isso é para os muçulmanos. E quanto à minoria no país que não é muçulmana?

— O princípio da fraternidade na sociedade islâmica não se limita somente aos muçulmanos. Uma fraternidade semelhante deve ser estendida a não-muçulmanos. Deus diz: "Alá não o proíbe de ser bondoso e de agir com imparcialidade para com aqueles que não expulsaram vocês de suas casas. Certamente Alá ama os que são imparciais".

— Então o islamismo acredita que todos são iguais, sejam muçulmanos, cristãos ou judeus?

— Sim, esse é outro fundamento peculiar do islamismo — seu apelo à completa igualdade humana. Todas as pessoas, independentemente de origem, cor, língua ou riqueza, desfrutam o mesmo status e privilégio social, político e econômico. Na surata 49.13 do Alcorão, Deus diz: "Ó humanos, em verdade, Nós vos criamos de um macho e de uma fêmea e vos dividimos em povos e tribos, para reconhecerdes uns aos outros. Sabei que o mais honrado, dentre vós, ante Deus, é o mais justo no meio de vós". Não há distinção entre pessoas, sejam elas árabes, persas, inglesas, africanas, australianas etc., exceto quanto ao grau de piedade.

— Professor, espero que isto não o ofenda, mas não posso deixar de observar que não parece existir muita fraternidade e igualdade no mundo muçulmano. Como o senhor sabe, eu trabalho entre a comunidade cristã e eles se sentem intimidados e são sempre perseguidos.

— O Profeta, paz seja com ele, disse: "O verdadeiro muçulmano é aquele de cuja língua e mão os outros estão a salvo". Isso significa que qualquer um que prejudica ou fere seu próximo com palavras ou atos não pode ser considerado um verdadeiro muçulmano.

— Então os membros da Fraternidade Muçulmana que atacam os cristãos e incendeiam igrejas não são verdadeiros muçulmanos?

— Eles não são verdadeiros muçulmanos. O islamismo é paz e fraternidade.

— O senhor diria que em uma verdadeira sociedade islâmica ninguém é forçado a crer em Deus ou numa prática religiosa em particular?

— Ninguém crê sem convicção — disse o professor — e não há convicção sem evidência. As pessoas são livres para escolher sua religião e a doutrina que quiserem. Deus disse: "Proclamem. Pois esta é a verdade do vosso Senhor. Permitam o que vier a crer e permitam o que não vier a crer". A questão da liberdade com relação à crença e à adoração é de suprema importância no islamismo. Cada pessoa tem o direito de crer e adorar.

Os três homens andaram sem conversar durante um momento; então André comentou que a visão do professor a respeito do islamismo era de fato atraente.

— Gostaria que outros tivessem a mesma visão que o senhor. Mas, sinceramente, há muitos cristãos que sofrem sob o islamismo — neste país, no Egito, no Paquistão e em muitos outros países islâmicos.

— Você tem razão. Isso não é bom.

— E o que podemos fazer a respeito?

O professor demorou um pouco para responder, depois disse:

— Eu acho que conversas como estas são úteis.

— Sim — André concordou. — Mas precisamos mais do que conversa. Precisamos de ação também.

Os homens andaram em círculo e estavam de volta à mesquita, juntos ao edifício acadêmico onde haviam começado. Antes de irem embora, André disse:

— Professor, esta foi uma discussão muito encorajadora. Quero agradecer-lhe por tomar seu tempo para nos ver.

— O prazer é meu. Por favor, venha me visitar sempre que estiver no país.

— Farei isso. Posso fazer-lhe mais uma pergunta um tanto pessoal? — O professor assentiu. — Admiro sua dedicação ao islamismo. O senhor é, de fato, um homem bom. Fiquei intrigado com o fato de jejuar mais seis dias depois do Ramadã. Tenho certeza que o senhor está orando fielmente cinco vezes por dia, dando esmolas aos pobres e, provavelmente, já fez a *hajj*.

— Várias vezes. Eu lidero grupos em peregrinação a Meca.

— O senhor pratica fielmente os cinco pilares do islamismo. Isso lhe dá garantia de ir para o céu?

— Não, não há garantia do paraíso.

— Então como pode ter certeza de que será salvo? Fora morrer numa peregrinação a Meca, não existe qualquer meio de ter certeza de que o senhor irá para o paraíso?

O professor baixou o olhar para a calçada durante um momento.

— Fazer mais boas obras — ele respondeu, levantando o olhar para André. — É tudo pelo que se pode esperar. A questão do paraíso pertence somente a Deus, não ao homem. Estamos tentando fazer o melhor que podemos. Se você quer chegar ao paraíso, tem de fazer muitas coisas boas.

Quando eles deixaram o professor e andaram até o estacionamento, André disse a Butros:

— Que triste! Ali está um muçulmano bom, piedoso, dedicado, mas que não tem certeza nenhuma de que um dia verá o paraíso ou o céu.

———

Naquela noite os dois homens foram de carro até a igreja Al Waha e estacionaram atrás do edifício.

— Vamos a uma reunião de crentes de origem muçulmana. Eu raramente vou, e você será o primeiro estrangeiro a observar essa reunião — Butros disse.

Ele explicou que o pastor Yusef era muito simpático à situação daqueles crentes e que vários deles freqüentavam a igreja. Mas devido a suas necessidades peculiares, eles também se beneficiam da oportunidade de se reunirem com outros crentes de origem muçulmana em outros ambientes. O pastor ofereceu uma sala para esse fim. Eles desceram as escadas até o porão e atravessaram um saguão social até uma sala menor, na parte de trás. Na porta, um jovem sorriu e apertou a mão do Irmão André, mas ficou do lado de fora enquanto eles entraram.

Dentro havia cerca de 15 adultos e diversas crianças. Todos eles ficam de pé para saudar os visitantes. Butros apresentou Ahmed, Mustafá, Hassan e um jovem chamado Samir para André.

— Samir juntou-se a mim como membro da minha primeira equipe de tempo integral — Butros explicou.

Um homem mais velho entregou um livreto formado por folhas fotocopiadas e grampeadas, contendo vários salmos e hinos. Sem acompanhamento, o homem começou a cantar e o restante juntou-se a ele.

Butros explicou para André:

— Eles estão cantando o salmo 24.

André abriu sua Bíblia em Salmos e, lentamente, leu as palavras que estavam sendo cantadas em árabe: "Do SENHOR é a terra e tudo o que nela existe". As vozes da diminuta congregação pareciam aumentar até soar como se fossem cem vozes. "Abram-se, ó portais; abram-se, ó portas antigas, para que o Rei da glória entre. Quem é o Rei da glória? O SENHOR forte e valente, o SENHOR valente nas guerras". O coro foi cantado com tal convicção que André quase esperou o Senhor Jesus entrar fisicamente na sala e declarar seu domínio sobre o Oriente Médio e o mundo todo. André olhou para os rostos — todos, até as crianças, cantavam com entusiasmo e alegria. Uma das mulheres estava de olhos fechados e lágrimas escorriam em sua face.

Durante o cântico seguinte, Butros sussurrou para André:

— Este é um hino escrito por um deles. É a respeito do sangue de Cristo que nos salva. Um dos versos diz: "Nós que te amamos estamos dispostos a morrer por ti. Nenhum sacrifício é grande demais".

Lágrimas afloraram aos olhos de André quando pensou em quantos na Holanda cantariam com tanto entusiasmo tais palavras, sabendo que elas podiam se cumprir a qualquer momento.

Entre os cânticos, um dos homens no grupo foi convidado a orar. Claro que André não compreendeu as palavras, mas sentiu um profundo anseio e confiança que concordou em seu coração com o espírito da oração.

Depois Butros convidou as pessoas a falarem sobre si mesmas para André, tendo Butros como intérprete. O primeiro a falar foi Samir, que apresentou sua mãe e duas irmãs mais novas.

— Somos crentes em Jesus há vários anos, mas nosso pai ainda é muçulmano. Por favor, ore por ele.

Um marido e a esposa com três filhos pequenos falaram a respeito de sua experiência com a discriminação. A esposa trabalhava num hospital e disse:

— Foi-me negada uma promoção por causa da conversão do meu marido. Eles ameaçaram prendê-lo se eu protestasse.

Outro homem segurou o filho no colo enquanto contava como tinha sido sua carreira cristã durante três anos.

— Minha esposa ainda é muçulmana e seus pais estão pressionando-a para que ela me deixe, tome as crianças e volte para casa deles. Ela está muito confusa. Ore, por favor.

Butros orou pelas famílias.

Ao ser solicitado a dizer algumas palavras, o Irmão André disse:

— Eu trago saudações da igreja na Holanda. Este é um culto muito emocionante e eu estou muito honrado em estar aqui. Vocês pagam um grande preço para adorarem nosso Senhor Jesus Cristo. E, apesar de poucas pessoas virem a saber de sua existência, vocês são uma parte preciosa do corpo de Cristo. André leu em 1Coríntios 12.14: "O corpo não é feito de um só membro, mas de muitos".

Butros leu sua Bíblia em árabe, terminando com: "E os membros que pensamos serem menos honrosos, tratamos com especial honra. E os membros que em nós são indecorosos são tratados com decoro especial".

Então André disse:

— O mundo pode não conhecer esta pequena parte do corpo. Mas, devido ao seu amor por Cristo, vocês são tratados com honra especial no Reino de Deus. O meu desejo é que avancemos em nossa experiência aos versículos seguintes. Se alguma parte deste corpo sofre, *todos* nós devemos ter a capacidade de sentir essa dor. Não há nada de errado com vocês ao sentirem a dor da perseguição. Mas, se não nos identificarmos com vocês em sua dor, há algo fundamentalmente errado conosco. É por isso que fazemos todo esforço para conhecer vocês. Até onde a segurança de vocês permitir, nós os visitamos e temos comunhão com vocês. Esse é hoje o meu maior privilégio.

Ahmed entregou uma curta mensagem e Butros sussurrou uma tradução para André. Ahmed se levantou e disse:

— Há pouco tempo Butros desafiou alguns de nós a memorizar o capítulo 2 de Filipenses.

Depois de recitar, de memória, a passagem vagarosamente para a congregação, ele pegou um diário bem usado e disse que havia escrito uma meditação, e começou a ler:

— "Eu sou o grande Senhor de vocês". Certo dia o homem proferiu essa expressão pelos lábios de faraós e césares. Ele tem reafirmado isso consistentemente através de ações de reis, príncipes, presidentes e senhores. Em momentos de embriaguez da taça do seu próprio egoísmo o homem, em sua histórica arrogância, tem afirmado ser deus. Como o ser humano se enganou a tal extremo?

— Na plenitude dos tempos, o único Deus, que não tem semelhança terrestre, o santo, eterno e onipotente Deus, escolheu tornar-se um ser humano. Ele escolheu descer de seu alto lugar até nós. Desceu do seu alto céu para tornar-se um conosco, para compartilhar nossa dor e nossos sonhos. É o que todo rei realmente grande faria para expressar solidariedade com seu povo. Ele não ficou encastelado em sua torre de marfim. Esse Deus de amor, cheio de compaixão e misericórdia, desceu até nós. Ele não apenas desceu até a atmosfera, não, ele desceu até a nossa imundície. Andou entre nós como ainda ele o faz, fazendo o bem. Cura os que estão presos nos laços do maligno, cujo egoísmo os subjuga, cegando-os para que não vejam a luz que veio ao mundo. Eles não se dão conta das trevas de seu próprio egoísmo. O egoísmo é a morte mais repugnante. Ele conduz a uma falsa trilha fazendo a pessoa ganhar o mundo e todas as coisas enquanto perde a maior delas — sua própria alma e o Salvador.

— Pensem nisso. O homem afirma sua divindade e rejeita o Deus que se tornou homem. Onde está a lógica disso?

Onde de fato? Irmão André ficou emocionado pela profunda visão do jovem crente. Ali estava um homem que compreendia o evangelho. Como ele gostaria que a igreja ao redor do mundo pudesse ouvir aquela mensagem e conhecer aqueles crentes maravilhosos! Pensou novamente na passagem que acabara de ler. Claramente aquela parte do corpo era mais fraca do que algumas, todavia indispensável. Tinham de ser protegidos.

11

Irmão André parou logo na entrada da frente da loja e deu uma olhada. Butros parou atrás dele, permitindo que André absorvesse a cena. Havia diversas prateleiras com papelaria e cartões para várias ocasiões.

— Estamos atendendo a uma necessidade — Butros explicou. — Os cristãos não têm muitos lugares onde obter cartões de Natal, Páscoa, batismos, funerais e outras ocasiões. — Havia um grupo de cadeiras num lado, com uma mesa de café mostrando vários panfletos. Contra uma parede da sala, um conjunto de estantes tinha vários livros e Bíblias em árabe. — Aqueles são materiais do Fórum Bíblico — disse Butros. — Vários editores cristãos provêem os recursos e este é o único lugar no país onde eles são vendidos.

Do lado oposto daquela parede havia um escritório com uma janela que dava para o interior da loja.

— É aqui que eu trabalho — Butros explicou. Havia duas escrivaninhas no escritório e, a uma delas, Samir estava sentado. Ele se levantou para cumprimentar o Irmão André e eles conversaram brevemente antes que Butros levasse André de volta para a loja, onde apontou para uma porta na parede dos fundos.

— Esta leva ao armazém. Deixe-me mostrar.

Entraram numa sala mais ou menos do mesmo tamanho da loja. Mustafá e Hassan estavam curvados sobre a máquina de cópias, tentando consertar algo. A maior parte da sala estava cheia com várias fileiras de estantes que continham caixas de livros e material de papelaria. No canto oposto Ahmed estava sentado a uma mesa e falava ao telefone. Acenou-lhes, terminando a conversa e se levantou para cumprimentar o Irmão André com um abraço. Os outros dois homens limparam as mãos e foram se juntar a eles.

— Precisamos comemorar — disse Ahmed em inglês. — Irmão André, vou conseguir para o senhor um bom lanche árabe. — E acrescentou em árabe para Butros: — Deixe tudo por nossa conta.

Nos trinta minutos seguintes Butros relatou o andamento do seu trabalho com o Fórum Bíblico. A parceria estava demonstrando ser benéfica para todos — Butros havia conseguido acesso a materiais muito necessários, o aluguel do espaço para loja e o escritório era pago e o Fórum Bíblico havia expandido sua área de ministério. Enquanto André e Butros conversavam no escritório, Samir limpava a mesa de café na loja e a cobria com jornal. Quando André e Butros chegaram do escritório, Ahmed e Hassan estavam abrindo vários pacotes de comida.

— Temos *falafel*,[10] realmente bons — disse Ahmed, mostrando um bolinho frito em muito óleo.

Depois da oração feita por Butros e de André ter degustado algumas almôndegas, Ahmed serviu *shawarma*[11] a André, que deu uma mordida, inclinando-se sobre a mesa para que o molho que escorria por seu queijo não caísse em sua roupa.

— Isto é delicioso. O que é?

Butros respondeu:

— Cordeiro, tomate e outros legumes e um molho de iogurte especial que o proprietário do restaurante mistura — é sua receita secreta.

Ninguém mais conversou até que os seis homens terminassem de saborear a comida. Enquanto Samir limpava a mesa, André perguntou aos cristãos de origem muçulmana se eles podiam falar-lhe um pouco a respeito de suas jornadas espirituais. Butros serviu de tradutor, já que Ahmed falava só um pouco de inglês e Mustafá e Hassan absolutamente nada.

Ahmed falou primeiro e contou sua jornada para crer em Isa.

— Entretanto, a jornada do meu amigo Mustafá é muito mais interessante — disse Ahmed. — Ele vem da mesma cidade que eu, mas estava muito mais aprofundado no islamismo radical.

---

[10] Bolinhos fritos de grão-de-bico moído e temperado [N. do T.].
[11] Churrasco grego. *Kebab*, em turco [N. do T.].

Pela primeira vez André notou que Mustafá parecia vários anos mais velho do que Ahmed e tinha um aspecto cansado nos olhos. Mustafá curvou a cabeça, como se estivesse constrangido pelo que estava prestes a dizer, e falou tão suavemente que André ficou contente pelo fato de Butros compreender a língua e estar traduzindo. A história que Mustafá tinha para contar era eletrizante. Era evidente que ele crescera em uma poderosa família muçulmana num vilarejo perto de Suq al Khamis.

— Tenho vergonha de confessar que eu e meus amigos incendiamos a igreja do nosso vilarejo. Nós também roubamos cristãos — não chamávamos a isso de roubo, mas de guerra santa. Entretanto, se um cristão abraçava o islamismo, o nosso grupo o ajudava e levava clientes à sua loja.

— Alguma vez vocês foram pegos? — Irmão André perguntou, chocado com aquela confissão pública feita por um ex-perseguidor.

— Não, é claro que a polícia sabia quem fazia aquelas coisas, mas não nos incomodava. Os cristãos não têm direitos. O que eles podem fazer?

— Contudo, agora você é um crente em Jesus Cristo.

— Não sou a pessoa que certa vez eu fui.

— A Bíblia diz que você é uma nova criatura.

— Sim, estou mudado. Eu vivia cheio de ódio pelos cristãos e pelos muçulmanos que não eram devotos. Agora esse ódio não existe mais.

Ahmed falou a Butros em árabe. Butros se dirigiu a André:

— Estes três homens pediram para ser batizados. Como você pode ouvir pelo testemunho deles, eles entregaram a vida completamente a Jesus Cristo. Eles sentem que chegou a hora de declararem a fé no batismo.

— E você concorda?

— Sim, eu concordo.

— E nós queremos novos nomes — disse Ahmed em inglês. Butros olhou para ele, surpreso. — A Bíblia diz que somos novas pessoas, por isso devemos ter novos nomes.

Hassan falou rapidamente em árabe. Butros traduziu:

— Ele diz que Abrão teve como novo nome Abraão. Saulo tornou-se Paulo. Simão tornou-se Pedro, a pedra.

— Mas vocês não podem usar os nomes — Butros protestou. — Não podem colocar novos nomes em seus documentos de identidade. E seria perigoso usar nome cristão entre os muçulmanos.

— Sim, nós compreendemos — disse Ahmed. — Mas *meus irmãos* saberiam meu novo nome. Nós o usaríamos entre nós. Seria um lembrete constante de como Deus mudou a nossa vida.

André voltou-se para Butros e disse:

— Então eles devem fazê-lo. Você deve preparar uma lista de nomes bíblicos para dar-lhes ao final do culto de batismo.

— Eu tenho mais um pedido — Butros acrescentou. — *Você* poderia, por favor, batizar estes homens?

———

Butros recostou-se em sua cadeira no escritório e fechou os olhos, procurando as palavras certas.

— Irmão André, eu agora conheço pessoalmente mais de 50 crentes de origem muçulmana. Você conheceu alguns na capital, mas existem outros espalhados pelo país. E há muito mais muçulmanos curiosos. Isso acontece em segredo, é claro. Precisamos pensar no que fazer.

— Você tem alguma idéia?

— Acho que a comunhão que você viu poderia ser um modelo para outras comunidades. Alguns crentes de origem muçulmana estão freqüentando uma igreja estabelecida, mas eles vão a essas reuniões porque precisam se reunir com irmãos crentes de origem muçulmana que os compreendam. É difícil para esses crentes de origem cristã compreenderem a enorme mudança na cultura e no pensamento religioso que acontece quando muçulmanos se tornam seguidores de Jesus.

— Então você acha que os crentes de origem muçulmana precisam adorar em separado?

— Estou chegando a essa conclusão, sim. Sei que a igreja é um corpo e creio que precisamos continuar tentando encontrar formas de unir os crentes de origem muçulmana e os de origem cristã. Entretanto, o fato é que os dois grupos são bem diferentes. É como juntar cristãos holandeses e chineses. Eles adoram o mesmo Cristo, mas falam línguas diferentes e têm culturas diferentes. Claro que eles podem adorar juntos, mas o fato é que provavelmente acabarão em congregações separadas. E com a resistência que muitas igrejas têm a aceitar os crentes de origem muçulmana, bem, acho que poderia ser melhor achar uma forma para os crentes de origem muçulmana adorarem em separado.

Irmão André pensou na declaração do amigo. Ele concordava que os convertidos muçulmanos precisavam de um lugar seguro para se reunir. Mas havia tantas perguntas, tais como quem lideraria esses grupos? — O apóstolo Paulo, quando estabelecia uma igreja se certificava de que houvesse líderes fortes.

— Sim, ele estabelecia presbíteros em cada igreja. É essencial que esses líderes surjam e sejam treinados entre os crentes de origem muçulmana, para que não sejam dependentes de pessoas de fora. Existem vários homens — Ahmed, Mustafá, Hassan e Samir estão entre eles — que são líderes potenciais. Eles já estão testemunhando. Ahmed e Mustafá levaram diversas pessoas a Cristo. Mas precisam de orientação. Precisam de um discipulado continuado.

— Eles pediram para ser batizados. Parece que isso levou um pouco de tempo para você determinar que eles estavam prontos.

— Esse é um passo enorme. Eles estão dizendo que decidiram viver integralmente para Jesus e que estão prontos, se for preciso, para morrer por ele também. Estão deixando para trás sua antiga vida no islamismo. Antes de serem batizados, eles podiam voltar para o islamismo. Depois do batismo não há volta. É uma sentença de morte. Qualquer muçulmano pode matá-los. É por isso que eu não acho que podemos, de forma alguma, apressar essa decisão.

— Está muito claro que eles avaliaram o preço. Então, qual é o próximo passo?

— Assim que tivermos crentes de origem muçulmana treinados e liderando comunidades, uma de suas responsabilidades será batizar. Mas alguém precisa batizar esses primeiros líderes.

— Por que você não faz isso?

— André, eu estou disposto. Mas não acho ser prudente. Se a polícia secreta descobrir que eu batizei muçulmanos, meu trabalho aqui estará terminado.

— Você acha que eles descobririam?

— André, eles estão me observando. O meu trabalho é incomum. Eu não pastoreio uma igreja, mas trabalho com igrejas, com pastores. Os oficiais do governo não compreendem — na percepção deles isso não se encaixa no trabalho cristão. Querem saber como sou sustentado. Querem saber se alguma agência estrangeira me sustenta. Claro, eles sabem a respeito de Ahmed, Mustafá e Hassan. Tenho certeza que estão de olho neles e, por isso, precisamos ter muito cuidado. Mas se descobrissem que eu os batizei, certamente nos sancionariam severamente. Isso seria intolerável para eles.

— Presumo que esse é o caso para todos os pastores do país.

— Sim. Havia um velho pastor de seus 70 anos que batizava convertidos muçulmanos, mas ele morreu no ano passado. Yusef provavelmente batizou alguns, mas não seria seguro para ele batizar tantos ao mesmo tempo.

— E você quer que eu o faça?

— Você me disse que era ordenado, portanto isso faz parte de suas responsabilidades ministeriais.

— Que direito eu tenho de batizar esses homens?

— Seu direito como ministro, de quem está comprometido em fortalecer uma igreja que luta pela própria sobrevivência. — Butros estava emocionado e inclinou-se para a frente ao falar: — Você tem cabelo branco, portanto é respeitado como presbítero pelos jovens que irá batizar. É ungido por Deus com o coração em favor do nosso povo. Não quero trazer apenas qualquer estrangeiro que não nos conhece, que não conhece o nosso coração. E isso não é tão perigoso para você. Se for descoberto, o pior que pode acontecer é ser deportado. Então eu posso dizer com sinceridade: "Eu não fiz isso". Isso irá me proteger. Irá proteger a igreja.

André fechou os olhos durante um momento, como se estivesse orando. Olhou para o amigo e, com voz determinada, disse:

— Isso deve ser uma solução temporária. Oportunamente, quando os líderes estiverem treinados e ordenados, eles devem batizar seu próprio povo.

— O mais depressa possível — certamente deverão, eles mesmos, fazê-lo.

— Então, com esse entendimento, você sabe que estou aqui para ajudar você e a igreja. Somos parte de um corpo e se você precisa deste meu velho corpo, estou disponível. Farei o que você pede.

Butros pareceu aliviado.

— Da próxima vez que você vier, vamos planejar um culto de batismo. Enquanto isso, farei uma lista de nomes cristãos para eles. — Levantou-se, deu a volta na escrivaninha e abraçou seu amigo e mentor. — Agora, vamos dar uma volta. Nadira e eu queremos te mostrar algo.

Butros dirigiu até o apartamento e Nadira estava esperando por eles no meio-fio, com Thomas em pé junto dela, segurando sua mão. André saiu do carro para cumprimentá-la e admirar o garoto saudável.

— Olá, Thomas — disse André. O garoto não disse nada e olhou, curioso, para o homem de olho azul e cabelos brancos.

André se ofereceu para sentar-se atrás, mas Nadira insistiu que ele ficasse na frente; ela colocou Thomas no assento de criança e sentou-se junto dele. Eles saíram da cidade e seguiram ao longo de um pequeno rio.

— Irmão André, vamos entrar numa área rural do nosso país. A maior parte do país é deserta. Lá você irá encontrar ovelhas, cabras e muitas tamareiras, mas não muito além disso. A maior parte da nossa produção é cultivada nesta região.

— Parece que não existe água suficiente aqui.

— Não na superfície. Mas existem poços profundos nesta área, e os canais dos poços provêem irrigação para os campos.

André olhou para a terra cultivada. Por alguns quilômetros havia muitos pomares de laranjas. Então a terra se descortinou e ele viu inúmeras pessoas trabalhando nos campos. A cada três quilômetros, mais ou menos, havia um vilarejo e em cada um deles uma mesquita com um ou dois minaretes dominando a linha do horizonte.

— O que se cultiva aqui? — perguntou.

— Berinjelas, alho-porro, tomates — tudo o que se possa pensar.

— E para onde estamos indo?

— Ver um pedaço de terra que é nosso. Se seguirmos nesta estrada, vamos chegar a Suq al Khamis, onde Ahmed, Mustafá e Hassan cresceram.

Alguns minutos depois eles saíram da estrada principal e entraram numa estrada de pista única que logo se transformou numa trilha de terra batida. Havia homens e meninos indo para os campos e outros vindo deles, alguns com uma ferramenta sobre o ombro, outros conduzindo uma carroça ou levando um búfalo. Tiveram de parar durante alguns minutos enquanto uma pequena manada de gado caminhava lentamente pela estrada com um menino golpeando-os na tentativa de fazê-los andar mais depressa.

Alguns minutos depois Butros anunciou que haviam chegado. Desligou o motor e eles saíram do carro. Nadira carregou Thomas enquanto caminharam uma curta distância.

Butros apontou à sua direita para um pequeno canal que distribuía água para os campos circunvizinhos e disse:

— A partir deste canal, nesta direção, é a nossa propriedade. — Apontou para marcos em quatro cantos. — Ao todo temos cinco acres.[12]

Entraram no campo. Num canto distante um homem levantou o olhar do que estava fazendo e Butros acenou para ele.

— Irmão André, Nadira e eu temos orado a respeito de como usar esta propriedade. Recebemos uma pequena renda por alugá-la a fazendeiros, mas achamos que Deus quer que façamos algo mais com esta terra. — abriu os braços sobre a propriedade. — Eu lhe falei da necessidade de treinar líderes para comunidades de crentes de origem muçulmana. Precisamos também de um lugar para conferências, como aquela para pastores, no ano passado. Nadira e eu vislumbramos um campus aqui. No canto extremo, junto ao canal, poderia haver um prédio para abrigar 20 pessoas, com uma cozinha e uma sala de aula. Poderia haver um lugar para pastores rurais e líderes eclesiásticos leigos que viessem ser treinados — de duas a quatro semanas, talvez mais. É uma enorme necessidade.

Butros voltou-se para o canto oposto.

— Lá, nós vemos outro edifício para diferentes tipos de treinamento. Por exemplo, se pudéssemos obter alguns computadores, poderíamos treinar jovens cristãos para usar computadores. Poderíamos também treinar professores para dar cursos de alfabetização nos vilarejos.

— Poderíamos continuar a cultivar uma parte da terra — acrescentou Nadira. — Queremos ser tão auto-suficientes quanto possível.

Irmão André começou a andar em direção ao canal. Longe do ruído do trânsito e do corre-corre da vida na cidade, ele ouvia pássaros gorjeando. A distância, um homem conversava com um vizinho. Havia um leve ruído de água descendo pelo pequeno canal. Os campos se estendiam ao longe até serem interrompidos por um vilarejo. Aquele era um ambiente tranqüilo. *Sim, isso faz sentido. Era necessário um refúgio para pastores. Butros podia ser muito mais eficiente se tivesse um lugar, um campus onde pudesse levar pessoas para um treinamento maior.* André sentiu o pulso acelerar. *A igreja certamente se beneficiaria com um lugar daqueles. Claro que isso estava além da capacidade de Butros, além de sua capacidade de fazer acontecer. Mas, se fosse da vontade de Deus, certamente os recursos serão providos.*

---

[12] Cerca de 20 mil m² [N. do T.].

André voltou-se e olhou para Butros e Nadira.

— Essa é uma visão maravilhosa.

— Estamos pensando em chamá-lo de Centro de Treinamento Logos — disse Nadira.

— Você dedicaria esta terra para esse propósito? — Butros perguntou.

André tirou do bolso seu pequeno Novo Testamento. Abriu em João 12.24,25 e leu: "Se o grão de trigo não cair na terra e não morrer, continuará ele só. Mas se morrer, dará muito fruto. Aquele que ama a sua vida, a perderá; ao passo que aquele que odeia a sua vida neste mundo, a conservará para a vida eterna". — André explicou:

— Em uma tradução bem literal, a passagem diz: "Aquele que não se preocupa com sua vida neste mundo a conservará". Queremos que este seja um lugar onde as pessoas se tornem frutíferas. E fazemos isso expressando que não nos preocupamos com esta vida a não ser com o Reino de Deus.

Voltando a olhar o campo, André continuou:

— Vemos aqui plantas, lama e pegadas de animais. Contudo, vemos além disso — vemos edifícios, vemos pessoas com necessidades, vemos pessoas estudando a Bíblia. E vemos essas pessoas dizendo: "Não vou me apegar à minha vida antiga; pelo contrário, vou investi-la no Reino de Deus". Este país necessita de uma igreja cujos membros negaram-se a si mesmos para poderem viver por Jesus. Eu vejo este lugar como um campus onde líderes da igreja vêm para negar-se a si mesmos a fim de que possam investir a vida para o futuro da igreja no seu país.

Levantando os braços, André orou:

— Senhor, tu criaste todas as coisas e, portanto, tudo tem valor. As coisas físicas têm valor quando são santificadas por tua Palavra e pela oração. Separa este pedaço de terra para ser cabeça de ponte[13] para o teu Reino. Que esta terra seja usada para treinar pessoas que vão pelo país e além dele, para o Oriente Médio, para o norte da África e para todo o mundo muçulmano, ensinando a tua Palavra. Santifica esta parte da tua criação. Pela fé podemos ver líderes da igreja de vilarejos do país todo vindo aqui para serem treinados. Consagra esta terra para a tua glória. Que tudo o que for

---

[13] Termo de terminologia militar, referente a uma posição provisória ocupada por uma força militar em território inimigo [N. do R.].

feito aqui, o preparo da terra, as plantas, a construção dos edifícios, seja para o Reino do céu. Que aqui não ocorram acidentes físicos durante a construção. Senhor Jesus, tu reinas aqui. De agora em diante este é o teu lugar. Consagramos o pessoal que eventualmente servirá aqui. Clamamos pelos recursos financeiros que serão necessários. Oramos pela fé, que este campus será construído e usado para a tua glória.

Butros e Nadira se juntaram ao "Amém". Ambos tinham lágrimas nos olhos. Sua fé, vacilante enquanto sonhavam, era agora afirmada e fortalecida pelo amigo da Holanda. Certamente Deus iria fazer algo maravilhoso ali.

12

TRÊS MESES DEPOIS

Salima trouxe uma bandeja com chá e biscoitos à sala de estar onde estavam Butros e Abuna Alexander.

— *Shukran* — disse Butros e pegou uma xícara, colocou leite com uma colherada de açúcar e pôs um biscoito amanteigado no pires. — Você está se acostumando aqui? — ele perguntou à mulher.

— Sim, *shukran*. O padre e sua esposa têm sido muito bondosos.

Quando Salima voltou para a cozinha, Butros pediu ao padre Alexander um relato.

— Ela tem sofrido muito — respondeu ele enquanto bebericava seu chá. — Às vezes grita enquanto dorme, e minha esposa, Nour, tem de ir confortá-la. Ela rompe em lágrimas inesperadamente. Ela ainda tem resistência, mas ama Jesus e lê a Bíblia durante horas diariamente. É a primeira a chegar à igreja para os cultos. Faz-me muitas perguntas. Sinceramente, nunca vi tanta fome espiritual em nenhum de meus paroquianos.

No começo o padre havia hesitado quando Butros lhe pediu para dar refúgio à garota. Butros compreendia que o padre Alexander não podia abrigar convertidos locais, mas começou a apelar aos líderes da igreja para abrigar temporariamente crentes de origem muçulmana de outras partes do país, e o padre, então, concordara em dar refúgio a Salima. Ele inventou uma história a respeito de Salima e a apresentou à sua congregação como uma parente que queria aprender mais a respeito do cristianismo. Butros agradeceu ao padre pela ajuda.

— Sou realmente grato pelo que você está fazendo.

— Sinto-me honrado pelo que você está fazendo. — disse o padre Alexander. Butros mostrou surpresa. — Digo isso com sinceridade. Em todos os meus anos como padre, nunca vi uma conversão tão poderosa. Deus tem usado a vida dessa mulher para tocar Nour e a mim. Sempre fui cético de que muçulmanos pudessem tornar-se verdadeiramente cristãos.

— Agora você vê o que Deus pode fazer... o que está fazendo.

— Fico envergonhado de dizer que eu não acreditava que fosse realmente possível. A propósito, tenho pensado no futuro dela. Eu tenho um primo que vive na Inglaterra. Talvez ela devesse mudar-se para lá, sabe, para um novo começo.

— Por que ela deveria deixar o país? Por que qualquer muçulmano convertido deveria deixar o país?

O padre largou a xícara e o pires e começou a apalpar a cruz de madeira que usava sobre a batina.

— Não é óbvio? Salima não tem futuro aqui. Ela poderia adorar livremente na Inglaterra ou em qualquer parte do Ocidente no que se refere a esse assunto.

— Ela quer ir?

Alexander suspirou.

— Não, esse é o problema. Mencionei isso algumas vezes, e ela começa a chorar. Mas não vejo o que mais podemos fazer por ela e por outros na situação dela. Escute, como vai Ahmed?

— Está progredindo. Ele e seus dois amigos têm fome de aprender a respeito de sua fé. Na verdade foi por isso que vim até você hoje. Preciso do seu conselho.

O padre alisou a barba com os dedos enquanto Butros explicava suas preocupações.

— Com muito mais muçulmanos interessados pelo cristianismo e tomando a decisão de seguir a Cristo, acho que precisamos de um plano estruturado de discipulado. Tome como exemplo os três homens desta área. Eles precisam canalizar suas energias espirituais. Eu os fiz memorizar trechos da Bíblia. Mas eles precisam de mais. Eles estão acostumados a uma estrutura — orar cinco vezes por dia, as festas muçulmanas, o mês de jejum. Agora eles estão vagueando. Vejo isso quando estou com eles e começa o chamado à oração. Há uma parte deles que quer parar e orar, e outra que os conscientiza de que são livres das imposições legalísticas do islamismo.

Alexander assentiu e pensou no que Butros disse.

— Nós temos apenas as antigas práticas litúrgicas. Sei que vocês, como protestantes, têm práticas de culto bem diferentes.

— É por isso que quero o seu conselho. Em certos aspectos, eles podem ficar mais à vontade numa igreja de tradição litúrgica. Mas então há problemas em incorporá-los às congregações existentes.

— Para a minha congregação isso não é possível. Você conhece os riscos se os muçulmanos locais começarem a freqüentar qualquer igreja. Talvez isso seja possível em uma cidade grande. Mas se este movimento crescer e se virmos mais convertidos em vilarejos e cidades, você compreende, a igreja não está preparada para eles.

— E o que vamos fazer? Vamos mandá-los todos para outro país?

O padre deu de ombros.

— Não sei a resposta. Que futuro eles têm aqui?

— Eles precisam ficar e ser testemunha em suas comunidades. Eu tenho observado que Ahmed, Mustafá e Hassan têm saudade de seus lares — têm saudade das reuniões familiares, dos feriados religiosos, de passar tempo com os irmãos, irmãs e primos. Eles gostariam de voltar para casa. Acho que é um erro tirá-los de seus lares e de suas famílias.

— Mas, se ficarem, serão mortos.

— Talvez precisemos ensiná-los a viver sua fé, honrando suas famílias. É por isso que quero o seu conselho. Se cada vez mais pessoas começam a se interessar pelo cristianismo e a crer em Jesus, não podemos tirá-las todas de suas casas e famílias. É lógico que mandá-las para o Ocidente é totalmente impraticável. Deve haver uma forma de eles honrarem suas famílias e, mesmo assim, praticarem sua fé, sem atrair a atenção desnecessariamente.

— Então eles precisam permanecer muçulmanos. Caso contrário, haverá problemas.

— Você sabe o que isso significa. Um muçulmano, por definição, se submete a Maomé e ao Alcorão. Como eles podem fazer isso? Podem eles permanecer muçulmanos e ao mesmo tempo amar nosso Senhor Jesus?

Alexander balançou a cabeça.

— Eles precisam permanecer em silêncio a respeito de sua crença em nosso Senhor ou todos nós iremos sofrer.

— Pensei que talvez, durante certo tempo, seja necessário para eles permanecer na comunidade deles. Se a vida deles for verdadeiramente transformada, bem, isso será um testemunho para a família.

O padre fez que sim e pensou:

— Será que eles podem, de fato, crescer separados da igreja?

— Esse é o dilema. Esses homens e mulheres precisam ser discipulados. Precisam se reunir. Eu tenho pensado que talvez eles pudessem ter pequenas reuniões depois do sermão da sexta-feira na mesquita. Mas eles não podem também ficar presos pelo legalismo do islamismo. Eu disse a Ahmed e seus amigos que eles podem orar em qualquer momento, em qualquer lugar, vinte e quatro horas por dia. Isso é verdade, mas não é suficiente. Eles precisam de uma comunidade. Precisam de uma estrutura...

— Um padrão diário?

— Sim.

— Você sabe que as tradições monásticas têm muito a oferecer.

— Não acho que esses homens irão fazer votos monásticos.

O padre deu uma gargalhada.

— Não, não acho que eles farão. — Riu novamente e disse: — Eu não estava propondo isso, mas eles podem tomar emprestada a tradição da oração diária.

— Você poderia me sugerir algumas coisas para dar a eles, algo cristão, mas que não rompa com o ritmo diário da sociedade e da cultura islâmica? Talvez algo que pudesse tornar-se um modelo para os outros?

— Certo. Vamos começar com um padrão simples — oração da manhã, oração da tarde e oração da noite — três vezes por dia em vez de cinco, para quebrar o ciclo.

— Isso faz sentido.

Butros tirou do bolso um pequeno bloco de papel e uma caneta e começou a fazer algumas anotações.

— Oração da manhã — cedo, ao cantar do galo. Ahmed e seus dois amigos são desta região e estão acostumados a ouvir os galos. Aqui em Suq al Khamis os galos começam a cantar um pouco antes do muezim começar seu primeiro chamado à oração. Faça-os ler o evangelho de Mateus, capítulo 26, a respeito de como Pedro negou à menina escrava de que ele conhecia

Jesus. Eles devem orar algo como: "Senhor, que eu tenha forças para ser fiel a ti hoje. Que eu não seja como Pedro que te negou. Que eu viva hoje a nova vida que tu me deste". Estou pensando isso de improviso. Eu poderia escrever algo para você.

— Não, isso é excelente — disse Butros, anotando rapidamente em seu bloco.

— A oração da tarde. Sugiro às 3 horas, no momento em que o nosso Senhor morreu. Esse seria um bom momento todos os dias para recordar o sacrifício do nosso Senhor por nós, sua morte pela nossa salvação e que essa é a razão para o nosso amor e compromisso para com ele. E à noite, antes de irem dormir, eles podem recordar como nosso Senhor nos ensinou a orar: "Pai nosso que estás no céu...". Esse é um modelo perfeito de oração.

— Sim, é disso que eu preciso. — Butros terminou de escrever e levantou o olhar. — Posso fazer isso com eles, mas isso os obriga a uma disciplina diária.

— Butros, posso lhe propor também que ensine a respeito do ano litúrgico? Eles precisam de algo para substituir as festas do islamismo. Ou — eu terei de pensar nisso — talvez haja uma forma de eles se lembrarem dos principais eventos na vida do nosso Senhor durante o calendário muçulmano.

— Como Quaresma durante o Ramadã?

— Não, a Quaresma sempre leva à Páscoa na primavera. As datas do Ramadã são diferentes a cada ano. Mas o Ramadã pode ser um tempo para os convertidos de origem muçulmana meditarem no fato de que nosso Senhor jejuou quarenta dias no deserto e foi tentado pelo Diabo. O que eu tenho em mente são dois ciclos de seis meses. Durante seis meses eles poderiam concentrar-se em eventos importantes da vida de Cristo — seu nascimento, certos milagres, seus ensinos, sua morte, ressurreição e ascensão. A segunda metade começa com o Pentecoste, quando foi mandado o Espírito Santo prometido para que Cristo pudesse ser visto por nosso intermédio. Eles podem recordar o primeiro mártir, Estêvão. Eu lhe recomendaria que os ensinasse a respeito de alguns heróis da fé — os santos e mártires que nos mostraram como viver e como morrer por nossa fé.

— Sim, isso seria útil e me dá muito sobre o que pensar. Agora eu tenho mais um pedido. Vários homens pediram o batismo. Você poderia me ajudar a planejar um culto?

———

Layla era uma garota atraente de 15 anos que freqüentava regularmente a igreja de São Marcos aos domingos com os pais. Foi uma surpresa quando Abuna Alexander anunciou uma noite especial para adolescentes com atividades divertidas e sorvetes. Trinta adolescentes foram ao evento, desfrutaram de momentos juntos e reagiram positivamente quando o padre lançou o desafio para ler o Novo Testamento. Todos eles aceitaram o livro e, de 15 a 20, estavam vindo todas as semanas para um momento de discussão sobre os Evangelhos. Alguns deles começaram até a freqüentar o culto de domingo. Layla sempre tivera um interesse espiritual, mas descobriu que sua fé aumentava à medida que passava tempo com outros de sua idade e que buscavam saber mais sobre a fé cristã.

Foi então que um grupo de jovens muçulmanos pareceu gostar de perambular pelo mercado, empurrando e zombando de garotas que não usavam o véu. Nas últimas três semanas, alguns garotos ficavam do outro lado da rua nas tardes de domingo, depois da aula. Eles se concentravam particularmente em Layla e gritavam do outro lado da rua que ela era bonita e que devia se casar com um bom muçulmano.

A situação de Layla ficou complicada porque um tio, irmão de sua mãe, havia se convertido ao islamismo. Ele nunca fora um cristão comprometido de fato, e, quando seu negócio teve dificuldade, alguns comerciantes muçulmanos fizeram-lhe uma oferta — eles lhe mandariam muitos clientes se ele se convertesse ao islamismo. Ele dissera aos pais de Layla que era uma oferta irrecusável e, já que a religião não tinha para ele tanta importância, por que não ser um muçulmano rico em vez de um cristão pobre? Naturalmente que a esposa e os filhos teriam de segui-lo e tornar-se muçulmanos. Layla suspeitava que um de seus primos estava encorajando aquele assédio que enfrentava.

Quando sua família se preparava para entrar na igreja naquele domingo, Layla se queixou:

— Abuna Alexander, não gosto do jeito como aqueles meninos estão me olhando.

Enquanto Alexander observava a cena do outro lado da rua, o pai de Layla falou ao padre:

— Esta semana minha filha foi abordada no mercado.

O olhar do padre rapidamente deixou os meninos e se focou em Layla.

— Eles machucaram você?

— Fiquei muito constrangida. Havia quatro deles ao meu redor. Empurraram-me diversas vezes e fizeram ameaças.

O pai de Layla acrescentou:

— Abuna, não sabemos o que fazer.

Um paroquiano que ouvia a conversa disse:

— Vou reunir vários homens e vamos conversar com os meninos agora mesmo.

— Não, essa não é uma boa idéia — disse o padre. — Já é tensão suficiente. Não precisamos aumentar as emoções ainda mais.

— Eu não vou tolerar isso — disse o pai de Layla. — Falei para minha filha não ir ao mercado sozinha. E, se aqueles homens a abordarem, alguém irá pagar.

Padre Alexander olhou novamente para os rapazes que estavam rindo de sua congregação e, calmamente, disse ao grupo:

— Penso que precisamos entrar e adorar.

Passava das 22 horas, Butros e Nadira estavam terminando uma xícara de chá e se preparando para dormir quando se ouviu uma batida leve à porta. Butros e Nadira se entreolharam e depois olharam para a porta quando a batida se repetiu. Butros apressou-se até a porta e a abriu um pouco. Viu um rosto conhecido — um homem de cavanhaque cujo retrato estava sempre na primeira página dos jornais do país. Butros abriu a porta, permitindo que o homem entrasse e a fechou rapidamente, na esperança de que nenhum vizinho tivesse notado.

Os dois homens olharam um para o outro durante um momento. Então o visitante estendeu a mão.

— Meu nome é Kareem.

Butros estava atordoado. Aquele homem estava trajando um caro terno europeu e tinha um alto cargo no governo. *O que ele está fazendo aqui?*

— Nadira, por favor, você poderia preparar um pouco de café para nós? — Butros pediu, recompondo-se.

Nadira, que ficara estática com a entrada do homem famoso no apartamento, apressou-se a entrar na cozinha para preparar algo para servir.

— Seja bem-vindo — disse Butros. — Receio que esta seja uma casa muito humilde, mas, por favor, entre. — E indicou uma poltrona, convidando o hóspede a sentar-se, e ele sentou-se num pequeno sofá junto a ele.

— Peço desculpas por assustá-lo, mas achei que esta fosse a melhor maneira de vir até você. Você compreende que eu não poderia ir até o seu escritório.

Butros não compreendeu, mas respondeu:
— Claro.

O que poderia aquele oficial do governo querer com ele? Seus sentidos estavam em alerta máximo. Estaria o governo tomando providências para apertá-lo? Seria aquilo uma armadilha? Contudo, certamente eles delegariam essa tarefa para o serviço secreto.

Kareem percebeu a confusão na face de Butros e disse:
— Eu vou explicar. Preciso conversar com você, mas isto é altamente confidencial. Você é pastor, certo?

Butros acenou que sim.
— Acredito que existe algo chamado segredo de confissão?
— Sim, isto pode ser chamado de comunicação privilegiada.
— E você não pode repeti-la a ninguém mais?
— Correto.

Kareem sorriu e recostou-se por um momento, fechou os olhos e respirou fundo.

Nadira aproveitou a oportunidade para colocar uma bandeja sobre a mesa de café. Havia duas xícaras de café e um prato de biscoitos recheados e, em silêncio, voltou para a cozinha. Capturando o olhar do marido, ela juntou as mãos, indicando que ia interceder; depois desapareceu de vista.

Quando Kareem abriu os olhos, pegou uma xícara de café, tomou um gole e recostou-se novamente. Olhou atentamente para o seu anfitrião:
— Tirei da Bíblia a idéia deste encontro.

Butros ficou em silêncio.
— O evangelho de João. Nicodemos, autoridade entre os judeus, foi ver Jesus tarde da noite. Certo?

Butros assentiu.
— Bem, pareceu uma boa abordagem. Eu não posso exatamente aparecer na igreja agora, posso? Mas necessito conversar com alguém e estou de olho em você.

Butros abaixou os olhos e mostrou estar numa situação desconfortável. Ele nunca teve a intenção de chamar a atenção sobre si ou sobre seu trabalho.

— Por favor, não se preocupe — disse Kareem, procurando claramente aliviar os medos de Butros. — Eu tenho meios de fazer isso de maneira que você não venha a ter problemas. — Kareem pegou um pedaço de doce feito com massa folhada, nozes e mel, bebeu o resto do seu café e disse: — Eu me tornei o que penso ser o que vocês chamariam de um discípulo de Jesus Cristo.

A notícia deixou Butros aturdido. Aquela noite estava ficando cada vez mais esquisita.

— Claro que ninguém mais sabe além de você. Por razões óbvias, não posso falar isso. Eu perderia tudo se o fizesse. Minha família seria desonrada. Seria um escândalo para a família real. Você percebe então que não posso contar a ninguém, mas preciso dizer a alguém. Por isso estou confiando em você.

— Claro, senhor. Não vou contar a ninguém. Mas, por favor, diga-me como chegou a essa decisão.

— Como você, eu estudei na Inglaterra e, enquanto estava lá, alguém me deu uma Bíblia. Durante muitos anos eu a li várias vezes e, em segredo, comprei livros cristãos quando viajava para a Europa e os trouxe para o país. O fato de eu ter imunidade diplomática ajuda — ninguém se atreveria a revistar minha bagagem. Conservo esses livros em lugar seguro e passo horas estudando até me convencer de que a revelação definitiva do plano de Deus para a humanidade foi feita por intermédio de Jesus Cristo.

— Como o senhor chegou a essa conclusão?

— O Alcorão tem numerosas referências muito curtas a Jesus. Mas os Evangelhos têm as histórias completas. O Alcorão diz que ele curou os leprosos e deu vista ao cego, mas os quatro Evangelhos dão inúmeros e detalhados relatos dele curando leprosos e dando vista a cegos. O Alcorão diz que Jesus ressuscitou mortos. Mas no evangelho de João eu posso ler a história completa de Jesus ressuscitando Lázaro. Diga-me, meu amigo, você acredita que Maomé nos deu a última revelação de Deus?

Butros sorriu e estendeu as mãos.

— O senhor sabe que eu sou cristão. Sou seguidor de Jesus Cristo.

— Claro. E os muçulmanos crêem que Jesus é um grande profeta. Superado apenas por Maomé. Quando Jesus voltar, o que ele fará?

— Julgará os vivos e os mortos.

— Então ele falará novamente. Ele está na presença de Deus agora, e, quando voltar, irá revelar mais da vontade de Alá. Portanto, Maomé *não* é a revelação final de Deus. A revelação final está com Jesus. Cheguei à conclusão que Jesus está vivo e voltará para fazer justiça.

— Todos os muçulmanos acreditam que Jesus voltará — Butros disse.

— É verdade. Mas os muçulmanos não crêem que ele morreu na cruz e ressurgiu novamente dentre os mortos. Como você sabe, eles pensam que ele foi substituído na cruz, provavelmente por Judas, o traidor, e que Deus o retirou da terra até a revelação do *Mahdi* (messias). Entretanto, eu estou convencido de que Jesus *foi* executado. E Deus o ressuscitou depois de três dias. Quarenta dias depois ele ascendeu aos céus onde está sentado à direita de Deus Pai. E quando ele voltar à terra, não será para declarar que é muçulmano.

Os dois conversaram durante uma hora enquanto Kareem revelou mais detalhes de sua jornada espiritual.

— Para todos ao meu redor, eu permaneço um bom muçulmano — ele disse. — Mas, quando vou à mesquita orar, oro para Jesus. Cheguei ao ponto em que preciso conversar com alguém que compreende. Se eu tiver um amigo que conheça a verdade e possa manter esse segredo, acredito que eu posso continuar.

— De que maneira eu posso ajudar? — Butros perguntou.

— Eu gostaria de conversar de vez em quando com você.

— Quando quiser.

— Mas você não deve entrar em contato comigo. Posso vir aqui ao seu apartamento, tarde da noite. Ou posso pedir a você que me encontre em algum outro lugar seguro. Eu entro em contato com você.

Kareem se levantou e disse:

— Por favor, agradeça à sua esposa o café e os biscoitos.

Ele abriu a porta e olhou para certificar-se de que não havia ninguém olhando, depois desceu rapidamente as escadas e esgueirou-se no escuro da noite.

13

DOIS MESES DEPOIS

Irmão André esperava na esquina a um quarteirão de distância do seu hotel. Segurava uma sacola plástica com uma muda de roupas. Táxis, ônibus, motonetas e caminhões passavam roncando, soltando a fumaça negra que queimava seus pulmões.

Butros informou-lhe que alguém viria pegá-lo naquele ponto e o levaria ao "Mergulho". Felizmente a espera durou apenas cinco minutos e um sedan branco encostou-se ao meio-fio e André entrou. Instantaneamente o motorista se misturou à massa de veículos que buzinavam e costuravam, fez um giro de 270 graus na rotatória e tomou a direção do aeroporto.

Cinco minutos depois o motorista fez uma súbita volta de 180 graus, dobrou vários quarteirões, depois pegou uma estrada secundária e entrou num conjunto murado de edifícios.

— Rápido, pegue sua sacola — disse o guarda que estava no portão. Ele abriu a porta de uma van de vidros escuros. Butros era o motorista e já estava com o motor ligado. O guarda abriu o portão. Butros tomou a direção de volta para a cidade.

O crepitar de um rádio chamou a atenção de André. Butros pegou um walkie-talkie e disse algumas palavras em árabe. Continuou olhando pelo espelho retrovisor e seu aspecto de profunda concentração impediu André de fazer qualquer pergunta.

Quando se aproximaram da saída da cidade, Butros entrou no que pareceu uma comunidade recentemente desenvolvida. A estrada era pedregosa e acidentada. Poucas casas já estavam ocupadas, mas não parecia haver operários trabalhando. Butros continuou olhando pelo espelho retrovisor. André deu uma olhada para trás e não viu ninguém os seguindo.

— Estamos limpos — disse Butros, sério.

Entraram num dos locais de prédios e estacionaram em frente a uma casa que parecia terminada, mas estava desocupada. Todas as janelas estavam cobertas com plástico preto.

Quando entraram, uma única vela estava acesa no chão dentro da casa. No canto mais distante da sala da frente, André viu movimento — três ou quatro homens descansavam no chão. Butros levou André a um pequeno quarto onde vestiu a batina branca que Butros lhe entregou.

Alguns minutos depois Butros levou André até a sala de estar. Uma dúzia de homens, vestidos de branco, descansava encostado à parede. Ficaram rapidamente em pé, rindo, ansiosos por apertar a mão de André.

Do outro lado da sala, uma toalha decorava uma mesa de café sobre a qual duas velas eram a única fonte de luz. Butros e André sentaram-se com as pernas cruzadas em almofadas finas no chão atrás da mesa. Os homens, sentados do lado oposto a eles, tinham em sua maioria 20 ou 30 anos. André reconheceu Ahmed, Mustafá, Hassan e também outro homem do culto da igreja secreta que ele visitara havia alguns meses.

Butros lhes deu as boas-vindas. Então Ahmed começou a cantar um hino e os homens rapidamente se juntaram ao cântico com bonitas vozes de barítono. Vários deles voltaram a palma da mão para cima numa postura tradicional de oração e adoração.

Depois do hino Butros apresentou o Irmão André:

— Agora o Irmão André trará uma curta mensagem.

André falou e Butros traduziu:

— Este é um dia muito especial porque vocês irão fazer algo com sua fé de que se lembrarão pelo resto da vida. Tornar-se seguidor de Jesus Cristo é o maior privilégio que alguém pode ter.

Continuou falando sobre a singularidade do cristianismo.

— Não se trata de seguir uma religião; trata-se de ser um discípulo de Jesus Cristo. Existe um livro que nos fala sobre isso e esse livro são os Evangelhos. Neles descobrimos que Jesus Cristo, quando se tornou adulto, foi até João Batista para ser batizado. Muitas pessoas iam até João; elas confessavam seus pecados e ele as batizava, simbolizando o arrependimento delas. Jesus, entretanto, não tinha pecado e não precisava do batismo. Então por que ele foi até João? Porque Jesus estava se tornando o Cordeiro de Deus. Em sua submissão a Deus Pai, ele levou sobre si os nossos pecados. Seu batismo não foi um batismo de perdão pelos pecados, mas de identificação conosco. Vejam, até Jesus teve de obedecer às leis de Deus. É por isso que é tão importante sermos discípulos obedientes de Jesus de acordo com este livro.

Então André foi ao centro de sua mensagem. Antes de ler em Romanos 6.4, disse:

— Jesus nos ensina que, como novas criaturas, temos de sepultar o velho homem. "Portanto, fomos sepultados com ele na morte por meio do batismo". Esta é uma experiência concreta em nossa vida cristã. Tomamos a decisão quando decidimos seguir Jesus Cristo. Agora decidimos enterrar o velho homem. Entretanto, não vou deixá-los debaixo da água. Vou tirá-los novamente. Como diz o restante do versículo: "Assim como Cristo foi ressuscitado dos mortos mediante a glória do Pai, também nós vivamos uma vida nova".

Ainda enquanto falava, André sentia o profundo significado destas palavras para os homens à sua frente.

— O batismo significa ser enterrado em uma sepultura com Jesus Cristo. De certa forma, o que vamos fazer dentro de alguns minutos é colocar-nos, bem como tudo o que nos pertence, na sepultura. Tudo da antiga vida, antes de sermos seguidores de Jesus Cristo, nós sepultamos para sempre. Isto nos fará lembrar para o resto de nossa vida que vivemos agora em um novo reino. Significa também que tudo se tornou novo. Nosso passado pecaminoso terminou por completo para sempre.

— Em 1Pedro 3.21 temos a promessa, por meio do batismo, de uma boa consciência. Muitas pessoas não têm uma boa consciência por saberem que não têm feito bastantes boas obras para ganhar o céu. É por isso que em toda religião as pessoas têm tanto medo do dia do julgamento. Nós, entretanto, não temos medo do dia do julgamento porque colocamos a nossa confiança em Jesus Cristo. Quando vocês saírem da água, poderão dizer: "Eu sou uma nova pessoa".

Butros e André foram impactados pela intensidade daqueles homens que não tiravam os olhos deles, tentando captar cada inflexão de André, mesmo enquanto esperavam pela tradução.

Quando André concluiu a mensagem, foi a vez deles de responder. Usando perguntas que Abuna Alexander o havia ajudado a escrever, Butros examinou os homens para ter certeza de que eles haviam compreendido a fé cristã e o que estavam prestes a fazer.

— Vocês renunciam o maligno e todas as suas obras, a pompa e glória vãs deste mundo, a cobiça e os desejos pecaminosos da carne? — ele perguntou.

Mediante o estímulo de Butros, os homens responderam:

— Nós renunciamos a tudo, e com a ajuda de Deus nunca mais iremos segui-los ou seremos por eles guiados.

— Vocês crêem em Jesus Cristo, o Filho do Deus vivo?

Com entusiasmo os homens responderam:

— Sim, nós cremos.

— Vocês querem ser batizados nessa fé?

— Sim, esse é o nosso desejo.

— Vocês obedecerão fielmente à santa vontade e aos mandamentos de Deus todos os dias de sua vida?

— Com a ajuda de Deus, obedeceremos.

Em seguida foram conduzidos à sala adjacente onde André havia se trocado. Lá estava instalada uma piscina inflável que André havia comprado na Holanda. Completamente inflada, ela tinha quase 2 metros e 70 centímetros de comprimento — mais comprida do que André havia imaginado — mas com apenas 30 centímetros de profundidade. Estava claro que ele havia interpretado mal as dimensões na embalagem e não podia fazer nada a não ser rir — aquele seria um dos batistérios mais incomuns do mundo, mais adequado para criancinhas se refrescarem num dia quente de verão. Contudo, para a pequena congregação, aquele era um espaço santo. Aqueles homens haviam calculado o custo. Haviam compreendido a explicação de que o batismo simbolizava o enterro do seu passado. Sabiam também que, se o batismo deles fosse descoberto, poderia levá-los a uma sepultura verdadeira e rapidamente.

Um por vez, cada homem entrou na piscina com André e sentou-se na água. André falou solenemente:

— Eu te batizo em nome do Pai, do Filho e do Espírito Santo — e abaixou o homem para dentro da água. Depois, levantando-o da água, André disse: — Nós o recebemos na família de Deus.

À medida que cada homem emergia da piscina, era saudado com um caloroso *"Mabruk!"* — "Parabéns!" de seus irmãos.

O último homem a entrar na piscina foi Ahmed. Quando André o mergulhou na água e o fez ficar em pé, um imenso sorriso se espalhou pela sua face. Impulsivamente Ahmed agarrou André e o apertou num abraço molhado.

Alguns minutos depois, já com roupas secas, todos se reuniram na sala com o altar feito com a mesa de café. Vários na sala queriam contar suas histórias. Um deles disse:

— Eu levei meus filhos a um médico cristão. Ele passou uma receita e no rodapé dela escreveu as palavras de Jesus: "Vinde a mim e eu vos darei descanso". Perguntei a ele: "Como se encontra esse descanso?". Ele disse que tinha remédio espiritual também e me deu um exemplar do evangelho de Lucas em árabe. Achava muito estranho o ensino de Jesus. Em nossa cultura, quando alguém nos fere, nós o ferimos duas vezes. Mas Jesus diz que se alguém lhe bate, você deve oferecer a outra face. Aquilo falou comigo. Tive vontade de seguir o Mestre que oferece esse ensino incomum em vez de eu fazer o que naturalmente sai do coração do homem.

Outro homem contou um sonho que tivera vários meses antes. No sonho ele viu um monte de livros flutuando em água suja. Ele tentou limpar a sujeira e, quando havia tirado todos os livros sujos de lama, restou um perfeitamente limpo e puro. Três dias depois ele se encontrou com um homem que lhe deu uma Bíblia. Naquele livro ele aprendeu a respeito de Deus que se tornou homem.

— Minha esposa e eu agora somos seguidores de Jesus Cristo — disse ele com um brilho no rosto.

Assim que ele terminou, outro homem falou com entusiasmo:

— Eu tive dificuldade com o aspecto legalista do islamismo. Era como escravidão. Eu fazia as orações diárias como se fosse uma obrigação, não espontaneamente, por isso comecei a procurar outro caminho. Estudei outras religiões. Em minha busca estudei também os Evangelhos. Agora eu sigo a Jesus porque posso fazer isso de coração e com amor, e não porque sou forçado. Acredito que o amor de Cristo nos une.

Os outros homens responderam àquela declaração:

— Amém.

Já perto do fim daquele momento juntos, foi pedido a André que desse a cada homem seu novo nome cristão. Butros havia preparado para André uma lista de nomes, cada um deles tirado de um versículo bíblico. O primeiro homem foi Ahmed.

— Seu novo nome é Timóteo — disse-lhe André. — Timóteo foi discípulo de Paulo. E o versículo que escolhemos para você é da última carta de Paulo a Timóteo: "Combati o bom combate, terminei a corrida, guardei a fé".

Então Butros e André impuseram as mãos sobre os ombros de Timóteo e André orou:

— Senhor, elevamos a ti o nosso irmão Timóteo. Que ele siga a ti fielmente todo o restante de sua vida. Que ele, tal como teu servo Paulo, combata o bom combate, termine a corrida que tens proposto a ele, e que ele guarde a fé. Amém.

A partir de Timóteo, eles seguiram a fila, dando a cada homem seu novo nome e orando por sua caminhada na fé. Quando terminaram, os homens pediram uma foto para comemorar a ocasião. Claro que Butros atendeu, embora tivesse curiosidade de saber onde eles poderiam usar tal foto. Aqueles homens jamais poderiam ser vistos com aquela foto. Era perigoso demais.

André estava surpreso com a fé apaixonada daqueles homens.

— Eu tenho uma pergunta a vocês todos — ele disse. — Vocês acham que existem muitos homens neste país que querem seguir Jesus Cristo?

Quase a uma voz, eles responderam:

— Sim, muitos.

André e Butros beberam suco fresco de laranja e avaliaram as atividades no apartamento de Butros enquanto Nadira preparava um jantar leve para eles. O pequeno Thomas balbuciava alegremente em sua cadeira alta, brincando com pequenos pedaços de pão. Antes, Nadira já havia cuidado das roupas molhadas que Butros pegara dos vários homens que não poderiam levar roupa molhada para casa sem dar explicações à mãe ou à irmã. Butros prometeu secá-las e devolvê-las.

— Preciso te fazer uma pergunta — disse Irmão André —, onde você aprendeu manobras de direção evasiva como fez hoje?

Butros riu.

— Você pensa que eu assisti a muitos filmes de espionagem?

— Você assistiu! — gritou Nadira da cozinha.

— Realmente, Deus é a fonte da criatividade. Não é difícil para o Espírito Santo guiá-lo para tomar precauções razoáveis.

— E onde você encontrou nosso local de reunião hoje?

— Obviamente não poderíamos nos encontrar numa igreja. Não podíamos alugar um salão de convenções de um hotel. Tinha de ser uma residência particular, mas um lugar onde não atraíssemos a atenção. Como você sabe, agora eu tenho vários voluntários que me ajudam. Um deles me falou desse local onde a construção estava paralisada porque o empreendedor tem problemas financeiros.

— Bem, foi um culto maravilhoso. Este é um dia que nunca vou esquecer.

— Foi um dia maravilhoso, contudo, há muito mais a ser feito. Isso é apenas o começo. Esses homens precisam de ensino, Irmão André. Com a ajuda do pastor Yusef, eu tenho trabalhado no desenvolvimento de um curso de discipulado para crentes de origem muçulmana.

— Isso é essencial, mas você não pode fazê-lo sozinho. Irá precisar de treinadores.

— Sim, isso é parte do meu desafio. Estou pensando em ensinar os homens que você batizou hoje e alguns outros, e treiná-los para ensinar os crentes vindos do islamismo nas áreas onde eles vivem.

O telefone tocou, interrompendo a conversa deles. Nadira pediu ao marido que atendesse. Enquanto Butros falava ao telefone, André recostou-se e saboreou o restante do seu suco de laranja.

Houve um longo silêncio e então Butros apareceu de volta à mesa, pálido.

— Temos um problema — disse.

Nadira saiu da cozinha enxugando as mãos com uma toalha e, com voz preocupada, perguntou:

— O que há de errado?

— Ahmed, Mustafá e Hassan foram presos.

14

Ahmed gemeu ao recobrar a consciência. O frio do chão de cimento acrescentava-se à dor cada vez maior e à rigidez que sentia pelo corpo. Tentou abrir os olhos, mas um deles estava fechado pelo inchaço. Com o olho esquerdo pôde ver uma réstia de luz sob a porta. Começou a rolar, mas uma parede de cimento o impediu de fazê-lo. Procurou outra direção e sentiu imediatamente outro bloco de cimento. Para se virar, precisaria levantar-se e se torcer, mas, quando tentou flexionar os braços para cima, sentiu imediatamente pontadas de dor nos braços e nas costelas. Rendeu-se ao chão de cimento e pensou no que teria feito para acabar naquele buraco.

Aos poucos as lembranças do dia anterior começaram a surgir. O culto de batismo no local secreto tinha sido o destaque de sua vida. Nunca tinha conhecido tal alegria como aquele momento quando o Irmão André o mergulhou na água e pronunciou: "Eu te batizo em nome do Pai, do Filho e do Espírito Santo". Pela primeira vez ele havia sentido que fazia parte do grande corpo de Cristo quando saiu da piscina aos cumprimentos de "*mabruk!*" de seus irmãos. Durante um instante pareceu que ele via uma multidão de milhões de pessoas, vestidas de branco, cantando louvores a Jesus, e soube que tivera um vislumbre de que fazia parte de uma gloriosa companhia de crentes ao redor do mundo e ao longo de dois mil anos de história. *A única escolha que temos é rejeitar-te ou aceitar-te plenamente,* ele havia pensado. Alegre, completa e jubilosamente ele abraçara seu Senhor.

Ele era uma nova pessoa com um novo nome — Timóteo. Esse era o nome do protegido do apóstolo Paulo, treinado para evangelizar e fazer discípulos. Ele pretendia seguir aquele exemplo.

Depois de voltar para casa, ele havia deixado os amigos no apartamento e andado pela cidade durante várias horas, empolgado demais para se acalmar e muito preocupado com as pessoas que ele via. Queria muito ser usado por Deus para levar mais muçulmanos a Jesus! Tinha voltado para casa ao pôr-do-sol e, ao dobrar a esquina, vira as viaturas policiais bloqueando a rua. Imediatamente dera meia-volta e começara a andar rapidamente na direção oposta, passara pela papelaria, pelas cafeterias e pelas docerias, sem saber aonde ir, até que seu coração desacelerou. *Que estúpido — eu deveria saber.* Havia evidência de que eles estavam sendo vigiados. Todos os três tinham percebido indivíduos suspeitos que pareciam ficar muito tempo ao redor deles. Contudo, eles haviam tomado cuidado extra com o batismo para ter certeza de que ninguém soubesse aonde eles iam. Todavia, a polícia havia decidido dar uma batida naquele apartamento naquele dia. *O que vou fazer?*

Ele parara e orara. Pensara em Mustafá e Hassan e se perguntou se estavam sendo mantidos presos até sua volta para casa. Não ficaria surpreso se a polícia espancasse seus amigos para descobrir onde ele estava. O que ele deveria fazer? Deveria fugir e se esconder? Eles certamente procurariam por ele. Não havia dúvida que iriam até Butros. Caçariam qualquer um que tivesse contato com ele. Ele não podia colocar aquela carga sobre seus amigos, por isso dera meia-volta e fora até o apartamento. Mas, quando chegou, ele estava deserto.

Logo o proprietário batera à porta e dissera:

— A polícia quer falar com você. Querem que eu ligue para eles assim que você chegasse.

— Por favor, então ligue. Eu espero por eles.

O proprietário ficou espantado.

— Por favor, você terá problemas se não telefonar para eles — dissera Ahmed.

Ahmed conseguiu se virar e, dessa vez, pôde se torcer para ficar de costas. Seu corpo, entretanto, gritou de dor. Tentou respirar fundo várias vezes, mas aquilo disparava dor em suas costelas e começou a tossir, o que piorava tudo ainda mais.

Eles o haviam espancado assim que ele chegara à delegacia de polícia, desferindo chuvas de golpes com os punhos e com bastões. Amaldiçoaram-no por ser infiel e o puniram um pouco mais. Ele desfaleceu duas vezes. Quando recuperou a consciência, eles o puseram novamente em pé e o espancaram novamente. Não se lembrava de ter sido posto naquela cela diminuta que parecia um caixão — que ele conseguia alcançar com as mãos o cimento frio nos dois lados.

O que eu fiz para merecer um tratamento tão duro? Não matei, não roubei nem trafiquei drogas. A quem eu ofendi ao crer em Cristo?

O som de metal — uma chave virando uma fechadura — o sacudiu de suas reflexões. Um par de mãos o arrastou pelas axilas até a luz. Dois policiais se abaixaram e o puseram em pé à força. Ele quase caiu, mas eles o pegaram e, empurrando-o e puxando-o, o levaram até uma sala onde um interrogador estava sentado a uma mesa. Os dois homens que o levaram ficaram em pé, atrás. Ele cambaleou por um momento e depois afastou os pés para que pudesse permanecer ereto.

O interrogador o deixou ali em pé durante alguns minutos enquanto lia um arquivo. Depois levantou o olhar e disse:

— Você tem dirigido reuniões religiosas ilegais.

Ahmed estava com dificuldade em deixar de se concentrar em sua dor para compreender as palavras que estavam sendo faladas.

— Eu disse: Por que você está dirigindo essas reuniões religiosas ilegais?

— Não sei do que o senhor está falando. Que reuniões?

Não havia previsto os socos vindos de trás. Os dois homens o golpearam e ele caiu no chão de cimento. Um deles, de botas pesadas, o chutou, depois pulou em suas costelas. Ahmed gritou ao sentir o que pareceu ossos se quebrando. Os dois assassinos se afastaram enquanto ele rolava no chão.

— Então você vai cooperar? — pôde ouvir a voz do interrogador. — Diga-me os nomes das pessoas de sua reunião.

Ahmed lutou para compreender a pergunta. *De que reunião ele estava falando?*

— Igreja Al Waha. Isso o faz lembrar ou precisamos dar um pouco mais de motivação?

Sentiu os dois policiais indo novamente em sua direção. Eles pareciam ansiosos para aplicar muito mais punição.

Agora ele compreendia.

— Eu não freqüento aquela igreja.

Aquilo era verdade, embora o porão fosse usado para pequenas reuniões organizadas para crentes. Quando a polícia o atacou, ele quis saber como eles ficaram sabendo daquelas reuniões. Enquanto os socos caíam sobre ele novamente, tomava a decisão que não diria os nomes de seus irmãos. Eles podiam maltratá-lo quanto quisessem, mas não os outros.

— Sua memória não é muito boa. Sabemos que você e seus dois amigos freqüentam reuniões na igreja. Queremos saber por que muçulmanos freqüentam a igreja. Queremos saber quantos freqüentam. Qual o nome deles? O que vocês discutem?

Teriam eles o seguido às reuniões? Quis saber Ahmed. Ou havia um informante — talvez alguém tivesse se infiltrado no pequeno grupo e os traído. Mas isso era impossível. Eles tinham sido extremamente cuidadosos a respeito de quem era convidado. Somente eram permitidos aqueles completamente convencidos de que Jesus era Senhor. Todavia, eles poderiam ter torturado um ou mais para obter nomes. Bem, eles teriam de trabalhar duro para conseguir a informação — ele não revelaria nada.

Sua atitude deve ser a mesma de Cristo Jesus.

Ele se humilhou e foi obediente até a morte.

Jesus sofreu. E agora, enquanto seu corpo suportava os golpes mais excruciantes, Ahmed estava se unindo aos sofrimentos do seu Senhor.

E então desmaiou.

Butros olhou, frustrado, para o Irmão André. Durante várias horas eles tentaram obter informações. Tudo o que ficaram sabendo com certeza foi que Ahmed, Mustafá e Hassan haviam sido presos, mas, como estavam na entrada do Edifício Central de Justiça, não sabiam com certeza onde os três estavam sendo mantidos. Ninguém podia lhes contar por que eles tinham sido detidos.

Andando pelo ar frio da madrugada, Butros chutou, com raiva, uma pedra que voou contra um carro estacionado e que tinha já vários amassados.

— Seria melhor ir para casa e descansar. Não vamos conseguir saber de mais nada esta noite.

Contudo, cabisbaixo, passou por seu carro como se, de alguma forma, ao andar pelas ruas ele pudesse encontrar uma solução. André o seguiu.

Quando se afastaram do prédio onde ouvidos curiosos pudessem ouvi-los, André perguntou:

— Você acha que foi devido ao culto de batismo?

Butros fez que não.

— Tomamos toda precaução. E, depois que saímos, todas as evidências foram removidas.

— Pode ter havido um espião em nosso meio?

— Não, todos os homens foram cuidadosamente interrogados. Todos eles escolheram ser batizados, e eles só fariam isso se verdadeiramente cressem.

Andaram um pouco mais em silêncio. Então André perguntou:

— E quais são nossas opções?

— Aqueles três — Ahmed em particular — ficou mais corajoso em seu testemunho nos últimos meses. Sei que eles são cuidadosos quanto a quem testemunhar. Eles sempre sondam à procura de interesse genuíno — uma frustração com o islamismo, talvez. Todavia, eles teriam de apenas ofender uma pessoa, alguém que ficou sabendo que eles eram crentes de origem muçulmana... — Butros não concluiu seu pensamento.

— Que acusações possíveis eles podem enfrentar?

Butros soltou uma baforada de ar, depois parou e olhou para o céu que estava se tornando vermelho no leste.

— Eles podem ser acusados de insultar uma religião divina. É ilegal depreciar qualquer religião, embora seja interessante que a lei somente é aplicada quando o islamismo é a religião atacada. Eles podem ser acusados de ameaçar a segurança nacional. Podem ser acusados de blasfêmia contra o Profeta. Podem ser acusados de profanar o Alcorão.

— Obviamente eles não fizeram nada disso.

— Não importa. Tudo aquilo de que se precisa é um muçulmano irritado para fazer a acusação, para dizer que os viu rasgar páginas do Alcorão ou algo parecido. Ou eles podem ser acusados de proselitismo, tentando converter muçulmanos ao cristianismo. Eles podem acusá-los de realizar uma reunião ilegal. Ou podem simplesmente mantê-los sem nenhuma acusação.

— Quanto tempo eles podem ficar detidos sem acusações?

— Sessenta dias. Mas às vezes eles estendem a prisão por outros sessenta dias. E depois outros. Eles podem aparecer ou não no tribunal. E pode ter certeza de que eles serão torturados. Essa é uma prática comum.

— A vida deles corre perigo?

— Se eles podem ser assassinados na prisão? Sim. Isso tem acontecido.

— Então precisamos agir. Não podemos deixar que façam isso em segredo.

―――

Alguns dias depois a polícia secreta fez uma visita à família de Ahmed em Suq al Khamis. Os homens sentaram-se na sala de estar com o pai de Ahmed. As mulheres foram dispensadas.

— Seu filho foi preso — informou o homem de camisa azul.

— Sob que acusação? — perguntou o pai de Ahmed.

— Estávamos esperando que o senhor pudesse nos ajudar a determinar isso — respondeu o de camisa branca.

A resposta quase derrubou o pai da cadeira. Ele não gostava da polícia secreta e havia decidido, com o passar dos anos, evitar atrair a atenção deles.

— Essa é uma resposta estranha — ele disse. — Geralmente as pessoas não são presas sem uma razão.

— Ah, nós temos razões — disse o de camisa azul.

— Mas precisamos de sua ajuda — disse o de camisa branca, tirando o bloco de notas e a caneta. — Quando foi a última vez que o senhor viu seu filho?

— Cerca de três anos atrás.

— E para onde ele foi?

— Não sei. Parece que vocês sabem. Talvez vocês possam me esclarecer.

O de camisa azul sorriu ante a agitação do homem e disse:

— Senhor, nós estamos do seu lado.

— Bem, não parece.

— Por favor, diga-nos por que ele foi embora.

— Vocês deveriam perguntar a ele mesmo. Ele é maior de idade. Vocês o têm sob custódia. Ele deve ser capaz de responder às suas perguntas.

O de camisa branca atalhou:

— O senhor teve algum contato com seu filho desde que ele saiu de casa?

O pai fez que não.

— Nenhum. Ele telefonou algumas vezes. Conversou com sua mãe e com a irmã, mas eu não tenho conversado com ele.

— E por que ele fugiu?

— Quem disse que ele fugiu?

— Senhor, sabemos que isso é difícil — disse o de camisa azul. — Estamos apenas tentando compreender para podermos ajudar seu filho.

Nesse momento o pai, frustrado, teve certeza de que o filho estava sendo torturado e essa certeza o deixou irritado. Uma coisa era ele bater no filho — Ahmed havia envergonhado a família. Mas que direito tinham aqueles assassinos, a polícia secreta, o governo de interferir num assunto de família? Se Ahmed era um apóstata, que a família ou a tribo cuidasse disso.

— O senhor pode nos dar alguma outra informação que possa nos ajudar? — perguntou o de camisa branca com a caneta sobre o bloco de notas.

— Se vocês não me disserem que crime o meu filho cometeu, não vejo como posso ajudá-los.

O pai se levantou esperando pôr um fim à entrevista. Os dois homens perceberam a insinuação e decidiram que não havia mais nada que pudessem saber naquele momento.

À porta, o de camisa azul parou e olhou para o pai com uma expressão de preocupação.

— Deve doer muito no senhor ser pai de um apóstata. Eu tenho um filho de apenas 2 anos de idade. Se o meu filho se desviasse do islamismo, não sei o que faria.

O de camisa branca disse:

— Eu o mataria.

— Sim — concordou o de camisa azul. — Isso é tudo o que se pode fazer a um apóstata. Se ele não voltar para o islamismo, mate-o.

———

As sessões de tortura deixaram tudo obscuro. Ahmed perdeu a noção de quantos dias durou o horror. Podia se lembrar dos choques elétricos, dos espancamentos em todo o seu corpo com vários instrumentos, espancamentos na sola dos pés que o deixaram incapacitado de andar durante dias, depois, pendurado pela roupa, mais espancamentos e ameaça de estupro. Foi selvagem, tão cruel que sua mente mal podia compreender que um comportamento daquele fosse possível vindo de cidadãos compatriotas. Houve dias em que ele foi deixado para apodrecer numa cela imprópria até para animais. O encanamento pingava esgoto e o mau cheiro o fazia vomitar. Não havia lugar para sentar-se ou deitar com conforto, mas ele não tinha forças para ficar em pé.

O que ele havia feito para merecer um tratamento daqueles? Conhecia a resposta absurda de seus perseguidores. Ele havia feito o impensável e renunciado a aderir ao islamismo. Ninguém fazia isso — ninguém rejeitava a revelação final de Deus. Pior ainda, ele havia aceitado Jesus Cristo. Em sua sociedade aquilo era imperdoável. Ele era um traidor, um inimigo do estado. Não importava que o seu país tivesse assinado a carta das Nações Unidas que diz que todos os cidadãos gozam de liberdade de religião. As leis do islamismo se sobrepõem a todos os outros sistemas legais. Aqueles oficiais não somente desrespeitavam sua liberdade de escolher no que crer como o tratavam como um ser subumano por causa de sua decisão.

De repente as torturas pararam — nada de espancamentos, nada de questionamento a respeito do grupo de convertidos na igreja, nada de gritos contra ele para voltar ao islamismo. Passaram-se mais vários dias numa névoa. Ele lembrava-se de ter sido transferido para outra prisão, mas, quando entrou em sua nova cela, deitou-se numa cama de lona e caiu num sono profundo. Não soube dizer por quanto tempo. Ao acordar, pela primeira vez sentiu que podia mexer com os membros sem o sofrimento atroz. Sentiu o rosto e, cuidadosamente, abriu os olhos; conseguia enxergar com os dois. Com o canto do olho, observou que havia muitos outros na sala com ele.

Cuidadosamente virou de costas e olhou para o teto. *Sua atitude deve ser a mesma de Jesus Cristo.* O trecho de Filipenses era o pensamento mais claro de que podia se lembrar. Era manhã, tarde ou noite? Não sabia. Precisava descobrir e retomar sua rotina de oração diária.

A oração pareceu emergir das profundezas de sua alma: *Meu Jesus, sei que, como eu, foste tentado; tiveste fome como eu; foste despido como eu; aprisionado como eu. Sei que, como eu, a solidão foi a tua companhia. Foste cercado como um desterrado e resististe face a face. Desafiaste a virulência do medo e revelaste sua covardia e mentiras. Transformaste a maldição da miséria, da fome e da opressão — mudaste-a de maldição em fé produtiva — uma verdadeira riqueza que nunca fenece. Mudaste a maldição em honra, que não mais teme a morte.* Pensando em Mustafá e Hassan, continuou: *Em meio às chamas, nós somos homens. Ela alimenta em nós a paixão de mudar o mundo e a paixão pelo Santo dos santos. Ela nos ensina a assumir riscos e suportar a essência do valor em qualquer perigo.*

Alguns minutos depois a porta da cela se abriu e os homens foram liberados para saírem para um pátio. Ele saiu com o grupo, olhou para o céu e respirou fundo o ar fresco. Então ouviu seu nome sendo chamado:

— Ahmed, você também está aqui.

Virou-se e viu Mustafá e Hassan vindo em sua direção. Deu em ambos um caloroso abraço, embora tenha estremecido quando eles também o abraçaram.

— Timóteo, meu irmão — disse Hassan baixinho para não atrair a atenção. — Eles nos espancaram, mas não lhes dissemos nada.

— Cessou uma semana atrás — Mustafá acrescentou.

— Estamos juntos na mesma cela.

Os três amigos andaram juntos durante trinta minutos, comparando observações a respeito de seus interrogatórios. Então um guarda gritou, interrompendo a conversa deles.

— De volta para as celas — e brandiu uma vara de bambu e quem era lento demais sentiu a varada.

— Seja a atitude de vocês a mesma de Cristo — Ahmed lembrou os amigos ao se separarem. Alguém se apropriara de sua cama — havia mais homens na cela do que cama ou colchões. Quando a porta se fechou atrás de si, ele sentou-se no único ponto disponível, perto do banheiro e recostou-se na parede de cimento, exausto, porém, de alguma forma, alegre. Um dos homens na cela falou:

— Ei, você é cristão?

Pela primeira vez Ahmed olhou para os outros. Talvez houvesse ali uns 30 homens em um espaço para acomodar não mais que dez. Todos olharam para ele.

— Por que você pergunta? — disse.

— Porque temos uma recompensa se reconvertermos você ao islamismo — disse o homem que estava deitado em sua cama.

Ahmed analisou os homens da cela. A oração verteu do seu coração: *Tu, meu Jesus, és o que és, imutável. Tu perdoas. Tu amas. Tu libertas. Tu fechas os ferimentos, curas, alegras, lutas e penduras na cruz sozinho como se fosse tua canção somente, somente a tua vontade, somente a tua revolução. Meu Jesus, perante ti a sabedoria deste mundo se torna surda, muda e cega. Quem pode vencer o amor? Quem?*

Ahmed, agora conhecido por Jesus e por seus irmãos como Timóteo, sorriu e disse:

— Faça o melhor que puder.

———

De volta para a Holanda, André examinou o rascunho de duas cartas. Assim que chegou à sua casa, ele contatou um serviço de notícias com a história das detenções. Em vinte e quatro horas um artigo seria enviado a jornais, rádio e estações de TV ao redor do mundo. Então pediu a um assessor, que coordenava campanhas em favor de cristãos perseguidos, que escrevesse ao governante do país onde Ahmed, Mustafá e Hassan estavam presos. Butros tinha concordado que, se os três homens estivessem correndo o risco de serem assassinados, a publicidade certamente não faria mal e poderia de fato ajudar. O governante, que estava tentando manter relações proveitosas com as democracias ocidentais, não ia querer a reação negativa de uma violação vulgar dos direitos humanos. Com esse fim, a carta ao governante o lembrava que, sendo o seu país signatário da Carta das Nações Unidas, o Artigo 55 comprometia o seu país ao "respeito universal e à observância dos direitos humanos e às liberdades fundamentais a todos sem distinção de raça, sexo, língua ou religião".

Antes de André voltar para casa, ele e Butros tinham se reunido com um advogado, um muçulmano que era simpático às questões dos direitos humanos.

— O que podemos fazer para ajudar esses três homens? — André havia perguntado.

O advogado respondera com outra pergunta:

— Algum desses homens alguma vez falou contra o islamismo?

— Senhor, eles somente falam do amor deles por Isa — André respondera.

— Dependendo do que tiverem dito, alguém pode considerar isso um ataque contra o islamismo.

— E eles não têm o direito de falar a respeito do amor deles por um dos grandes profetas?

O advogado sorrira ante a ingenuidade do holandês, mas prometera entrar com uma ação no tribunal para que os três homens ou fossem acusados ou libertados.

— Entretanto — ele advertira —, a polícia pode mantê-los durante sessenta dias sem acusação e depois segurá-los por mais sessenta, e assim por diante. Portanto isso pode não ajudar muito.

— Uma campanha de publicidade ajudaria?

O advogado tinha concluído que isso provavelmente valeria a pena. Por isso agora estavam sendo mandadas as primeiras cartas às autoridades do governo. E André estava decidido a manter a pressão, que era o propósito da segunda carta, sobre as igrejas ao redor do mundo, insistindo que elas orassem pelos três homens e tomassem alguma ação: "Por favor, mande *apelos*, em inglês ou em sua própria língua, para (e ali ele colocou os nomes e endereços). Por favor, mande notas de *encorajamento* para Ahmed, Mustafá e Hassan. (Novamente um endereço foi fornecido.) Cartões-postais coloridos ou cartas breves, de uma página, seriam melhor. Escreva palavras de encorajamento dizendo que você está orando por eles e por sua libertação e, talvez, lhes escreva um versículo curto da Bíblia". Além disso, André programou reuniões extras nas igrejas pela Inglaterra e pela Holanda para contar a história daqueles homens e insistir com as pessoas para que orassem e escrevessem em favor de seus irmãos sofredores do corpo de Cristo.

Senhor, o que mais eu posso fazer? André estava determinado a impedir que aqueles homens fossem esquecidos. Eles haviam pago um alto preço por declararem sua fé em Jesus Cristo. O mínimo que ele podia fazer era interceder por eles. Se tivesse sucesso e se centenas ou até milhares seguissem seu exemplo, talvez aqueles três não sofreriam tanto. Contudo, mais importante ainda, seria que a igreja lutadora se desse conta de que eles não estavam sozinhos e de que havia partes do corpo ao redor do mundo querendo que eles fossem uma luz forte naquela terra muçulmana.

15

SEIS MESES DEPOIS

Para Abuna Alexander e seus paroquianos da igreja de São Marcos, a sexta-feira era sempre o dia mais estressante da semana. A maior parte das lojas fechava as portas ao meio-dia para que muçulmanos fiéis pudessem se reunir na mesquita mais próxima para o sermão semanal. Alguns imãs usavam seus púlpitos para provocar o ódio ao cristianismo, ao Ocidente e a tudo o que não fosse muçulmano. Em alguns vilarejos, turbas ficaram enfurecidas por causa dos cultos de sexta-feira e incendiaram igrejas e casas de cristãos. Para aumentar a ansiedade, a Fraternidade Muçulmana havia começado a distribuir fitas cassete que desafiavam agressivamente jovens muçulmanos a uma prática mais completa e devota do islamismo. Um pregador, especialmente apaixonado, xingava com freqüência os cristãos, insistindo que eles deviam ficar isolados do resto da sociedade.

Felizmente, não aconteceram muitos incidentes na cidade maior, até a noite anterior, quando o padre e vários membros da igreja de São Marcos receberam telefonemas que os advertiam a ter cuidado. Outros pastores da cidade haviam recebido ameaças idênticas. O padre Alexander estava em pé diante da janela da frente do seu apartamento quando a oração da sexta-feira terminou e ele ouviu um rugido a distância. Ele saiu pela porta da frente para ver se podia determinar o local. Foi quando o telefone de sua casa tocou.

Era Bashir, proprietário de um açougue que servia aos cristãos quase que exclusivamente.

— Atacaram minha loja — ele gritou ao telefone.

— Vou já até aí — disse o padre.

— Não, não venha. É perigoso demais. Ah, não. Eles... — Houve um clique e o telefone ficou mudo.

O padre Alexander ficou gelado, sem saber o que fazer. Sentiu que devia estar com seu paroquiano, embora soubesse que com a batina de clérigo sua presença poderia piorar a situação.

— Ó Deus, nossa ajuda e assistência, que és justo e misericordioso — disse ele em voz baixa, recitando de cor o livro de oração diária quando sua esposa, Nour, veio ao seu lado. — Reconheço e creio, Senhor, que todas as provações desta vida são dadas por ti para nosso castigo quando nos desviamos de ti e desobedecemos teus mandamentos. Não nos trate de acordo com os nossos pecados, mas conforme tuas generosas misericórdias. Tu conheces a nossa miséria e sofrimento e a ti, nossa única esperança e refúgio, vamos em busca de alívio e conforto; confiando em teu infinito amor e compaixão que, no devido tempo, conhecido melhor por ti, nos livrarás desta dificuldade.

Sua esposa acrescentou simplesmente:

— Ó Senhor Jesus Cristo, Filho de Deus, tenha misericórdia de nós.

O telefone tocou novamente. Outro paroquiano estava telefonando para informar que a multidão de jovens, em sua maioria muçulmana, havia destruído a loja de vídeo local. Mais telefonemas se seguiram rapidamente. A loja de Bashir tinha sido incendiada, bem como uma loja que vendia vinho, e várias outras, todas pertencentes a cristãos.

— Isto parece uma ação coordenada — disse uma pessoa ao telefone. — Eles tiveram como alvo lojas que vendiam carne de porco ou bebida alcoólica ou que tinham alguma conotação de influência ocidental ou cristã.

O padre caminhou até a frente da sua igreja de onde pudesse ver a fumaça subindo do centro da cidade. Ficou curioso em saber se a multidão estava saciada, ou se marchariam sobre as igrejas. Deveria permanecer e tentar proteger o prédio? Queria ir a algum lugar, agir, ajudar sua congregação, mas sentiu-se impotente. O melhor que podia fazer era ficar onde estava e se preparar para ministrar a todos que viessem à igreja.

O açougueiro chegou alguns minutos depois. Chorou ao abraçar seu pastor e disse que estava financeiramente arruinado.

— Tenho um irmão na Europa que há anos quer que eu me mude para lá. Chegou a hora de ir...

— Não desista — interrompeu o padre. — Tenha um pouco de paciência. Você pode reconstruir.

— Não, acabou — disse Bashir, recompondo-se. — Este não é lugar para minha esposa e filhos.

O padre não podia negar que para quem possuía parentes no exterior e meios de ir embora, seus filhos tinham um futuro bem melhor. Entretanto, se todos os cristãos fossem embora quando os tempos ficassem difíceis, como iria brilhar a luz de Cristo? Tinha vontade de insistir com o amigo para que ficasse, embora compreendesse sua necessidade de escapar.

Enquanto tentava confortar Bashir, a esposa de Alexander saiu para lhe falar de outro telefonema.

— A multidão está se dispersando — ela informou. — Acho que o pior já passou.

— Por enquanto — disse o açougueiro.

E assim a multidão não atacou as igrejas. Pelo menos não daquela vez. Contudo, o que era pior? Um edifício esmigalhado com um teto avariado e uma congregação aterrorizada procurando fugir do país ou um edifício destruído pelo fogo e uma congregação preparada para ficar na comunidade e viver para Cristo? Ele havia lutado durante anos para consertar sua igreja. Agora reconhecia o problema real. A igreja eram as pessoas, não o edifício, e seu rebanho estava apavorado. Disse a Bashir:

— Venha comigo e vamos visitar hoje à noite os que estão sofrendo.

———

A segunda vez que Butros encontrou-se com Kareem foi numa sala reservada de um restaurante muito exclusivo onde Butros nunca sonhou que um dia pudesse visitar. Havia recebido um recado por escrito que lhe dava instruções, horário e local. Chegou vestido em seu melhor terno e foi conduzido à sala reservada onde Kareem, vestido em sua túnica branca engomada e turbante, levantou-se para recebê-lo.

— Estou muito contente por ter vindo. Espero que você não se importe com a escolha do local. Conheço bem o proprietário e teremos total privacidade.

Um garçom chamado Salim entregou aos homens menus com capas de couro. Butros notou que não havia preços na página e ele não podia fazer a menor idéia dos nomes escritos em francês.

— Há um menu diferente todas as noites — disse Kareem com um sorriso grande e encantador. — O chefe foi nomeado "Maitre Cuisinier", um chefe especialista, pelo governo francês. Só existem 200 deles no mundo. Você gosta de caviar ou de *foie gras*?[14]

Butros pareceu confuso. Nunca havia experimentado nenhum dos dois.

— Foie gras — Kareem pediu. — É fora de série.

— Eu sempre quis saber o que é isso.

— Patê de fígado de ganso. Muito bom! Você vai gostar. Então você deve experimentar o *crème de truffe du désert* — creme de trufa do deserto, preparada com *zubaydi*. É o melhor. Agora, como prato principal, eu recomendo cordeiro — macio, cozido à perfeição com alho e azeite. Soberbo!

Butros piscou e assentiu.

— Maravilhoso. — Kareem deu instruções ao garçom, que saiu e fechou a porta. — Agora podemos conversar à vontade. Quando a comida estiver pronta, vamos ouvir uma campainha, mas Salim não irá entrar até que eu aperte o botão. — O ministro do governo riu ante o desconforto do amigo. — Você nunca esteve num lugar como este, não? Bem, fique tranqüilo. Eu venho sempre aqui. Por favor, saboreie a comida. É meu prazer.

— Obrigado. — Era difícil para Butros não rir da situação.

Se Nadira pudesse vê-lo naquele momento. Ele e sua esposa não viviam na pobreza, mas era raro comerem num restaurante. Tinham muito cuidado com seu orçamento, e Nadira planejava com cuidado a comida antes de fazer compras no mercado local.

Estava claro que seu anfitrião vivia num mundo de luxo diferente. Contudo, ele era também um homem com necessidades e Butros estava alerta, tentando sentir o que Deus intencionava que ele visse ou ouvisse nas horas seguintes e disse:

— Minha esposa e eu temos orado pelo senhor desde aquela noite em que nos visitou.

Kareem ficou sério.

— Obrigado por suas orações. Peço desculpas pela maneira como fui à sua casa, mas foi a única maneira que pude imaginar para abordá-lo — para minha segurança e a sua.

---

[14] Patê de fígado de ganso [N. do T.].

— Não precisa pedir desculpas — Butros disse. — Eu compreendo. Estou ansioso por saber como o senhor está.

— Há uma parte de mim que quer declarar a todos o que descobri, mas é evidente que não posso fazer isso.

— O senhor ainda vai à mesquita?

— Sim, eu sou um bom muçulmano — ele disse com um sorriso cordial. — Os homens ao meu redor não têm idéia do que eu realmente estou orando. Mas isso levanta perguntas. — Kareem fez uma pausa e ficou sério. — Às vezes eu quero saber. Agora eu sou cristão? Ou sou um muçulmano que ama Isa? Por quanto tempo posso manter isso em segredo? Eu nunca vou envergonhar minha família ou a família real. Às vezes quero saber se sou pequeno como o profeta judeu, Daniel, que serviu fielmente ao rei da Babilônia sem comprometer sua fé.

— Essa pode ser uma boa comparação — Butros respondeu. — O senhor parece conhecer a Bíblia.

— Eu a leio todos os dias. Existe um aposento em minha casa onde ninguém pode entrar. É onde guardo a Bíblia e outros livros cristãos que coleciono. É também o lugar onde posso ficar sozinho e orar.

Durante a refeição Kareem falou principalmente sobre a pressão do seu trabalho no governo. Butros estava pasmo com a qualidade e o sabor da comida. Pensou que talvez aquela fosse a melhor comida que já havia provado.

Salim trouxe uma travessa com massa folhada fina como sobremesa seguida pelo mais fino café árabe.

Novamente sozinhos, Kareem falou do problema de Ahmed e dos outros que estavam na prisão.

— Estou muito preocupado com a situação deles. Isso não é bom.

— Eles serão acusados de algum crime?

— É um dilema — Kareem disse. — A atenção internacional tem se concentrado muito sobre esse caso. No começo o governo os deteve por realizarem uma reunião ilegal. Recebemos informação de alguém que freqüentou uma das reuniões na igreja Al Waha de que muçulmanos estavam se reunindo numa igreja para dar um golpe contra a família real e estabelecer um novo reino.

— O quê? — Butros não conseguia acreditar que alguém, em são juízo, acreditasse naquilo.

Kareem riu e seu grande sorriso deixou Butros um pouco mais à vontade.

— Você concordaria, claro, que pertencemos de fato a um Reino celestial. Você e eu juramos fidelidade ao Rei Jesus. — Riu novamente e inclinou-se para a frente para dizer: — Você pode ver como alguém que não crê em nosso Senhor Isa pode ver isso politicamente como uma tentativa de subverter o governo.

— Mas nós somos cidadãos leais. Pagamos nossos impostos, obedecemos às leis, apoiamos o rei.

— Sim, claro que sim. Os cristãos são os melhores cidadãos. Eu sei. Mas, se a polícia secreta entrasse aqui neste momento, certamente interpretaria a nossa conversa de forma diferente. Diriam que somos traidores do islamismo e da Sharia e, portanto, não poderíamos ser súditos leais. Esse é o pensamento deles, mas o resto do mundo que nos vê enxerga três homens na prisão com seus direitos religiosos desrespeitados. Eles vêem pessoas de boa consciência reunindo-se numa igreja para adorar e orar. O que pode haver de errado com isso? O Ocidente não compreende por que um bom muçulmano considera isso uma traição.

— Sim, esses três homens estão sendo pegos entre dois mundos.

— Posso te dizer que a família real quer que o problema acabe. As autoridades estão tentando encontrar uma maneira sem embaraços de libertá-los.

Os dois homens conversaram durante quase três horas. Ao final, Butros sentiu a convicção de que tinha de assumir o risco. O que estava forçado a dizer podia terminar com aquele relacionamento. Respirou fundo e disse:

— O senhor disse no começo desta noite que comparava a sua situação à de Daniel, contudo, existe uma grande diferença.

— Qual é?

— Daniel nunca transigiu sobre quem ele era em relação a Deus. Ele fez um trabalho de qualidade em seu cargo como oficial do governo, mas reconheceu também as situações nas quais tinha de se submeter a uma autoridade maior do que o rei.

Kareem assentiu e alisou a barba cuidadosamente aparada e que ajudava a tornar sua face tão reconhecível no país. Butros desejou saber se havia ultrapassado a linha do seu relacionamento.

Então o oficial disse sobriamente:

— Você tem razão. Não sei por quanto tempo eu posso manter esse fingimento. Confesso que permaneço desconfortável no islamismo, mas você conhece a minha situação. O que você recomendaria que eu fizesse?

— Não sei — Butros admitiu. — Pode ser, tal como a rainha Ester, que Deus o colocou em sua posição para um determinado momento. Ele pode algum dia pedir ao senhor que tomasse uma decisão.

— Você deve orar para que eu tome a decisão certa.

— Pode ter certeza de que farei isso. Agora, sem querer abusar da nossa amizade, eu tenho um pedido a fazer. Gostaria de saber se o senhor está disposto a encontrar-se com um amigo meu da Holanda.

— O homem que vocês chamam de Irmão André?

Surpresa e medo brotaram em Butros.

— O senhor o conhece?

— Claro. Sabemos tudo a respeito de suas visitas.

— Então o senhor sabe que ele é o mentor do meu trabalho e que, talvez, possa ser um encorajamento para o senhor. O senhor sabe também que ele tem se reunido com líderes muçulmanos de vários países, incluindo líderes de grupos fundamentalistas como o Hezbolah e o Hamas.

Kareem pensou durante um momento, tirou um cartão de visitas, anotou um número nele e o entregou a Butros.

— Este número de telefone o porá em contato com meu assistente direto. Telefone para ele para marcar um encontro na próxima vez que o seu amigo holandês estiver visitando-o.

———

A situação na igreja de São Marcos ameaçava sair de controle. Os bancos estavam repletos. Parecia que cada família da igreja estava representada naquela reunião. Vários homens gritavam ao mesmo tempo. Abuna Alexander levantou as mãos para pedir calma e pediu a Salim que falasse.

— Precisamos agir. Os muçulmanos vão nos expulsar da cidade se não lhes resistirmos.

— O que você propõe que façamos? — Alexander perguntou.

Vários homens gritaram ao mesmo tempo. O padre reconheceu Adel.

— Digo que marchemos pelas ruas. Vamos reunir todas as igrejas e ir direto pela rua principal para que eles saibam que estamos aqui.

— E não vamos fugir. Não vamos ser intimidados — Salim gritou.

Vários outros na congregação gritaram, e Abuna, novamente, pediu calma.

— Uma marcha seria provocativa — ele disse. — Isso provavelmente iria piorar as coisas.

Bashir se levantou e disse:

— Mas existem muitos muçulmanos na cidade que estão de acordo que os ataques sobre nós são errados. Vários vizinhos meus me deram muito apoio quando minha loja foi destruída...

— Mas não irão nos apoiar publicamente. Dois imãs me telefonaram para dizer que estão aflitos e que o que está acontecendo é errado. Entretanto, eles dizem também que não podem se manifestar. Os fundamentalistas estão apelando para um comprometimento maior ao islamismo e nenhum líder muçulmano dirá qualquer coisa que pareça comprometer a superioridade do islamismo. Um protesto público somente os provocaria mais.

— E o que podemos fazer? — Salim gritou. — O senhor está dizendo que estamos indefesos? — Vários outros se juntaram ao coro de protesto.

— Não! — A força da exclamação do padre Alexander fez o salão silenciar. — Nós *não* estamos indefesos. Existe uma coisa que podemos fazer muito mais. Orar! — Fez uma pausa, mas ninguém o interrompeu. — Devemos pedir a Deus que venha nos defender. Quantas vezes nas Escrituras o povo de Deus clamou a Deus porque não tinha outra esperança? E Deus interveio e os defendeu, lutou por eles.

— Isso foi há milhares de anos — disse alguém.

— Deus mudou? Nós o invocamos de verdade e confessamos que, se ele não nos defender, estaremos perdidos? Não estou sugerindo uma ou duas orações e depois tocar a vida. Estou sugerindo que oremos e jejuemos e clamemos a Deus como se a nossa vida dependesse disso. E eu acredito que essa é realmente a situação.

Alexander passou o olhar pelo salão. Viu que num canto todos os adolescentes estavam sentados juntos. Parecia que todos os que haviam recebido uma Bíblia e estavam participando do desafio de ler as Escrituras estavam presentes. A visão daqueles jovens ouvindo a discussão o fazia saber que eles estavam respondendo ao desafio de viver sua fé cristã e o enchia de entusiasmo. Voltou-se para a congregação toda e disse:

— Nós somos a igreja. Não este edifício, mas as pessoas. Isso inclui a nós e aos muçulmanos que estão crendo em Jesus. Quero dizer uma coisa a vocês que nunca antes falei publicamente. Deus está trazendo muçulmanos de Suq al Khamis para Jesus. Encontrei-me com vários deles. Não posso dar os detalhes, mas vocês devem se entusiasmar. Se ele pode mudar o coração de muçulmanos, pode nos defender contra os extremistas. Lembrem-se de que, quando estamos vivendo para Cristo, ele promete que o mundo e o maligno irão contra-atacar. O mundo odeia Cristo e sua igreja. Mas não fiquem parados. Jesus disse: "Tenham ânimo. Eu venci o mundo".

Layla normalmente voltava da escola para casa com várias amigas, mas naquele dia tinha permanecido até mais tarde para falar com um dos professores. Sua amiga Fanziah normalmente ficava com ela nessas aulas extras, mas naquele dia estava doente e ficara em casa. Ultimamente Layla e a amiga conversavam mais sobre a igreja e a Bíblia. As duas garotas haviam aceitado o desafio do padre Alexander. Liam fielmente um capítulo do Novo Testamento por noite e, nas voltas da escola para casa, além de falar dos garotos e de seus futuros, sempre falavam a respeito da Bíblia.

O sol estava começando a se pôr e Layla queria chegar logo em casa, por isso cortou caminho por uma ruela para ganhar cinco minutos. Ela se sentia razoavelmente segura; aquele era um bairro de predominância cristã e já fazia algumas semanas que ela vira os garotos que a tinham molestado no mercado e ficado de olho nela fora da igreja.

Ela notou, no fim da ruela, um garoto falando ao telefone celular. *Não entre em pânico, Layla*, disse para si mesma. *Eu simplesmente vou passar rapidamente por ele e voltar para a rua e ir depressa para casa.*

Mas, ao passar pelo garoto do telefone, um carro parou de repente bem à sua frente, bloqueando a saída da ruela. Ela observou o garoto colocar o celular no bolso e ir para trás dela enquanto duas portas do carro se abriam e mais dois adolescentes saíam dele. Sentiu uma mão cobrir sua boca. Mãos fortes agarraram seus braços e a puxaram para o assento de trás do carro. Antes que ela sequer pudesse pensar em lutar, as portas se fecharam com força e os pneus do carro guincharam quando o carro acelerou rua abaixo, pegou a rua principal e saiu da cidade.

Braços fortes a mantinham abaixada e uma voz vindo do banco da frente — a mesma que ela ouvira algumas semanas antes no mercado — disse calmamente:

— Que surpresa! Uma linda garota cristã andando sozinha.

A mão deixou de fechar sua boca e ela tentou não gritar ao dizer:

— Você está me machucando.

— Só uns minutos e você estará salva — disse o garoto do banco da frente.

— Para onde vocês estão me levando? — Layla perguntou, tentando dominar o pânico que nascia dentro de si.

— Você verá — disse o garoto da frente.

— Ela não é fácil — riu um dos garotos do banco de trás. — Você vai ter um bocado de trabalho com ela.

Layla sentiu diminuir a pressão sobre seus braços e lançou-se sobre a maçaneta da porta. *Tenho de sair daqui, mesmo com o carro em movimento.* Entretanto, antes que suas mãos tocassem a maçaneta, os dois garotos do banco de trás agarraram seus braços e os torceram atrás de suas costas. Seu grito os fez rir e a pressão sobre ela aumentou. Alguém lhe colocou uma venda nos olhos e os outros dois garotos a empurraram para o fundo do carro.

— Relaxe — disse a voz no banco da frente. Layla já estava odiando o som daquela voz. — Eu vou fazê-la muito feliz.

— Certo — riram os outros. — Você será uma boa esposa muçulmana para o nosso amigo.

16

UM MÊS DEPOIS

Por telefone, Abuna Alexander resumiu para Butros a situação em Suq al Khamis.

— Está muito tensa — ele disse. — Os pais da garota não sabem o que fazer. A polícia age como se não pudesse fazer nada.

— Alguém sabe para onde ela deve ter sido levada? — Butros perguntou.

— É quase certo que ela não está em Suq al Khamis. Provavelmente ela está em um dos vilarejos. Achamos que um primo pode estar envolvido — um tio dela se converteu ao islamismo há alguns anos. Mas esse tio alega não saber de nada. Ele disse que perguntaria a todos os parentes se sabiam de alguma coisa, mas não ficamos sabendo de mais nada.

— Você já enfrentou uma situação como esta?

— Isto nunca aconteceu em Suq al Khamis, mas há outras partes do país onde garotas cristãs foram raptadas e forçadas a se converter ao islamismo. Às vezes elas são mantidas como escravas da família. Às vezes elas são dadas a um homem como esposa e também forçadas ao trabalho escravo. Isso não é bom.

— E parece que as autoridades não ajudam.

— Pior. Eles *se recusam* a ajudar. Apresentamos uma queixa, mas eles não agem. Um deles insultou os pais, dizendo que a garota saiu por livre vontade para casar-se com um garoto muçulmano.

— Como estão os pais da garota?

— Péssimos. Vários homens da igreja querem se vingar. Mas nem sequer sabem a quem atacar. Eles indagaram a respeito daqueles garotos, mas ninguém dirá quem ou de onde eles são.

— Vingança não resolve — disse Butros.

— Eu sei. Mas como devo lidar com a raiva deles? Como devo canalizar a fúria deles de uma maneira produtiva?

Butros suspirou, sentindo-se inseguro quanto ao que fazer para ajudar seu amigo. — Sei que isso soa como um clichê, mas prometo que vou orar.

— Não é um clichê — respondeu o padre.

— Nós começamos recentemente uma reunião interdenominacional de oração na igreja Al Waha. Posso levar esse assunto à reunião de oração?

— Claro. Por favor, conte também a todos os pastores com quem você trabalha.

— Há um número cada vez maior de pessoas que acha que devemos orar pelo nosso país. Deus está agindo e elas querem orar para que muitos muçulmanos venham a Cristo.

— Receio não haver em minha igreja tantas pessoas que tenham qualquer sentimento caridoso em relação aos muçulmanos. Provavelmente muitos querem que eles vão para o inferno.

Houve silêncio em ambos os lados. O padre Alexander se desculpou:

— Eu não deveria ter dito isso.

— Não se desculpe — Butros respondeu. — Sei que muitos cristãos pensam desse jeito.

— Mas qual é o coração de Deus? — o padre perguntou. — Tenho visto as mudanças em Salima e em Ahmed. Deveríamos nos regozijar quando Deus faz uma obra dessas.

— Devemos orar — disse Butros. Não existe outra resposta. Não podemos resolver o problema do extremismo muçulmano. Não podemos mudar as atitudes predominantes da nossa cultura muçulmana. Mas podemos ser cristãos fiéis. E se Deus está trazendo muçulmanos a Jesus, devemos estar disponíveis para que ele nos use.

— Eu desafiei minha congregação a orar — disse o padre. — Talvez devamos fazer isso com todos os cristãos da cidade. Acho que devemos contatar os outros pastores de Suq al Khamis e consultá-los sobre iniciar uma reunião de oração.

Irmão André estava pensando em sua nova viagem para ver Butros. Já fazia vários anos desde seu primeiro contato com o estudante formado, e agora ele o visitava regularmente pelo menos uma vez e, às vezes, duas por ano. Era tarde da noite e o Irmão André estava prestes a sintonizar as notícias da noite antes de ir dormir quando o telefone tocou. Era Butros.

— Irmão André, tenho notícias para você. Ahmed, Mustafá e Hassan foram soltos.

Durante muitos meses, André, por intermédio de cartas de muitos amigos, havia feito pressão sobre o governo para libertar os três homens. Havia também escrito cartas pessoais aos homens para encorajá-los, embora Butros lhe tivesse dito que, até onde ele sabia, nenhuma tinha sido entregue.

"Mas não pare de mandar" — ele dissera. "Quanto mais cartas forem enviadas àqueles homens, mais as autoridades se darão conta de que pessoas ao redor do mundo estão observando este caso."

Como o advogado previra, os homens ficaram detidos sem acusação durante sessenta dias. Depois os procedimentos legais no tribunal resultaram em outros seis meses de prisão sem a apresentação de acusação formal. Quando finalmente eles apareceram perante um juiz, este os liberou sem qualquer acusação.

"Sem acusação formal" — explicou o advogado para Butros — "nunca vamos saber o verdadeiro motivo para a prisão deles".

E isso foi o que o governo aparentemente queria — que os homens fossem soltos por estarem atraindo muito a atenção internacional. Mas dispensavam-se as explicações porque nunca foram apresentadas acusações.

— Como estão os homens? — André perguntou.

— Muito bem, considerando o que aconteceu. Todos eles estão muito magros e Nadira está decidida a engordá-los. Mas, afora isso, eles estão muito animados. E querem falar com você.

— Eu? Por que eles querem conversar comigo?

— Porque eles têm idéias fascinantes sobre o ministério e querem o seu conselho.

— Então, Butros, toda a nossa pressão sobre o governo significa que os crentes de origem muçulmana estarão salvos agora?

— Pode significar que outros não devem ser detidos e encarcerados. Entretanto, não acho que será fácil. O governo se tornará simplesmente mais sutil. Existem outros meios de lidar com essas situações.

— O que você quer dizer?

— Bem, com respeito a uma coisa eles podem se apoiar nas famílias dos crentes vindos do islamismo.

— Para que as famílias pressionem esses crentes a voltar para o islamismo?

— Sim, e, se eles não voltarem, as famílias os matarão.

―――

Duas semanas depois, Irmão André estava de volta ao país para atender alguns pedidos de palestras. Durante a visita, Butros providenciou para que ele se encontrasse com Ahmed, Mustafá e Hassan, e André lhes entregou uma grande pilha de cartas enviadas aos três homens por cristãos do mundo todo, preocupados com eles.

— Queremos agradecer você por ter sido o nosso advogado — disse Mustafá, falando em nome dos três. — Acreditamos que o seu trabalho em nosso favor evitou que sofrêssemos mais do que sofremos. Sei que eu não teria sobrevivido muito mais.

— Gostaria de pedir que me contassem como Deus agiu na vida de vocês na prisão.

— Houve um momento muito especial para mim quando entrei no pátio da prisão e Mustafá me viu e me chamou de "Timóteo" — Ahmed disse. — Aquilo foi incrivelmente importante para mim. Chamar-me pelo nome cristão foi uma lembrança de que eu era uma nova pessoa e, independentemente do que eles me disseram ou fizeram, ninguém podia mudar aquela verdade.

Hassan abriu várias cartas e seus olhos se encheram de lágrimas quando compreendeu a essência das mensagens.

— As pessoas estavam orando por nós? — Hassan perguntou.

— Milhares estavam orando no mundo todo — respondeu André.

— Isso explica tudo. Havia momentos em que eu achava que não ia mais agüentar e então sentia um poder além de mim como se outros estivessem levando o meu sofrimento e carregando-o por mim.

André ficou emocionado com aquelas palavras.

— Hassan, é exatamente isso que acontece. As Escrituras dizem que, quando uma parte do corpo sofre, todos sofrem. Somos chamados a compartilhar o sofrimento um do outro. Quando ele supera o que se pode suportar, existem outros que, movidos pelo Espírito Santo, oram pela pessoa e, de alguma forma, removem um pouco do seu peso.

— Existe algo que eu gostaria de dizer — disse Mustafá. — Algo muito inusitado me aconteceu na prisão. Não sei bem como dizê-lo, mas falei a muitos prisioneiros e senti, como diria, quanto eles estavam perdidos.

— Eu senti a mesma coisa! — exclamou Ahmed.

— Era natural que quisessem saber por que eu estava na prisão — Mustafá continuou. — Eu lhes disse que era seguidor de Jesus Cristo e, já que tínhamos muito tempo para conversar, discutimos o islamismo e o cristianismo. Houve até dois homens que me disseram em segredo que estavam convencidos de que Isa é o verdadeiro caminho para Deus. De qualquer forma, percebi que quero alcançar mais muçulmanos e gostaria de saber se você tem sugestões a respeito de como fazer isso.

Irmão André curvou a cabeça para pensar durante um momento.

— Antes de você sair para testemunhar, precisa de tempo para se recuperar. Precisa passar um pouco de tempo com cristãos.

— Pastor Yusef se ofereceu para passar algum tempo com eles — disse Butros.

— Isso é bom. Ele dará a vocês algumas informações boas. Meus irmãos, eu não posso lhes dizer como proceder no ministério. Deus tem de revelar isso e ele promete fazê-lo por intermédio do seu Espírito Santo. Quando Jesus disse: "Eu sou o caminho", ele não disse: "Eu sou o destino final". Você encontrará a solução em sua cultura, em sua situação, andando com Jesus no caminho. Andar com Jesus significa conversar com Jesus. Quanto mais andar, mais falará. É assim que você aprende com ele. Não estou falando de escola bíblica ou de seminário — você não tem essa opção neste país. A resposta é um relacionamento com Jesus. Mas quero também dizer que o seu desejo agrada a Jesus e eu quero apoiar você e orar por você em seus esforços.

Ahmed se levantou e começou a andar pela sala. Butros o observava, admirado.

— Pensei muito nisto na prisão — começou Ahmed. — Acho que é hora de voltar para casa.

— Casa? — Butros perguntou depois de traduzir para André. — Você quer dizer Suq al Khamis?

— Sim, sim. Quero que minha família saiba a verdade. Como eles saberão se eu não for e não lhes disser?

Depois que Butros traduziu, André elogiou Ahmed por sua paixão, mas perguntou:

— Você teve de fugir para salvar a vida. As coisas mudaram?

— Sei que devo tomar cuidado. Mas já se passaram vários anos, e se eu não chamar a atenção acho que tudo bem. Minha irmã está bem perto de crer e há também alguns primos que estão curiosos.

— Você viveria com eles?

— Não, eu vou começar algum tipo de negócio e achar um apartamento. Quando houver crentes suficientes, quero começar uma comunidade, um lugar onde aqueles que amam a Isa possam se reunir.

Hassan disse:

— Mustafá e eu concordamos com isso. Poderíamos levar as boas-novas às nossas famílias.

André perguntou a Butros o que achava daquilo.

— Acho que em muitos aspectos essa é a abordagem correta. O testemunho mais eficiente é normalmente o que é dado às pessoas mais chegadas a nós. Claro, é também o mais perigoso. Mas a nossa cultura é tribal. Por isso, o local mais lógico para levar o evangelho é onde estão nossa família e tribo.

— Mas precisamos ser astutos — disse Ahmed. — Fui franco demais ao descobrir a verdade pela primeira vez. Minha irmã, Farah, tem sido discreta a respeito de seus questionamentos e busca espiritual. Ela não causou nenhum alarme na família. Acredito que existem outros iguais a ela que buscam de uma maneira discreta. Precisamos voltar e permitir que Deus nos conscientize daqueles que estão interessados, que buscam respostas às grandes questões da vida.

— Que lutam em segredo com o islamismo — disse Hassan.

— Sim, e são muitos.

Butros fechou os olhos, como se estivesse orando. Finalmente, disse:

— Acho que tenho um jeito de poder ajudá-los, que pode dar-lhes um disfarce. — Abriu os olhos e viu que todos tinham os olhos voltados para ele. — Eu formei uma ONG oficial. Chama-se Al Kalima e seu propósito é dar oportunidades de educação aos cristãos — curso de alfabetização, habilidades profissionais. Talvez possamos abrir um escritório em Suq al Khamis.

— Eu gosto disso — disse Ahmed. — Há necessidade disso na cidade, além de dar uma base para evangelizar os vilarejos.

— Então vou pedir a você que administre — disse Butros.

Mustafá pediu para falar.

— Acredito que Deus me mostrou algo muito importante que quer que eu faça.

Houve uma pausa impactante. Finalmente, André disse:

— O que é?

— Acredito que Deus quer que eu faça a *hajj*.

Levaram-se alguns instantes para que todo o impacto de sua declaração surtisse efeito. Mustafá estava se referindo à peregrinação a Meca que se exige que todo muçulmano faça pelo menos uma vez na vida.

André deu uma risadinha e disse:

— Eu sempre quis ir a Meca. Já tentei, mas como vocês sabem, há placas de proibição a todos os não-muçulmanos de entrar na cidade.

Um grande sorriso encheu o rosto de Mustafá.

— Bem, no meu cartão de identidade ainda consta que eu sou muçulmano. Sonhei que estava em Meca na época do *hajj*. Havia milhões de pessoas andando em torno da Caaba e eu estava no topo dela, falando a respeito de Jesus. Falando-lhes que Jesus é o caminho!

Ahmed e Hassan olharam para o amigo atordoados, sem acreditar no que estavam ouvindo.

17

TRÊS MESES DEPOIS

Certa noite, já tarde, o pai de Layla telefonou para Abuna Alexander. O padre foi às pressas à sua casa, que estava cheia de parentes.

— Layla telefonou para nós uma hora atrás — disse o pai. — Foi muito rápido. Disse apenas que queria que soubéssemos que ela está viva e que será espancada se for pega ao telefone.

— Por que estamos aqui sentados, conversando? Vamos resgatá-la agora mesmo! — disse o irmão mais velho de Layla, sentado a um canto da sala de estar.

— Não sabemos onde ela está — disse o pai de Layla, claramente irritado. — Telefonei para o meu cunhado. Ele insiste que não sabe nada a respeito.

— Ele está mentindo — alguém gritou, e todos começaram a falar.

Abuna Alexander levantou a voz e pediu calma.

— Quero dizer algo e depois orar. — A sala ficou em completo silêncio. — Primeiro, eu sei que todos estamos muito irritados. É compreensível. Mas, se não mantivermos a calma e reagirmos de maneira adequada, vamos causar mais dano a Layla. E podemos acrescentar mais problemas aos que já temos nesta cidade. Não queremos multidões incendiando nossas casas e nossa igreja. Portanto, vamos pensar. E orar.

— Não podemos deixar que eles escapem ilesos — disse uma voz masculina.

— Eles a tornaram uma escrava — disse outra.

— Eles a forçaram a se converter ao islamismo — disse uma terceira.

— Por favor, ouçam — disse o padre, levantando a mão pedindo calma. — Não vamos tirar conclusões precipitadas. Não *sabemos* qual é a situação dela.

— Sabemos o que aquelas pessoas pensam — alguém protestou. — Acontece em todo o país — alguns muçulmanos lascivos seqüestram uma garota cristã, fazem-na escrava, forçam-na a se converter...

— Eles não podem forçá-la a se converter — gritou o irmão mais velho. — Ela nunca envergonharia a nossa família dessa forma.

Novamente todos começaram a falar ao mesmo tempo.

— Por favor, o padre gritou. — Eis o que devemos fazer. — A sala ficou em silêncio. — Primeiro, precisamos ir até a polícia e dizer que ela entrou em contato conosco.

— Nós fomos à polícia. Eles não farão nada.

— Vamos seguir o processo legalmente estabelecido. Segundo, quero que você providencie um encontro com Layla. — O padre dirigiu-se ao pai da garota. — Telefone para o seu cunhado amanhã. Diga-lhe que quer se encontrar com sua filha... para ter certeza de que ela está bem.

— Ele insiste em dizer que não sabe onde ela está — disse o pai.

— Sei que ele pode descobrir. Peça-lhe para entrar em contato com todos aqueles que ele conhece. É quase certo que os seqüestradores de Layla têm alguma ligação, ainda que distante, com a sua família. O seu cunhado pode descobrir. Alguém pode ter ouvido a respeito ou visto algo fora do comum. Se ele persistir, poderá descobrir onde ela está.

— Então iremos pegá-la — disse o irmão.

— Então o pai e a mãe irão. Só eles. Não devemos piorar esta situação levando-a a um confronto violento — insistiu o padre Alexander.

— O senhor deveria ir também — disse o padre. — O senhor é o seu padre.

Alexander acenou negativamente.

— Isso pode ser uma armadilha. A lei diz que antes que um cristão possa se converter ao islamismo, ele deve reunir-se com um padre. Se Layla for intimidada e disser sob coação, perante mim, que se tornou muçulmana, eles alegarão que ela cumpriu a lei. Não, é melhor apenas os pais irem vê-la.

— Suponha que eles recusem.

— Provavelmente eles recusarão. Mas, pelo menos, saberemos onde ela está e quem são seus raptores e tentaremos novamente fazer a polícia agir de acordo com essa informação.

— Não gosto disso — disse o irmão.

— Que tal você se calar e ouvir o nosso padre? — disse o pai.

Alexander continuou:

— Mais uma coisa que vou fazer é falar com alguns imãs com quem tenho bom relacionamento e ver se eles podem ajudar. Agora, vamos orar.

O padre desdobrou a estola, beijou-a e a colocou sobre os ombros e o pescoço. As pessoas na sala se ajoelharam enquanto o padre rogava pela vida e pela alma de Layla.

— Senhor, tenha misericórdia. Cristo, tenha misericórdia. Senhor, tenha misericórdia.

As pessoas repetiram a oração.

— Ó Deus de paz, que nos ensinaste que no retorno e no descanso seremos salvos, na tranqüilidade e na confiança estará a nossa força; pelo poder do teu Espírito sustém tua filha Layla, oramos a ti, à tua presença na qual Layla deve estar tranqüila, e sabemos que és Deus; por Jesus Cristo, nosso Senhor.

Todos responderam: "*Amém*".

―――

Quase tudo parecia o mesmo quando Butros e André rodaram pela estrada de terra. Os campos se estendiam em todas as direções, para pequenos vilarejos, de um e meio a três quilômetros de distância. A única interrupção àquela paisagem bucólica era um muro de quase 2 metros de altura em torno do lote de terra de 20 mil metros^2 pelo qual o Irmão André havia orado vários anos antes. Um guarda, com um rifle pendurado ao ombro, abriu o portão e fez uma breve saudação quando o carro entrou no campus. Imediatamente, André viu à sua esquerda alguns meninos jogando, animados, futebol e bola, enquanto várias meninas observavam e riam. Mais adiante, perto do canal, estava um edifício de dois andares, construído de tijolos. À sua direita André viu que uma porção significativa do terreno ainda estava sendo cultivada e, no canto extremo, um bando de galinhas ciscava à procura de alimento ao redor do galinheiro.

— Bem-vindo ao Centro de Treinamento Logos — disse Butros quando ele e o Irmão André saíram do carro. André estava ali para dedicar formalmente o campus e participar da conclusão de um retiro destinado a fortalecer os ministérios jovens das igrejas na região. — Um tanto diferente da última vez que você esteve aqui, não é? Os meninos estão aproveitando enquanto seus líderes estão numa aula de treinamento.

André examinou vagarosamente a cena. Durante mais de um ano ele ajudara Butros a informar amigos dos quatro continentes de que aquele seria um ótimo investimento da igreja.

Butros levou o Irmão André para dar uma volta pelo novo prédio. No segundo andar estavam os quartos de dormir que podiam acomodar 20 pessoas. Num canto havia um apartamento onde Nadira, grávida de poucos meses, com Thomas agarrado à sua roupa, recebeu André.

— Nós ficamos aqui quando há cursos no centro — Butros explicou. — Mais para a frente contrataremos um vigia para o campus, que ficará morando aqui com sua família.

Na parte de baixo havia uma cozinha, um pequeno quarto, algumas classes e um grande salão de reuniões.

— Este evento para liderança de jovens é a nossa terceira conferência — Butros disse. Na primeira vez treinamos 18 líderes leigos rurais durante quatro semanas. Eles receberam ensino sobre hermenêutica básica, como preparar sermões, desenvolvimento de liderança da igreja e cuidado pastoral da congregação. Na formatura deles, demos a cada um uma linda Bíblia de estudos em árabe. Depois, há duas semanas formamos a nossa primeira turma de professores de alfabetização. Doze pessoas passaram pelo curso, aprendendo como ensinar a ler e a escrever. Eles serão nossos treinadores quando começarmos a abrir os centros Al Kalima pelo país. Al Kalima é o nome da nossa ONG. Significa "O Mundo" em árabe.

— Como você encontra esses professores?

— Eles são recrutados nas igrejas. Procuramos voluntários — a maioria é de pessoas mais velhas que foram professores e pessoas com instrução e que gostam desse trabalho. Usamos a nossa rede de pastores para ajudar a identificá-los.

Uma campainha tocou e cerca de 50 adolescentes suados e animados entraram no salão de reuniões, acompanhados de dez líderes. André notou as cem cadeiras estofadas no salão.

— É uma mobília de excelente qualidade — disse.

— Sim, queremos que este seja um lugar onde as pessoas se sintam confortáveis — Butros explicou. — O ambiente certo é muito importante ao processo de aprendizagem. Sentimos também que glorifica a Deus ter artesanato e mobília de qualidade. Queremos que as pessoas venham aqui e sejam edificadas enquanto adoram e estudam.

Os primeiros quinze minutos de reunião se passaram em animada adoração pelos adolescentes. André ficou animado ao ver a paixão naqueles rostos e não pôde deixar de pensar: *Eles são a esperança da igreja e do seu país.*

Depois de Butros ter apresentado seu convidado especial, André falou aos presentes:

— Na última vez em que estive aqui, não havia nada a não ser um campo aberto. Agora, ao olhar para a transformação, não posso deixar de pensar que esta é uma metáfora apropriada. Nós vamos até Deus sem nada e ele derrama seus recursos em nossa vida.

Como texto básico André escolheu 2Pedro 1.4-7. Levantando sua Bíblia, perguntou:

— Qual é o nosso recurso principal? O apóstolo Pedro diz que Deus nos deu suas grandiosas e preciosas promessas. Meu amigo Butros e eu concordamos que o que for construído aqui terá a Palavra de Deus como base do ensino e do treinamento. Por intermédio de Jesus e da Palavra foi que vocês herdaram a natureza divina. Compete a vocês construir o seu caráter cristão sobre esse fundamento. Acrescentem à sua fé a virtude; à virtude o conhecimento; ao conhecimento o domínio próprio; e assim por diante, terminando com o amor. Todos esses "acréscimos" transformam vocês em pessoas de grande utilidade à sua sociedade, sua cultura, sua igreja e, de fato — por que não? — ao mundo todo. O importante está em perceber que esse é um ato da sua *vontade*. Vocês não nasceram com hábitos; vocês irão formá-los agora — tudo novo, mas baseado no que Jesus fez por vocês. Este é, de fato, o grande desafio que vocês jovens querem — viver uma vida de grande valor para Jesus e para as pessoas. Isso é o que também me faz continuar.

Enquanto os adolescentes e seus líderes ouviam atentamente, André acrescentava mais um desafio, inspirado pela exortação do apóstolo Paulo a Timóteo a passar a homens fiéis o que ele havia aprendido.

— Vocês aprenderam muito. Quando saírem daqui, permitam-me pedir a cada um de vocês que ensine a outra pessoa o que aprendeu. Cada um ensina um! Só as pessoas aqui presentes bastam para começar uma reação em cadeia para varrer o país e, além dele, todo o Oriente Médio.

Eu sempre digo que não se deve maldizer as trevas, mas acender uma vela. Cada um de vocês é uma vela. Vocês podem dizer: "Eu não tenho muita luz". Mas eu digo que, quanto mais densas forem as trevas, mais fácil será ver a sua pequena luz. E, se cada um de vocês acender outra vela, a luz aumentará e a luz de Jesus brilhará ainda mais.

Depois do culto Abuna Alexander foi à frente para cumprimentar André e dar-lhe o tradicional abraço árabe com um beijo em cada face.

— Obrigado pelo seu encorajamento — disse.

— Lembro-me da primeira vez que nos vimos e conversamos sobre os jovens de sua igreja.

— Existem cerca de 20 adolescentes em São Marcos lendo a Bíblia a cada ano. Trouxe quatro deles comigo a este retiro.

André sentiu que, apesar do relato positivo, havia uma profunda tristeza no homem. Por isso, quis saber:

— E como está sua igreja hoje?

— Estamos mais fortes, mas estamos sofrendo. Uma de nossas adolescentes, uma garota adorável que deveria estar aqui neste retiro, foi seqüestrada há alguns meses. Por favor, ore por ela. Por favor, ore por nós.

Layla tentou desesperadamente usar os olhos para transmitir uma mensagem à sua mãe. Ela estava coberta completamente, com exceção dos olhos, por uma *abeyya* preta. Sua mãe tentou ler a emoção que seus olhos revelavam. Medo? Certamente. Tristeza? Sim. Resistência? Talvez alguma, mas estava diminuindo. Por quanto tempo sua filha poderia manter qualquer decisão sob tais condições?

Seu pai controlava a raiva. Tinha seguido o conselho do seu padre e, por intermédio do cunhado, havia rastreado o local de sua filha em um vilarejo distante vinte e cinco quilômetros de Suq al Khamis. Como ele suspeitava, era um primo distante que havia instigado o seqüestro. Apesar de não confiar no cunhado, acreditou que ele não tinha nada a ver com o seqüestro. Feito o contato, a família que mantinha Layla disse que ela não queria ver os pais. Mas ele persistira, insistindo que queria apenas ter certeza de que sua filha estava bem.

Agora estavam juntos numa reunião embaraçosa em uma casa de fazenda confinada. Dois jovens estavam em pé, um de cada lado e outro logo atrás de sua filha. Havia mais homens ali perto. Não houve o oferecimento da tradicional hospitalidade árabe. Não se via nenhuma outra mulher no quarto confinado.

— Layla, você está bem? — perguntou o pai.

Layla tinha decidido que sua única esperança era não dizer nada. Assentiu. Além disso, o que mais ela poderia dizer? Que a haviam espancado, forçado a trabalhar na fazenda de quatorze a dezesseis horas por dia, que dormia trancada num barracão? Seus raptores haviam feito ameaças terríveis se ela falasse. Seus pais seriam mortos. Ela sofreria punições indizíveis. Ela já tivera experiência suficiente para saber que não podia correr o risco.

— Quero saber por que vocês seqüestraram minha filha — disse o pai aos homens ao redor de Layla.

— Você não compreende — disse um homem mais velho. — Ela veio até nós espontaneamente. Meu filho — e apontou para o jovem atrás de Layla — trouxe a garota até aqui porque ela o ama. Disse a ele que quer tornar-se muçulmana e estamos lhe ensinando o caminho do islamismo.

Layla teve vontade de gritar que tudo aquilo era mentira. Mas, quando o pai lhe falou, perguntando com brandura: "Isso é verdade?", sentiu um objeto afiado em suas costas. Ela sabia que era o momento de dizer o que lhe tinham ordenado. Sentiu-se alheia à situação, como se outra pessoa falasse as palavras com voz trêmula:

— Eu me converti ao islamismo. Encontrei o caminho certo.

18

QUATRO MESES DEPOIS

— Aleluia ao Cordeiro de Deus.

A igreja de São Marcos em Suq al Khamis estava cheia e tremia ao som de uma banda de quatro instrumentos e seis cantores, postados em frente ao altar. A música era um misto curioso de sons árabes e batidas ocidentais. As palavras em árabe eram projetadas numa tela, mas muitos jovens tinham os olhos fechados e as mãos levantadas enquanto cantavam seus louvores sinceros a Deus. Muitos dos mais de 200 presentes pareciam ter menos de

30 anos. Alguns, em vez de cantar, estavam sentados ou ajoelhados, curvados em fervente oração. Muitos estavam vestidos com jeans e suéter em vez da tradicional vestimenta árabe. E eles pediam pela alma do seu país.

Ahmed, Butros e Abuna Alexander estavam em pé nos fundos do templo e observavam a cena. O padre abrira sua igreja para a reunião semanal de oração de três horas depois que uma igreja menor da cidade ficara superlotada. Padre Alexander admitia que se sentia desconfortável com a música e o estilo de adoração e, fora o Natal, a Páscoa e as recentes reuniões congregacionais nunca tinha visto sua igreja tão cheia. Parecia-lhe que cerca de um quinto das pessoas era de sua congregação, e que todas as igrejas da cidade estavam ali representadas. Ele notou Salima próxima à frente, com os olhos fechados, cabeça levantada e lágrimas escorrendo pela face.

A música mudou para um cântico ocidental: "Jesus, nome acima de todos os nomes". Seguiu-se outro cântico árabe que declarava a derrota de Satanás: "Somos vitoriosos. Somos vencedores. Jesus, tu és o nosso Rei. Nós somos o exército do Redentor". O cântico continuou durante uma hora quando mais pessoas chegaram para o culto, vindo às pressas do trabalho.

Quando a música começou a diminuir, o líder do louvor levantou sua Bíblia e pediu à congregação:

— Vamos gritar "Bendito aquele que vem em nome do Senhor". Um estrondo veio da multidão, seguido de animado aplauso.

Abuna Alexander estremeceu ao som, esperando que aquele entusiasmo não perturbasse os vizinhos e chamasse a atenção indesejada. Ao mesmo tempo, enquanto ele e Butros iam até a plataforma, sentiu uma onda de gratidão pelo aparente reavivamento que estava, pela primeira vez, unindo os cristãos da cidade toda, independentemente de denominação. E aquilo era apenas parte da história. Porque reuniões de oração semelhantes estavam sendo realizadas em cidades, pequenas e grandes, por todo o país. Havia até conversas a respeito de uma possível reunião nacional de oração e jejum pela nação. Butros se oferecera para construir uma imensa tenda no Centro Logos para o evento.

O líder do louvor convidou a todos para se sentarem e Abuna Alexander fez uma breve saudação, depois apresentou Butros:

— Quero que vocês conheçam um homem que é um querido irmão em Cristo. Foi ele quem teve a visão para esta reunião e eu estou feliz por ele estar conosco esta noite.

Butros, vestindo calças e camisa azul escuro, subiu ao palco, deu um abraço no padre e passou à principal parte do culto naquela noite:

— Jesus contou uma parábola aos seus discípulos para mostrar-lhes que eles deveriam orar sempre e não desistir.

Convidou todos os que tinham Bíblias para ler com ele a parábola da viúva persistente em Lucas 18.

— Por que, há vários meses, nos encontramos nas noites de segunda-feira? A nossa persistência significa que não temos outra solução. A nossa persistência significa que amamos nossos amigos e que vamos continuar suplicando por eles — pelas pessoas deste país e por todo o mundo árabe. Deus fala por intermédio do profeta Isaías: "Virei ajuntar todas as nações e línguas e elas virão e verão a minha glória". Cremos nisso? Elevemos *grandes* orações ao Senhor. Sejamos ousados. Quando Deus vier ao Oriente Médio, que ele encontre fé porque nós lhe pedimos grandes coisas.

Butros pediu a congregação que se levantasse e lhe deu algumas breves instruções:

— Peçam ao Senhor que coloque as orações corretas em nosso coração — baseadas no amor e na fé pelos nossos amigos, por nossas famílias.

Sem interrupção, ele passou a orar. No recinto todo, as pessoas começaram a orar em voz alta. A paixão delas falava mais alto do que suas palavras. Depois de cerca de dez minutos, o vozerio diminuiu e Butros pediu aos participantes que orassem em grupos de duas ou três pessoas.

Depois de duas horas de oração, Butros convidou Ahmed a juntar-se a ele na plataforma. Eles haviam conversado a respeito daquela oportunidade. Butros não queria revelar muito a respeito dos crentes de origem muçulmana em Suq al Khamis, contudo, eles achavam também ser benéfico para o trabalho de Ahmed ter algum tipo de presença na cidade e de pedir orações da igreja. Ambos ansiavam pelo dia em que haveria um só corpo unindo crentes de origem muçulmana e cristã, mas esse tempo ainda estava por vir.

Ahmed falou pouco, mas apaixonadamente:

— Jesus Cristo declarou sua divindade em palavra e ação. Seu nascimento foi singular, retirado da arrogância do palácio, distante da humilhação da choupana, distante da hipocrisia do templo. Ele ainda é a principal fonte dos valores humanitários. Ele permanece a essência da verdade, da justiça e da igualdade. Ele ainda faz o seu sol nascer sobre o pobre, sobre o que chora, sobre o oprimido e sobre o perseguido.

Butros analisou a multidão e viu nela uma intensidade que raramente tinha visto nos cultos normais. As pessoas pareciam se identificar com cada palavra que aquele jovem falava. Com o canto do olho, observou Salima. Ela parecia estar analisando o preletor com um anseio profundamente espiritual.

— Jesus diz: "Vão pelo mundo todo" — ao homem criado à imagem de Deus. A imagem de Deus no homem foi desfigurada e o homem é responsável por essa desfiguração. O homem é responsável por guerras, pela pobreza, pela opressão, pela licenciosidade, pelo retrocesso cultural e ético. Entretanto, Jesus nunca se separou dos pecadores ou dos coletores de impostos ou do pobre. Pelo contrário, ele os amou e os perdoou. Ele os libertou, alimentou-os e os curou. Quanto a nós, cristãos árabes, declaramos que estamos cheios de esperança, que nos motiva a mudar o mundo, a curar o infeliz, a libertar o cativo na liberdade da glória dos filhos de Deus. O amor que foi derramado em nosso coração é uma dádiva e uma obra do Espírito Santo que está em nós. Qualquer porção do amor por outras pessoas e qualquer perdão aos nossos inimigos é obra de Cristo em nós. Cristo nos mudou e nos fez nova criatura, que respeita os outros e rejeita o servilismo e a cega submissão.

Ao ouvir o amigo, Butros percebeu que Deus havia de fato chamado Ahmed de volta para sua cidade natal. Embora não tivesse mencionado sua origem muçulmana, havia dito de maneira clara a transformação que Cristo havia feito em sua vida e oferecia fazer em todos aqueles que estivessem dispostos a segui-lo.

Dando um passo à frente, Butros sugeriu:

— Vamos encerrar nossa reunião desta noite orando pelas famílias, amigos e vizinhos de Suq al Khamis.

———

Ahmed visitou seu pai tarde daquela noite depois da reunião de oração. Sua irmã, Farah, providenciou o encontro, fazendo o pai prometer que não faria qualquer mal ao irmão. Transposta a porta da frente, pai e filho se abraçaram fortemente, depois foram para a cozinha e sentaram-se a uma pequena mesa para beber café enquanto o pai fumava.

— Sua mãe está dormindo — disse o pai. — Na verdade, ela não sabe que você está aqui.

Farah tinha garantido a Ahmed que o pai havia abrandado.

— Ele tem alguns problemas de saúde — ela dissera. — Cigarros demais.

Ahmed imaginara muitas vezes aquele momento, mas agora, que ele finalmente havia chegado, lutava para saber como se comportar. De sopetão, disse:

— Farah disse que o senhor não tem estado bem.

O pai deu uma profunda tragada no cigarro, depois admitiu:

— Estou pagando o preço por este vício sujo. Há anos que sua mãe e sua irmã querem que eu pare. Agora os médicos dizem que eu tenho enfizema. Mas... — deu de ombros — estou velho demais para mudar.

— O que os médicos dizem que o senhor deve fazer.

— Parar de fumar. Mas isso não fará muita diferença. Então qual é a lógica?

— Talvez o senhor ficaria conosco mais alguns anos.

— *Inshallah*, se Deus quiser, vou viver para ver seus filhos e netos. Se não... — deu de ombros novamente.

O fatalismo do pai era exasperante para Ahmed. Era bem típico de muitos em sua cultura. Se Deus queria que você morresse, você morria e não havia nada que se pudesse fazer a respeito. Então, por que passar pelo desafio difícil de mudar um mau hábito? Ele via uma perspectiva diferente como crente em Jesus — aquela que o tornara livre para mudar, isto é, para permitir que o Espírito Santo o mudasse. Ao olhar para a face triste do pai sentiu, de repente, uma intensa compaixão.

— Pai, sinto muito.

Ele sentia — não por ter deixado o islamismo e aceitado a Isa, mas pela maneira como havia feito, por ter colocado o pai numa situação difícil e vergonhosa. Agora ele faria de maneira diferente. Era tarde demais para começar, para fazer as coisas certas, para mostrar ao pai o amor de Jesus?

O pai olhou para fora pela janela da cozinha enquanto tragava o cigarro e bebeu seu café num só gole. Sem olhar o filho nos olhos, disse:

— A *Mukhabarat* me fez uma visita quando você estava na prisão.

Ahmed gelou, querendo saber o que aquela confissão significava.

— Os estúpidos — o pai cuspiu as palavras. — Idiotas! Eles pensam que podem vir aqui e me intimidar. Com a cara mais lavada eles dizem que estão fazendo isso "para podermos ajudar seu filho". — Virou a cabeça para olhar para o filho. — Eles machucaram você na prisão?

— Sim, pai. Não foi nada bom.

— Bastardos. — Disse o pai e acendeu outro cigarro olhando para fora da janela.

Ahmed sentiu uma onda de emoções. Felizmente seu pai não havia cooperado com a polícia secreta. Teve medo, sabendo que seu pai ainda podia reunir os tios e primos e matá-lo. Mas, acima de tudo, amor, mais intenso do que jamais havia sentido, amor que orava para que seu pai pudesse um dia conhecer o que ele conhecia. Isso poderia precisar de tempo e oração. Mas quanto tempo era isso?

— Pai, quero me mudar para Suq al Khamis. — Ahmed prendeu a respiração para ver a reação do pai.

O homem aquiesceu.

— Você quer voltar para casa?

— Não, eu tenho a oportunidade de estabelecer um pequeno negócio aqui. Provavelmente vou morar num apartamento em cima do negócio.

— Que tipo de negócio?

— Uma escola, para ensinar adultos a ler e a escrever.

O pai deu algumas tragadas.

— Você não vai me causar embaraço? — Ahmed não sabia dizer se isso era uma pergunta ou uma ameaça. Rapidamente ele respondeu:

— Não, senhor, vou manter discrição.

— Você sempre gostou de livros. É possível ganhar dinheiro alfabetizando pessoas?

Ahmed riu.

— Na verdade, não, mas existe uma ONG que a financia. Vou receber um salário. Vou ficar bem.

O pai deu uma tragada no cigarro e se recostou em sua cadeira.

— Você precisa se casar.

— Sim, senhor.

— Posso arranjar alguma coisa, se você quiser.

Ahmed não queria que o pai arrumasse casamento para ele, mas não queria desafiá-lo quanto a isso, tampouco. Por isso ficou quieto.

— Pense nisso — disse o homem.

— Sim, senhor, vou pensar.

— Você vai voltar para visitar sua mãe?
— Em breve.
— Bom. Estou cansado. Acho que agora vou dormir.

O filho se levantou e abraçou novamente o pai, regozijando-se em silêncio por ter conseguido dar o primeiro passo da reconciliação.

―――

No dia seguinte Ahmed e Butros andaram pelas ruas de Suq al Khamis por mais de uma hora, conversando sobre a mudança que Ahmed faria em breve. Eles visitaram um edifício muito simples que estava disponível para aluguel. Em cima do salão havia um pequeno apartamento onde Ahmed, Mustafá e Hassan poderiam morar.

Ahmed e Butros já haviam conversado longamente sobre a visão para a escola. Por intermédio das igrejas, eles identificariam adultos analfabetos e os encorajariam a participar de um curso de oito meses. Durante esse tempo, eles aprenderiam a ler, escrever e fazer as operações fundamentais de matemática. Haveria também aulas de nutrição, saúde e higiene. Por meio das aulas eles identificariam aqueles que, com algum treino e pequeno investimento, poderiam dar início a um novo negócio. Ahmed poderia ser o líder de equipe em Suq al Khamis e organizar os cursos na cidade. Mustafá e Hassan iriam a vilarejos onde houvesse comunidades cristãs e estabeleceriam cursos satélites.

— Conversei com Abuna Alexander — disse Butros. — Ele identificou várias famílias que serão por ele encorajadas a participar das aulas. E ele irá conversar com seus colegas padres da área e encorajar outras igrejas a participar.

Enquanto Butros falava, Ahmed parecia distraído. Ele olhou para as ruas e prédios conhecidos e sentiu o coração doer.

— Devíamos convidar qualquer um que quisesse vir, não apenas pessoas da igreja — ele disse.

— Já falamos sobre isso — Butros respondeu pacientemente. — É preciso ter cuidado. Os muçulmanos podem não gostar do fato de o curso ser baseado na Bíblia. Para o momento os cursos devem ser apenas para os cristãos.

— Eu sei. Eu sei. Mas eles estão perdidos demais.

Ahmed pensou em seu pai — a resignação estampada em seu rosto ao enfrentar a morte. Quantos havia iguais a ele? Como aquelas pessoas ficariam sabendo da esperança que está no profeta Isa? Os dois homens caminharam em silêncio, cobrindo o nariz com as mãos numa tentativa de filtrar o pó levantado pelo trânsito, que incluía muitos burros e carroças.

Finalmente, Ahmed falou novamente:

— Telefonei para minha irmã esta manhã. Ela quis saber como tinha sido a reunião com o nosso pai. E aqui está uma coisa animadora. Ela diz que há vários membros da família e amigos que estão curiosos, querendo aprender mais a respeito de Jesus. E Mustafá e Hassan, cada um deles, têm amigos que também querem se reunir. Eu sei que Deus nos trouxe de volta para casa. E ele preparou o solo aqui. Vamos espalhar a semente e, se Deus quiser, vamos colher a safra.

— Aja com cuidado — disse Butros.

— Eu aprendi minha lição. Vamos ter muito cuidado. Contudo, esperamos poder começar uma pequena congregação aqui em breve.

Quando se dirigiam para a igreja de São Marcos para uma reunião final com Abuna Alexander antes de voltarem à cidade, Butros levantou mais um assunto.

— Meu amigo, há uma coisa muito importante que precisamos discutir.

Ahmed virou-se para Butros com ar zombeteiro, mas não disse nada.

— A Bíblia diz que não é bom que o homem esteja só. Abuna Alexander e eu conversamos e chegamos a um acordo de que você precisa de ajuda para o seu trabalho aqui. Você não pode fazer isso sozinho.

— Que tipo de ajuda? Eu tenho Mustafá e Hassan.

— Estou falando do tipo de ajuda que minha esposa Nadira me dá.

— Eu gostaria muito. Você tem alguém em mente?

— Alexander e eu conversamos. Achamos que Salima daria uma boa esposa.

— Ela é a mulher que mora com o padre e a esposa dele?

— Sim.

— Eu a notei no culto de oração na noite passada.

— Então está na hora de você se encontrar com ela.

Havia anos que Ahmed não se lembrava de estar tão nervoso. À sua frente Salima estava sentada, olhando baixo para as mãos cruzadas no regaço. Butros teve de se controlar para não rir do desconforto deles.

Alexander e Nour haviam preparado Salima para o encontro. Salima estava hesitante. Ela havia gostado da mensagem de Ahmed na igreja e ele parecia ser um homem bom, contudo ela sentia saudades da família e desejava o seu envolvimento naquela decisão. Todavia, que escolha tinha? Não podia morar para sempre com o padre e a única opção em sua cultura era se casar. Sentia-se pega numa armadilha, mas também confiava que aquele querido casal tinha em mente o melhor para ela.

Passou então a olhar para o jovem. Ele parecia bonito, mas como era realmente? Ela sabia que Ahmed havia pago um alto preço por seguir a Jesus. Isso lhes dava algo em comum. Entretanto, seria isso suficiente para mantê-los juntos como casal? Ela o conhecia tão pouco. Claro, a maioria dos casamentos naquele país era arranjado e quase sempre a mulher sabia menos ainda do que ela a respeito do marido.

Cuidadosamente o padre explicou os desafios que os dois enfrentariam caso viessem a se casar.

— Aos olhos do governo, vocês dois são muçulmanos. Nenhum de vocês mudou seus documentos de identidade, mudou?

Os dois fizeram que não.

— Claro que não. Isso é quase impossível — a menos que vocês sejam cristãos e se tornem muçulmanos. A boa notícia é que vocês não terão problemas para obter a licença de casamento. Seria muito mais difícil se vocês tivessem religiões diferentes em seus documentos.

— Há outro problema. — Os dois levantaram o olhar. — Não sei se este é o momento certo de tocar no assunto, mas vocês devem pensar nisto antes de se casarem. Seus filhos serão considerados muçulmanos. Vocês precisam pensar a respeito de como lidar com isso.

Eles ficaram em silêncio enquanto pensavam a respeito; então Ahmed disse:

— Quero que os nossos filhos cresçam como cristãos. Isso é muito importante.

— No lar de vocês, ótimo, seus filhos serão cristãos. E quando eles forem à escola? Se seus nomes forem cristãos, mas em seus documentos constar que são muçulmanos, os professores farão perguntas. Como eles se relacionarão com os colegas de classe?

Salima baixou a cabeça, reprimindo as lágrimas.

— Olhem, não estou tentando falar para vocês que sou contra esse casamento — disse o padre Alexander. — Sou a favor. Só quero que vocês saibam que será difícil. Não sei as respostas, mas é melhor discutir essas coisas agora do que ser surpreendido depois.

Butros falou a Salima:

— Você teve algum contato com sua família?

Ela abanou a cabeça. Levantou o olhar e disse:

— Há uma tia e um tio. Falei com eles. Eles não são muito ligados aos meus pais. Foi por isso que lhes telefonei, para tentar fazer alguma conexão. Eles foram simpáticos.

Butros dirigiu-se a Ahmed:

— E quanto a você?

— Acho que o casamento tornaria as coisas mais fáceis para mim, agora que estou voltando para Suq al Khamis. Meu pai perguntou especificamente a respeito disso.

— Isso poderia resolver vários problemas — disse o padre. — Preserva a dignidade das duas famílias.

Butros aguardou alguns momentos e, gentilmente, perguntou:

— Ahmed, você está disposto a se casar com Salima?

Ahmed olhou para a mulher à sua frente. Era bem atraente, ele pensou. Mas havia questões mais importantes. Ela havia pago um alto preço por ter declarado sua fé em Jesus. Ele a havia observado no culto de oração e percebido sua emoção enquanto cantava louvores e enquanto orava.

— Se Salima estiver disposta, sim, eu ficaria honrado em ser seu marido.

— Salima, você está disposta a se casar com Ahmed? — Butros perguntou.

Sem saber a decisão certa, ela não disse nada. Sentia-se terrivelmente sozinha e queria ter uma família, mas mal conhecia Ahmed. Confiava naqueles dois homens, Butros e Alexander, para dar-lhe bons conselhos. Se pelo menos sua mãe estivesse ali. A esposa do padre era bondosa, mas não podia substituir sua mãe, e Nour respeitava as decisões de Alexander, por isso Salima não achava que realmente podia discutir aquilo abertamente com Nour. Ela teria de tomar uma decisão. Poderia dizer não, mas e depois? Que futuro teria sem marido?

Salima fez que sim, indicando que concordava.

— Devemos ter uma cerimônia cristã — disse Ahmed.

— Ahmed — disse o padre —, você tem família aqui. Pense primeiro em ter uma cerimônia muçulmana tradicional com suas famílias. Isso seria oficialmente reconhecido pelo governo. Depois disso, teremos uma cerimônia cristã reservada. Butros e eu cuidaremos dos detalhes.

Butros olhou novamente para Salima e notou lágrimas descendo por sua face.

— Tem certeza de que isso lhe agrada? Ninguém a está forçando... Interrompeu o que estava dizendo, incerto quanto ao que dizer.

A jovem enxugou as lágrimas com as costas da mão e disse:

— Alguém precisa entrar em contato com meus pais. É tudo o que peço.

19

DUAS SEMANAS DEPOIS

Ahmed e o pai compareceram na hora marcada ao restaurante na capital. Ahmed estava vestido de terno e gravata; seu pai em sua melhor toga, alvejada e engomada.

Alguns minutos depois entrou um homem que se apresentou a eles:

— Eu sou Hussein, tio de Salima.

Os dois homens ficaram surpresos.

— Estávamos esperando o pai de Salima — disse Ahmed.

— Por favor, seja paciente — Hussein respondeu. — Meu irmão me pediu para representá-lo. Isso tornará as coisas mais fáceis.

Hussein pediu café e um prato de tâmaras e a Ahmed que falasse a seu respeito. Com cuidado, Ahmed falou sobre sua vida, tentando evitar qualquer detalhe sobre sua jornada espiritual. Não tinha idéia de como Hussein reagiria e não queria ofender seu pai. Hussein ouviu com indiferença, como se já estivesse consciente de mais coisas do que Ahmed cuidava em revelar.

Ahmed falou sobre a ONG Al Kalima. Hussein interrompeu:

— Quanto esse emprego paga?

Ahmed revelou seu salário e também que havia arranjado um apartamento em Suq al Khamis, em cima do escritório da ONG. Quando concluiu sua resposta, Hussein olhou fixamente para Ahmed por um longo tempo, como se estivesse tentando avaliar as palavras, bem como para aumentar o óbvio desconforto de Ahmed.

O pai de Ahmed fumava nervosamente seus cigarros, sem dizer nada, porém.

Finalmente, Hussein se dirigiu ao homem mais velho.

— Meu irmão acha que esse casamento pode nos aliviar a ambos de uma situação difícil.

O pai de Ahmed acenou em sinal de aprovação.

— Compreenda, por favor, que o meu irmão não quer ver mais sua filha. Ele me autorizou a negociar os detalhes com vocês. Vou representar a família na cerimônia de casamento e assinar os documentos necessários. Depois disso, Salima fica por sua conta.

— Compreendo — disse o pai de Ahmed.

— O senhor está preparado para pagar o dote?

— Claro — respondeu o pai e propôs uma quantia.

Estava claro que aquilo era muito menos que uma mulher de uma família tão importante podia esperar. Entretanto, aquela não era uma situação normal.

— Meu irmão insiste que no contrato Salima fique com esse dinheiro se houver divórcio.

— Não haverá divórcio — disse Ahmed.

— Ainda assim, essa é uma de suas condições. O preço da noiva deve ser depositado em uma conta bancária separada e somente Salima pode ter acesso a ela.

Enquanto os dois homens conversavam, Ahmed pensava em sua futura esposa e em como sua família estava protegendo-a. Deu-se conta de que mal a conhecia. Estava muito claro que ela vinha de uma família mais rica do que ele — provavelmente ele nunca a teria conhecido e certamente não teria tido a chance de se casar com ela em circunstâncias normais. Todavia, Deus os havia aproximado — ele estava certo disso. Ele ouvira falar de casos nos quais a garota tinha sido assassinada pela honra da família — certamente esse poderia ter sido o destino de Salima. Sentiu um súbito sentimento de profunda gratidão por ela estar viva, junto com a responsabilidade de amar e protegê-la.

Quando as negociações e outros detalhes do casamento estavam resolvidos, Hussein falou novamente a Ahmed:

— Desejo a você e à minha sobrinha uma vida feliz. Por favor, compreenda que eu não aprovo o que está acontecendo. Estou seguindo as instruções do meu irmão. Ele ama a filha e esta situação toda tem sido muito difícil para ele. A rejeição dela ao islamismo envergonha a ele e à família. Se ela não voltar para casa e for uma boa muçulmana, não há mais nada a dizer. De agora em diante, por favor, fiquem longe da nossa família. Não tente entrar em contato com meu irmão. Está claro?

Ahmed engoliu em seco e concordou. De maneira indireta, ele compreendeu que, a não ser por um milagre de Deus, Salima nunca mais veria sua família novamente.

Um mês depois

Suq al Khamis tinha várias pequenas cafeterias onde os homens da cidade podiam relaxar e conversar enquanto fumavam seu narguilé, bebiam chá ou café e jogavam gamão ou dominó. Ahmed havia visitado muitas delas, bem como a biblioteca local, como forma de encontrar jovens com quem pudesse conversar. Muitas tardes, quando não estava trabalhando em seu escritório ou saindo para realizar alguma tarefa dos preparativos para o casamento, ele procurava oportunidades para testemunhar as boas-novas de Jesus. Ele sabia que o Espírito Santo estava preparando muitos corações — pelo país todo pessoas estavam tendo visões, sonhos, experimentando curas, encontrando casualmente programas cristãos estrangeiros de rádio e televisão. Mas a maioria deles, talvez todos, precisava encontrar alguém em quem Cristo habitasse. Eles precisavam de um ser humano para ajudá-los a compreender a singularidade de Jesus e apresentá-los ao maravilhoso livro que conta o relato da obra de Deus através da história.

Nós estamos esperando por Cristo, ou Cristo está esperando por nós? Ahmed pensava com freqüência nas necessidades de seus compatriotas. Quando orava por aquela cidade onde vivera os primeiros dezoito anos de sua vida, seu espírito se agitava. *Parece-me que a visão disso não provoca somente a mim, provoca o céu que um dia gritou diante disso tudo por intermédio de nosso Jesus. O céu ainda grita por intermédio das vozes dos sete mil que não dobraram os joelhos e dos pés calejados que levam as boas-novas de paz, liberdade e amor. A pergunta inunda meu espírito por todos os lados: "Quem está esperando quem?".*

Quem eram aqueles que Deus preparou? *Ó Deus, mostra-me quem está te buscando.* Essa era a oração diária de Ahmed quando ele encontrou uma mesa vazia numa cafeteria. Ele sempre se sentia uma pomba entre serpentes. *Tu disseste: "Peçam, e lhes será dado". Eu estou pedindo que me dês alguém que esteja à procura da verdade, alguém que esteja te buscando, mesmo que ainda não saiba.* Se alguém estivesse sozinho, lendo o jornal, Ahmed poderia perguntar se o homem havia lido determinado artigo. Ou poderia mencionar um evento local, por exemplo, uma recente palestra islâmica e perguntar: "Você foi a essa reunião?".

Alguns homens conversavam rapidamente e voltavam ao seu chá e jornal, ou diziam que tinham de sair para trabalhar ou para algum compromisso. Mas a alguns que pareciam dispostos a conversar Ahmed perguntava: "Por que você acha que tantas pessoas não acreditam no islamismo?". Dependendo da resposta, Ahmed dizia: "Você leu apenas o Alcorão. Mas, se compararmos o Alcorão e os Evangelhos, talvez compreendamos por que os cristãos não se tornam muçulmanos".

Esse era o ponto onde a conversa parava ou se encaminhava para um nível mais profundo. Em muitos dias Ahmed encontrou pessoas dispostas a ir mais a fundo. Sempre os deixava com um pequeno livreto em árabe contendo o evangelho de Lucas com comentário planejado para muçulmanos. Ele conseguira um pacote deles no Fórum Bíblico. Ele foi também encorajado pela reação dos membros de sua família. Sua irmã, Farah, fizera sua decisão por Isa logo que ele se mudou para Suq al Khamis e o marido dela estava interessado em saber mais. Farah indicou também Ahmed a vários primos que queriam conversar.

Ahmed reconheceu o rosto de um homem que entrou na loja e este, ao procurar um lugar para sentar-se, reconheceu Ahmed. Os dois se cumprimentaram efusivamente e Ahmed convidou o amigo para sentar-se à sua mesa e pediu chá.

— Saeed, é bom demais ver você. Já faz tantos anos.

— Sempre me pergunto o que aconteceu a você — Saeed respondeu. — Houve boatos, você sabe.

— Que tipo de boatos?

— Que você ficou louco. — Apontou e fez círculos com o dedo indicador em sua têmpora. — Dizem que você abandonou o islamismo e que agora crê em três deuses.

— Você não deveria acreditar em tudo o que ouve. Eu creio em um Deus.

O garçom trouxe o chá e, depois de tomar um gole, Saeed olhou para o velho amigo e disse:

— E o que *de fato* aconteceu a você? Por que você saiu de Suq al Khamis?

— Tive de sair, para pensar, tomar algumas decisões.

Enquanto dava essas vagas respostas, Ahmed estudava a face do amigo. *Senhor, o que eu devo dizer? Ele está procurando a verdade?* Seu espírito parecia estar em paz, por isso correu o risco.

— Diga-me, o que você pensa quando compara o Alcorão com a Bíblia? Como você responde aos cristãos?

— Com o fio da espada. Com a ponta de uma arma. — Saeed explodiu em risos.

Ahmed estremeceu ao ver alguns homens olhar para eles.

— Por que nós não os vencemos? — disse calmamente.

Com a mesma rapidez, Saeed ficou sério. Inclinou-se para a frente e perguntou:

— Você leu o livro deles?

— Li.

— E o que você descobriu? Os judeus e os cristãos o corromperam, certo?

Ahmed fitou o velho amigo nos olhos, tentando descobrir se ele era um interessado ou um potencial traidor. Tomou uma decisão.

— Deixe-me tentar explicar com esta ilustração. O islamismo é como um sapo dentro de um poço. — Saeed pareceu confuso, porém curioso. — Suponha que outro sapo caia dentro desse poço. Ele vem de um grande mar aberto e diz ao primeiro sapo: "O que você está fazendo num espaço tão pequeno?". O primeiro sapo fica ofendido e insiste que não há nada maior do que o seu poço. Mas o segundo sapo sabe mais — ele viu o grande mar.

— Então o islamismo é como o sapo dentro de um poço?

Ahmed inclinou-se para mais perto de Saeed e disse, quase que sussurrando:

— Você sabe que 90% do Alcorão encontra-se na Bíblia, mas que a Bíblia tem muito mais? Deus é como o mar e o Alcorão é tirado desse mar.

— Mas os cristãos dizem que Deus tem um filho. Deus não pode ter um filho.

— Saeed, você tem filho?

— Não ainda. Casei-me no ano passado e minha esposa está grávida. *Inshallah*, logo terei um filho.

— Mas você tem muitos primos. Como você chama um garotinho em sua família?

Saeed franziu o cenho.

— O filho mais velho do seu irmão, você o chama de "filho". Mas ele não é realmente o seu filho, é? Meu amigo, eu estudei os dois livros. Comparei os ensinos do Alcorão aos dos Evangelhos e aprendi que, depois de Deus, não existe ninguém como Jesus. A maneira de explicá-lo é dizer que ele é Deus.

Saeed, com o olhar distante, parecia fitar os transeuntes na rua. Sem olhar de volta para Ahmed, disse:

— Eles têm razão. Você *está* louco.

Em seguida levantou-se e saiu da cafeteria.

―――

Seis semanas depois

Era tarde da noite quando Salima viu pela primeira vez seu novo lar, o pequeno apartamento em cima do escritório de Ahmed. Mustafá e Hassan haviam desocupado as dependências, tendo ambos se mudado para vilarejos vizinhos onde estavam estabelecendo filiais da Al Kalima. Ahmed ficou subitamente constrangido ao pensar na vida de riqueza que ela havia deixado e disse:

— Receio que este apartamento não seja muito, mas espero que você possa torná-lo um lar agradável para nós.

Salima não disse nada e Ahmed ficou atrás para que ela pudesse explorar o apartamento. O dia tinha sido fora do comum. Ahmed trajava uma túnica engomada; Salima, uma linda toga branca e eles tinham ido à mesquita de seu pai para uma cerimônia simples. Três vezes o imã perguntara a Ahmed: "Você está disposto a se casar com esta mulher?". Três vezes ele respondera: "Sim". Ahmed assinou a licença de casamento. O tio de Salima atuou como seu *wali* ou tutor e assinou pelo pai. Dois homens acrescentaram suas assinaturas como testemunhas e o imã proclamara: "Eu os declaro marido e mulher, em nome de Deus, o Mais Gracioso, o Mais Misericordioso".

O tio e a tia de Salima apresentaram seus cumprimentos na mesquita e saíram rapidamente. Todos os demais foram a uma recepção na casa dos pais de Ahmed e todos os seus familiares compareceram, participaram da festa e abraçaram Ahmed calorosamente, como se ele nunca tivesse saído de casa, e, educadamente, cumprimentaram Salima.

Sua irmã, Farah, fora mais além e fizera Salima sentir-se parte de sua família. Quando as duas se abraçaram, Ahmed observara que Salima reprimira as lágrimas quando Farah disse:

— Você se tornou uma querida irmã para mim.

E as duas deram uma escapada da multidão para conversarem num quarto dos fundos. Salima estava sorrindo quando as duas voltaram para a festa quinze minutos depois.

Salima parecia aliviada quando no fim da festa.

Agora ela explorava seu diminuto dormitório, olhando timidamente dentro do guarda-roupas. As mulheres da igreja de São Marcos, orientadas pela esposa de Abuna Alexander, haviam pendurado as roupas dela no armário e arrumado flores frescas sobre a cômoda. Ao olhar a cozinha, ela encontrou o armário cheio de alimentos básicos; legumes frescos, frutas e até dois quilos de galinha na geladeira.

— Vou preparar uma refeição nupcial para nós — ela disse.

— Não estou com fome — disse Ahmed.

— Nem eu — admitiu Salima.

Ahmed foi até a geladeira e tirou uma caixa de suco de manga.

— Vamos subir até o terraço e beber ao nosso futuro.

Pegou dois copos e acompanhou a esposa para fora e escada acima até o jardim do terraço, onde ele plantara algumas flores em grandes vasos e arrumara uma mesa redonda com duas cadeiras. O sol já tinha se posto horas antes e, sem luar, havia uma espetacular fileira de estrelas no limpo céu noturno.

Salima olhou para cima e respirou fundo. A doce fragrância de jasmim emanava do jardim do vizinho. Pela primeira vez no dia Ahmed via sua esposa relaxar.

— Sempre tivemos jasmim em nosso jardim. Às vezes eu colhia alguns e levava ao meu quarto para poder sentir o perfume quando fosse dormir à noite.

Ela parou de falar e as lágrimas encheram seus olhos enquanto considerava que provavelmente nunca mais fosse ver aquele jardim novamente.

Ahmed puxou uma das cadeiras para que a esposa pudesse sentar-se. Encheu dois copos de suco, sentou-se à frente dela, e disse:

— "Nem muitas águas conseguem apagar o amor; os rios não conseguem levá-lo na correnteza. Se alguém oferecesse todas as riquezas da sua casa para adquirir o amor, seria totalmente desprezado."

— Que lindo! — disse Salima. — Quem escreveu isso?

— É da Bíblia. Do cântico de núpcias de Salomão. Você gosta de poesia?

— Adoro a boa poesia árabe.

— Eu decorei um pequeno poema para esta noite — ele disse. — Salima fixou o olhar nas estrelas enquanto Ahmed respirava fundo para dizer: — Chama-se *A Alquimia do Amor,* do poeta místico Rumi:[15]

> Você veio a nós de outro mundo
> De além das estrelas e sem forma.
> Transcendente, pura, de inimaginável beleza,
> Trazendo com você a essência do amor.
> Você transforma tudo em que toca.
> Preocupações mundanas, dificuldades e aflições
> Dissolvem-se na tua presença,
> Trazendo alegria ao governante e ao governado
> Ao lavrador e ao rei.
> Você domina a alquimia.
> Você acende o fogo do amor na terra e no céu
> No coração e na alma de todo ser.
> Por meio do seu amor
> A existência e a inexistência se fundem.

---

[15] Jalal ud-Din Muhammad Rumi (1207-1273), o maior dos místicos islâmicos e extraordinário poeta do amor. Nasceu no Afeganistão, passou pelo Irã e viveu e morreu em Konia, na Turquia [N. do T.].

Todos os opostos se unem.

Tudo o que é profano volta a ser sagrado.

Lágrimas desceram pela face de Salima.

— Isso é muito lindo — foi tudo o que ela conseguiu dizer.

Ahmed tomou as mãos da esposa.

— Salima, eu amo você.

Salima olhou para o tampo da mesa e disse:

— Você mal me conhece. Como pode dizer que me ama

— Porque *escolhi* amar você. — Quando ela levantou o olhar, surpresa, Ahmed continuou: — "Você fez disparar o meu coração, minha irmã, minha noiva; fez disparar o meu coração com um simples olhar". Essas palavras são também de Cântico dos Cânticos. Quero que o nosso amor glorifique o Deus que nos ama e nos deu um ao outro. O que fizemos hoje foi nos casarmos aos olhos das autoridades legais. Entretanto, em dois dias teremos outra cerimônia, uma cerimônia cristã onde faremos uma aliança perante Deus. Se você estiver de acordo, eu quero esperar e não consumar nosso casamento até depois dessa cerimônia. Está bem?

Salima fez que sim.

— Faço isso como símbolo do meu amor a Deus e por você.

— Ahmed?

Havia um apelo obsessivo na maneira como pronunciou o seu nome. Ansioso, Ahmed respondeu:

— Sim?

Levantando o olhar para o magnífico céu noturno, Salima disse:

— Quando eu era garota, eu costumava sonhar com o dia do meu casamento. Eu imaginava minha mãe, irmãs, tias e primos nas bodas. — Reprimiu as lágrimas e continuou. — Nós sempre tínhamos celebrações familiares maravilhosas. Eu estava pensando na época em que minhas sobrinhas e sobrinhos nasceram e minha mãe os sufocou em amor e imaginei minha mãe comigo quando meus filhos nascerem...

Ela parou de falar e Ahmed aguardou, sem saber o que dizer.

Salima olhou Ahmed nos olhos e quase suplicou ao dizer:

— Você é tudo o que tenho. Neste exato momento você é toda a minha família.

Ahmed apertou as mãos dela, tentando dar-lhe segurança.

— Você será a minha rocha? Posso contar com você nos momentos tormentosos? Você... — Ela baixou a cabeça e chorou.

— Está tudo bem. Eu estou aqui para você. Eu *serei* a sua rocha.

O que mais ele poderia dizer? E, além disso, ele expressava aquelas palavras de todo o coração.

O salão de conferências do Centro de Treinamento Logos havia sido decorado com flores e um cordão branco estava esticado ao longo do corredor central. Hassan e Mustafá estavam em pé junto com Ahmed. Farah, ao lado de Salima. Várias famílias da igreja de São Marcos estavam sentadas nas primeiras fileiras, com Nour, esposa do padre Alexander, na fileira da frente como se estivesse substituindo a orgulhosa mãe da noiva. Durante várias semanas ela havia preparado Salima para o casamento, ensinando as coisas que a mãe de Salima lhe teria ensinado em casa.

Butros leu em Efésios 5.31-33: "Por essa razão, o homem deixará pai e mãe e se unirá à sua mulher, e os dois serão uma só carne. Este é um mistério profundo; refiro-me, porém, a Cristo e à igreja. Portanto, cada um de vocês também ame a sua mulher como a si mesmo, e a mulher trate o marido com todo o respeito".

Butros olhou para o casal em pé diante de si e disse:

— O casamento cristão é uma instituição singular por ser um retrato do relacionamento que temos com Deus todo-poderoso. Vocês não estão firmando hoje um simples contrato legal que pode ser facilmente desfeito. Aos olhos da nossa sociedade o marido pode dizer três vezes à sua esposa: "Eu me divorcio de você" e o contrato está desfeito. Mas hoje vocês estão fazendo uma aliança perante Deus e ela não pode ser desfeita porque foi selada com sangue — o sangue do nosso Senhor Jesus.

— Timóteo, eu lhe incumbo pelas Escrituras amar Salima da mesma forma que Cristo o ama. E como ele o ama? Morrendo por você. Ele derramou seu sangue para que com ele você tenha a vida eterna. Você tem um novo nome, Timóteo, porque você é uma nova pessoa. Uma forma de demonstrar sua nova vida em Cristo é amando sua esposa assim como Cristo o ama, tanto que, se necessário, morra por ela.

— Salima, eu lhe incumbo pelas Escrituras submeter-se ao seu marido e respeitá-lo. Você deve se submeter a ele como a Jesus Cristo, não por Ahmed ser perfeito, mas por ele ter a responsabilidade de amar você, seguindo o exemplo de Jesus Cristo. Você deve respeitá-lo, porque o seu respeito será para ele como o ar que ele respira. Ele tem grandes sonhos e pesadas responsabilidades, e Deus deu você a ele como ajudadora para encorajá-lo e apoiá-lo.

Butros e o padre Alexander haviam conversado várias vezes a respeito dessa cerimônia e concordaram em estabelecer um modelo para crentes de origem muçulmana. Haveria outros como Ahmed e Salima. Esse casal precisava compreender a aliança do casamento porque seria um exemplo para outros. Os dois líderes haviam planejado cuidadosamente o culto para reforçar essas verdades. Quando Butros concluiu sua admoestação ao casal, Abuna Alexander assumiu.

Dirigindo-se à congregação, Alexander leu:

— Estamos reunidos aqui na presença de Deus para unir este homem e esta mulher no sagrado matrimônio, que é um estado de honra instituído por Deus, que significa para nós a união mística entre Cristo e sua igreja. Ele não pode ser celebrado de maneira precipitada ou leviana, mas de maneira reverente, discreta, ponderada, sóbria e no temor de Deus.

Falando ao casal, continuou:

— Timóteo, é de sua livre, boa e espontânea vontade e firme intenção receber Salima como sua esposa?

— Sim — respondeu Ahmed.

— Salima, é de sua livre, boa e espontânea vontade e firme intenção receber Timóteo como seu marido?

— Sim — respondeu Salima.

Feitos os votos pelo casal, o padre orou:

— Ó santo Deus que criaste o homem do pó e formaste sua esposa e a uniste a ele na qualidade de companheira, por parecer bem à tua majestade que o homem não fique sozinho sobre a terra, estende tua mão de tua santa morada e une o teu servo Timóteo e esta tua serva Salima. Une-os em uma mente e em uma carne e dá-lhes filhos saudáveis para serem educados na fé, pois tua é a majestade, teu é o Reino, o poder e a glória.

— Amém! — respondeu a congregação.

20

SEIS MESES DEPOIS

O primeiro culto para crentes de origem muçulmana em Suq al Khamis foi realizado numa sexta-feira na casa de Ahmed e Salima. Eles tiraram toda a mobília da sala de estar para que todos pudessem sentar-se no chão. As janelas foram fechadas e cobertas. Havia sete homens incluindo Hassan num canto da sala e quatro mulheres, incluindo Farah e Salima no outro lado. Três mulheres e dois homens, incluindo o marido de Farah, eram parentes de Ahmed. Os outros estavam lá devido a longas conversas com Ahmed que os havia levado a se convencerem de que Jesus era de fato Deus encarnado, que havia morrido na cruz por seus pecados — a despeito do que o islamismo ensinava, ninguém havia tomado o seu lugar na morte — e ressuscitado dentre os mortos três dias depois. Mustafá também estava no prédio, mas ficou na parte de baixo, no escritório. Se chegassem visitantes inesperados, ele apertaria um botão. Salima tinha preparado sanduíches e chá, e a congregação podia transformar imediatamente o culto em uma reunião para tomar chá.

Ahmed estava emocionado com a congregação. Havia analisado cuidadosamente todos os convidados, sabendo que uma pessoa que não estivesse segura de sua fé poderia trair o grupo todo. Pensou com tristeza em Saeed e na maneira com a qual ele reagira às boas-novas. Seus caminhos não mais se cruzaram e Ahmed não mais voltara à cafeteria onde se encontraram. Ele só esperava que o ex-amigo tivesse mantido consigo aquela conversa.

O culto havia sido planejado de acordo com orientação de Butros e Abuna Alexander. O padre lutara com o fato de Ahmed e seu pequeno rebanho não poderem participar plenamente na tradição litúrgica. Claro que Ahmed não era ordenado, mas Alexander sabia que não podia se envolver pessoalmente — poderia colocar em risco aquele pequeno rebanho, bem como a igreja de São Marcos. Era melhor que não houvesse evidência externa de reunião cristã. Não haveria templo com uma cruz no topo, não haveria vestes ou incenso ou outros elementos litúrgicos. Na verdade o grupo deveria, provavelmente, variar o local da reunião e, talvez, o dia em que se reuniriam cada semana. Abuna Alexander havia sugerido leituras bíblicas adequadas ao ano litúrgico da igreja para que os crentes novos aprendessem sistematicamente os relatos e ensinos básicos da Bíblia. Ele propôs também um modelo simples de oração: um salmo de louvor, uma oração de confissão, o compartilhamento das várias necessidades pessoais e oração e, para concluir, uma oração de agradecimento.

Abuna Alexander sentiu-se desconfortável quando eles discutiram a celebração da Santa Comunhão, que o padre chamava de Eucaristia. Todavia, tratou com Butros e Ahmed para dar o seu conselho. Ahmed ensinaria e prepararia o rebanho durante várias semanas para que então pudessem participar da ceia do Senhor. Concordaram que Ahmed ia dirigir o culto sem convidados de fora. Os muçulmanos não cantam em suas reuniões, mas os dois mentores sentiram que Ahmed precisava ensinar salmos e hinos à congregação. Ahmed havia reunido vários cânticos de uma congregação que, certa vez, visitara na capital. Eles seriam entregues em cada culto, recolhidos e, depois, escondidos.

O culto começou com o cântico de dois hinos. Foram cantados sem acompanhamento instrumental e em voz baixa para não atrair atenção de fora. Depois leram em uníssono João 1.1-18. Ahmed havia feito uma cópia da passagem para cada um porque ninguém podia carregar publicamente os Evangelhos para a reunião.

— Vamos estudar o evangelho de João durante os primeiros meses em que estivermos reunidos — Ahmed explicou. — Vou dar a vocês a passagem a cada semana para que possam ler antes que eu explique na semana seguinte. Vocês devem querer memorizar o mais que puderem para que as Escrituras, a Palavra de Deus, possam crescer bem no íntimo de vocês e guiar sua vida.

Antes do ensino de Ahmed, um homem deu um testemunho. Nadir tinha uma loja de doces em Suq al Khamis e sua esposa e cinco filhos moravam em aposentos internos atrás da loja. Certo dia Ahmed entrou na loja e comprou uma boa quantidade de doces para as crianças da vizinhança. Ao pagar pela compra, Nadir murmurou:

— É bom ter um freguês que não pede crédito.

Ahmed, sempre alerta a oportunidades para começar uma conversa, perguntou:

— Você tem dificuldade com cobrança?

— É ridículo — Nadir disse ao entregar o troco a Ahmed. — Todos querem me pagar depois. Quando vou cobrar, apresentam desculpas. Não sei por quanto tempo mais eu posso continuar no negócio.

Por algum motivo, Ahmed lhe perguntou:

— Alguém deixa de pagar?

— É estranho você perguntar. Ontem um homem veio me pagar. Um cristão. Ele me pagou, com juros.

Aquele foi o começo de uma amizade e de mais conversas entre os dois homens.

— Eu não era um muçulmano devoto — Nadir admitiu aos presentes. — Eu lutava com o álcool e, quando bebia demais, entrava em discussões e brigas. Várias vezes minha esposa chamou Ahmed para conversar comigo. Ele me deu uma Bíblia e há vários meses que a venho lendo. A mensagem do evangelho me transformou. Mudou tanto que na semana passada minha esposa me pediu que lhe dissesse o que estava me mudando de forma tão impressionante.

Nadir terminou seu testemunho pedindo oração por sua esposa e filhos.

— Eles não sabem que eu estou aqui. Comecei a contar-lhes histórias da Bíblia. Minha mulher está desejosa de conhecer mais. Por favor, orem para que eu saiba como levá-la à fé. Seu pai é um muçulmano devoto, por isso eu sinto que preciso ser cuidadoso.

Depois que Nadir terminou, Ahmed dirigiu as orações. Sentou-se à frente, diante do grupo. Como sinal de respeito pelas Escrituras, sua Bíblia estava num pequeno pedestal de madeira. Ele havia orado muito a respeito do que dizer àquele pequeno rebanho e escolhera como texto bíblico as palavras de Jesus no evangelho de João: "Um novo mandamento lhes dou: Amem-se uns aos outros. Como eu os amei, vocês devem amar-se uns aos outros" (13.34). Suas palavras foram cuidadosamente escritas em seu diário, junto com seu poema.

— O verdadeiro amor é o que salva — começou sua mensagem. — Aquele que produz amor em nosso coração, fazendo com que amemos inimigos e pecadores, só ele salva. Ele que nos torna filhos e não seus escravos é que nos salva.

— Como podemos explicar a mudança na vida do nosso irmão Nadir? Só o amor pode explicar. Jesus é o único e verdadeiro Deus que pode salvar.

Ele é o único que nunca teme a sua sincera busca, suas dúvidas justas e o seu questionamento ousado. Somente ele deixa o mundo perplexo. Somente ele nos deixa perplexos. E somente ele pode nos mudar.

— A religião do amor aceita somente quem segue voluntariamente. Quem se aproxima por obrigação nunca irá conseguir. Vemos isso na passagem que acabamos de ler. A lei foi dada por intermédio de Moisés; a graça e a verdade vieram por intermédio de Jesus Cristo. O Alcorão pode apenas revelar a lei. Deus se revela a nós por intermédio de Jesus Cristo. Quem é forçado a crer perdeu a direção, porque o Deus de amor não nos força a crer. O Deus de amor não tem prazer em nada a não ser no amor. Ele quer nos fazer iguais a ele. Ideologias ordenam assassinatos. Cristo responde: "Qualquer que se irar contra seu irmão estará sujeito a julgamento. Não resistam ao perverso. Amem os seus inimigos e orem por aqueles que os perseguem."[16]

— É o amor que deve caracterizar a nossa comunhão. Jesus concedeu a todos que o aceitaram, tanto bons como maus, judeus e gentios, o privilégio de se tornarem filhos de Deus — a menina dos seus olhos, sua alegria e deleite, de todas as tribos, povos e línguas. É inclusivo, revolucionário, indomado. Não tem mancha ou ruga. Não tem divisões, contaminação ou derramamento de sangue. Ele aceita todos. É o verdadeiro povo de Deus que reflete o seu amor. Eles libertam outros. Fazem justiça. Esta é sua gloriosa igreja, que o mundo todo aguarda.

Ahmed, ao falar àquele pequeno rebanho, sentiu pela primeira vez seu verdadeiro chamado na vida. Ele queria pastorear aquelas almas. Queria guiá-las, vê-las crescer, amadurecer e tornar-se luzes nas trevas de Suq al Khamis. Aquelas 11 pessoas — com Mustafá eram 12, o mesmo número que Jesus tinha como discípulos — podiam mudar aquela cidade. Podiam ir pelos vilarejos circunvizinhos — que Mustafá e Hassan já haviam começado. Elas iam semear e iam colher. E o resultado seria uma colheita maior do que qualquer uma já vista no país, não uma colheita de milho ou trigo, mas de almas. Sim, aquele era o desejo do seu coração. Faria tudo o que pudesse para aprender e ser treinado para poder alimentar aquelas ovelhas.

---

[16] Mateus 5.22, 39, 44. [N. do T.].

Layla pegou um balde de sementes e as espalhou entre as galinhas. Seu estômago revirou por causa do cheiro do curral. De repente, ela deixou o balde cair, correu até a parte de trás do galinheiro e vomitou o chá e o pão velho que havia comido no café da manhã. Ficou durante um momento com as mãos nos joelhos, até recuperar o fôlego. Depois, vagarosamente, se levantou e foi até as duas cabras que tinha de ordenhar. Pelo menos para aquela tarefa ela podia sentar-se numa pequena banqueta. Aquele era um dos poucos trabalhos que ela realmente não se incomodava em fazer.

O vilarejo ficava a quilômetros de distância, mas Layla nunca teve permissão para sair da fazenda. Ela sentia-se apanhada numa armadilha. Era o comprimento dos dias que a deixava exausta. Raramente tinha mais do que seis horas de sono, e isso era precedido pelo pesadelo que tinha de suportar de Abdul-Qawi. Como o odiava! Depois que seu seqüestrador se cansou dela, transferiu-a como uma carroça velha, não, como um asno que puxava a carroça, para o amigo que, então, realizou um simulacro de uma cerimônia e a tornou sua esposa. Ela recebeu ordem para ficar em silêncio nas três vezes em que o imã do vilarejo perguntou a Abdul-Qawi: "Você está disposto a se casar com esta mulher?". Ela havia desejado muito que ele exercesse seu direito de divórcio, falando três vezes: "Eu me divorcio de você", e a mandasse de volta para Suq al Khamis.

Todas as noites o monstro mantinha relações sexuais com ela, depois a deixava em seu diminuto quarto na casa do sítio da família e trancava a porta. Muitas vezes ele a advertia das terríveis conseqüências se um dia tentasse escapar. Já que ele não hesitava em pegar uma vara de bambu e espancá-la se percebesse a mínima infração, ela não tinha dúvida de que ele era capaz de cumprir suas ameaças mais terríveis.

Normalmente a irmã mais nova de Abdul-Qawi destrancava a porta um pouco antes de o sol nascer e suas manhãs eram sempre a mesma rotina — dar de comer aos animais, limpar as baias, cuidar da horta. Ela gastava longas horas nos campos labutando ao sol escaldante. Nunca fazia as refeições com a família. Normalmente recebia restos de comida como se fosse um dos animais do curral.

O ódio alimentava seus dias, dando-lhe energia de que precisava para fazer todo o trabalho e evitar espancamentos mais sérios — isso e a esperança de que um dia pudesse encontrar um jeito de escapar. Mas a esperança estava enfraquecendo. Já fazia mais de um ano desde que fora seqüestrada de Suq al Khamis. Por um momento ela havia pensado, depois da visita dos pais, que seria resgatada. Mas aquela idéia enfraqueceu quando a "propriedade" foi transferida para Abdul-Qawi. Seus pais saberiam ao menos onde ela estava? E o que eles pensariam dela ao saber que estava "casada"? Seu irmão certamente levaria isso para o lado pessoal — como podia ela envergonhar a família? Como se ela tivesse alguma escolha!

Ela simplesmente não podia perder a esperança. Se o fizesse, não haveria mais razão para continuar vivendo. Tinha de haver um jeito de escapar. Ela tentaria furtar a chave de Abdul-Qawi ou de sua irmã. Com a chave ela escaparia no meio da noite. Precisava ficar alerta. Uma oportunidade surgiria e ela estaria pronta. Enquanto isso, ela tirava conforto das leituras do Novo Testamento das quais se lembrava. E orava com fervor a Deus que a resgatasse daquele pesadelo.

Telefonemas ameaçadores começaram a chegar para Butros com certa regularidade. Às vezes telefonavam para o seu escritório, às vezes para sua casa. Nadira disse que quando estava em casa, sozinha com os dois filhos, a pessoa não dizia nada, mas podia ouvir a respiração de alguém e, de vez em quando, uma conversa ao fundo.

Quando Butros atendia, havia uma mensagem.

— Sabemos o que você está fazendo. — A voz parecia ser de um homem instruído e articulado. — Não queremos organizações ocidentais interferindo em nosso país.

— Não consigo compreender o que isso tem a ver comigo.

— Você compreende perfeitamente. Sabemos a respeito de seus visitantes estrangeiros. Sabemos que você recebe dinheiro do ocidente e que você é uma frente para missões ocidentais. Você trabalha com inimigos do islamismo. Você tem uma conferência programada para breve. Estou avisando — você deve cancelá-la.

— Acho que você está cometendo um erro — Butros disse certa vez. — A conferência é para líderes cristãos.

— Você converte pessoas ao cristianismo. Não vamos tolerar isso.

— Não, não é esse o propósito da conferência. Além disso, temos liberdade de religião. Não estou envolvido em nada ilegal.

— Não estamos preocupados que seja legal ou ilegal — o homem respondeu. — Estamos apenas advertindo-o. O que você está fazendo não é bom. Você precisa parar ou haverá conseqüências.

Certa noite Butros chegou à sua casa e encontrou a esposa e os filhos chorando. Depois que Butros acalmou as crianças com um pouco de comida e ajudou a esposa, tentando confortá-la, ficou sabendo que ela havia recebido outro telefonema.

— Estamos vigiando vocês. — A voz ao telefone era sinistra.

— Por favor, quem está falando? — Nadira perguntou, fazendo o máximo para não demonstrar qualquer ansiedade na voz.

— Este é um aviso. Diga ao seu marido que pare o que está fazendo ou nós vamos seqüestrar seus filhos.

———

Butros olhava para o teto. O relógio ao lado da cama indicava que passava das 3 horas da madrugada. Sua esposa, com a cabeça descansando em seu ombro, tinha finalmente caído num sono agitado, mas Butros, lutando com Deus, nem pensava em dormir. Havia chegado à sua casa sete horas antes e encontrara Nadira em pânico. Butros lhe falara a respeito das ameaças por telefone, mas até aquele momento elas tinham sido vagas, querendo apenas intimidar. Agora era diferente. Ele não se importava de colocar a própria vida em risco, mas ameaças à sua família eram outro assunto.

O que fazer? Ele mal sabia como orar. Se fugisse, os extremistas acreditariam que tinham vencido e isso encorajaria uma intensificação de sua campanha de intimidação. Como esperaria que outros pastores permanecessem em seus postos se ele fugisse ante a primeira ameaça séria? Todas as igrejas do país viviam sob ameaças e perseguição. Como uma minoria formada por apenas 5% da população, era de esperar que os cristãos fossem reprimidos pela maioria muçulmana. Mas ultimamente as ameaças tinham se tornado mais abertas. Os imãs estavam pregando sermões mais provocativos, chamando os cristãos de infiéis e o Ocidente de inimigo do islamismo. Células locais da Fraternidade Muçulmana estavam tendo uma grande publicidade e, embora o governo defendesse publicamente uma posição moderada, admitindo que os cristãos, historicamente, fizeram parte da região, as autoridades policiais locais, no geral, permitiam que os radicais agissem. Os fundamentalistas insistiam que as mulheres cobrissem a cabeça, fechavam teatros e lojas que vendiam carne de porco e bebida alcoólica e, em alguns casos, atacavam igrejas. As jovens pareciam enfrentar o maior perigo — havia cada vez mais incidentes de seqüestros e conversões forçadas ao islamismo. Havia também casos, especialmente nas maiores cidades, de indução à conversão ao islamismo — promessas de melhor emprego ou apartamento grátis eram incentivos atraentes ao homem cristão pobre. Entretanto, até recentemente, ameaças físicas declaradas contra os cristãos eram raras.

E então, o que fazer? Deveria ignorar a ameaça à família? Isso não parecia prudente. Poderia, por segurança, colocar mais fechaduras no apartamento, mas qualquer que estivesse determinado a entrar o faria. Poderia fazer com que Nadira e as crianças não fossem à parte alguma sem ele ou a companhia de outro homem. Poderia levá-los ao Centro de Treinamento Logos e morar longe da cidade — mas isso os protegeria? Se algo acontecesse, eles estariam mais vulneráveis na zona rural.

Nadira falara recentemente em levar as crianças para ver seus pais. Talvez fosse um bom momento para fazer isso, o que permitiria que Butros pensasse e encontrasse um jeito de proteger seus familiares. Tal atitude não faria pensar que estavam fugindo, mas não podiam, tampouco, ficar esperando amedrontados.

Nadira teve um sono agitado e murmurou algumas palavras. Butros se inclinou e a beijou na cabeça, colocou a mão em seu ombro e sussurrou:

— Senhor, suplico que protejas minha família. Dê à minha esposa a tua paz em vez do medo. Mantenha meus filhos escondidos em teus braços, longe dos inimigos que possam causar-lhes mal. — Fez uma pausa quando a esposa suspirou dormindo. — Pai celestial, preciso de tua sabedoria mais do que nunca. Tu nos chamaste para o trabalho. Mostra-nos o que devemos fazer.

Pela primeira vez em muitas horas, uma paz o invadiu.

21

DOIS MESES DEPOIS

Irmão André iria falar numa conferência de pastores no Centro de Treinamento Logos. No último momento Butros, devido ao aumento das ameaças a ele e a vários outros pastores, decidiu cancelar o evento e mandou sua família para uma estadia prolongada na casa dos pais de Nadira. Mas insistiu com seu mentor que visitasse o país. Dessa vez eles se reuniriam individualmente com pastores que estavam sentindo a crescente pressão de hostilidade em suas comunidades.

— Vamos ouvi-los e orar com eles — Butros pediu. — Sua presença aqui vai significar muito para eles.

Foi um tempo de muitas atividades. Cada dia foi cheio de reuniões com pastores e também com a equipe, cada vez maior, da ONG Al Kalima. André também achou tempo, certa tarde, para visitar o professor Kamal na universidade. Aguardou no escritório reservado do professor enquanto Kamal conversava com alunos depois de uma palestra. Atrás de sua escrivaninha e penduradas em duas paredes, estantes que iam do chão ao teto vergavam sob o peso de livros clássicos sobre o islamismo. Quando o professor entrou na sala, André se levantou e cumprimentou o amigo na forma árabe tradicional:

— *Assalaam Aleikum* — que significa "paz seja contigo".

O professor sorriu, cumprimentou seu convidado e respondeu em árabe:
— *Walikum assalaam wa rahmatullahi wa barakuatuhu.* — Depois traduziu: — Isso significa a paz, a misericórdia e as bênçãos de Deus sejam sobre você.

Quando os dois homens se sentaram, o professor explicou:
— Seja qual for a saudação que lhe seja feita, você deve devolver mais.
— Gostei disso — respondeu Irmão André. Conversaram por alguns momentos, e então André disse: — Em nossa saudação falamos de paz. Quando digo "*Assalaam Aleikum*", eu falo de coração. Eu quero paz. Eu trago paz. Quero que *o senhor* tenha paz — a paz de Deus. E o senhor me responde de maneira muito bonita retribuindo-me mais. Entretanto, se um muçulmano não aceitar a minha paz? E se ele disser: "Não!"?

— Se a resposta for não, significa que existe inimizade entre nós — disse o professor.

— Digo isso porque algumas pessoas no Ocidente dizem que o islamismo é uma religião de paz. Mas outras vêem os ataques de alguns muçulmanos e dizem que o islamismo odeia cristãos e judeus. Nem todos os muçulmanos nos desejam paz.

Kamal levantou-se e olhou durante um momento para as estantes atrás de si, depois puxou um livro. Enquanto o folheava à procura de uma referência, disse:

— Quero mostrar-lhe como, desde cedo em nossa história, os muçulmanos praticaram o que o Profeta lhes mandou. — Encontrando o que estava procurando, Kamal disse: — A clara evidência disso é este Tratado firmado pelo Segundo Califa, Umar Ibn al-Khattab, Comandante dos fiéis — que Deus se agrade dele —, com o patriarca cristão Sinfrônio. Este Tratado é um exemplo de tolerância e um contrato honesto entre pessoas. Os habitantes da terra santa, tanto muçulmanos como cristãos, se orgulham dele porque ele estabeleceu firmemente a forma do relacionamento entre os filhos de um povo palestino. Ele não se firma em base sectária ou de confissão, mas, ao contrário, numa base sublime construída sobre o respeito pela religião e as crenças de uma parte pela outra e pela completa liberdade desta parte de praticar sua religião e convicções sem crítica ou vilipêndio.

— Conheço o Tratado de Umar — disse André. — A história lembra esse califa por sua recusa em orar na igreja do Santo Sepulcro para que ela não fosse considerada uma mesquita. Mas não estamos falando também do mesmo califa Umar que determinou que os cristãos não podiam construir novas igrejas ou reformar as existentes nas cidades habitadas por muçulmanos? Foi proibido o toque dos sinos para chamar os cristãos à oração. Foi exigido que os cristãos se diferenciassem dos muçulmanos por suas vestes e viajassem apenas em burros enquanto os muçulmanos usavam cavalos. Os muçulmanos lembram dessa norma com orgulho, mas, para os cristãos, esse Tratado demonstra os limites da tolerância muçulmana.

Kamal retornou o livro à estante e disse:

— O homem não é muçulmano a menos que ame verdadeiramente seu semelhante, porque não há necessidade de inveja e ódio. Ali bin Abi Talib, o Quarto Califa Iluminado, diz: "Se você vencer o inimigo, perdoe-o como sinal de sua gratidão por tê-lo vencido. Puna seu irmão com bondade e repila o erro com graça". O Profeta, que a paz esteja com ele, ensina o seguinte aos muçulmanos: "Meu Deus me ordenou que eu perdoe quem me fez mal, mantenha os laços com quem renunciou ao sangue em família e dê àquele que não me deu".

André discordou:

— Essas são palavras bonitas, mas não vejo muita justiça ou perdão ou bondade no Oriente Médio.

— Não, você tem razão. — Kamal sentou-se e disse com tristeza. — Mas seria diferente se o islamismo estivesse em sua correta posição em Jerusalém.

A voz do professor era mansa e ele olhou com bondade para André. Entretanto, era evidente que eles haviam chegado a um impasse. Estava claro que Kamal acreditava que o islamismo pertencia a uma posição proeminente de poder e que os líderes muçulmanos tratariam naturalmente todos os descrentes ou *dhimmis* com justiça e compaixão.

André decidiu, cuidadosamente, desafiar aquela posição.

— Professor, o islamismo é a autoridade aqui no seu país. Mas eu visitei muitos cristãos que não vivem a situação que o senhor acaba de descrever. Eles não se sentem seguros e protegidos. Viajei pelo seu país na semana passada e fui informado de ataques contra igrejas. Lojas de cristãos foram destruídas. O senhor está me dizendo que isso não é o verdadeiro islamismo?

— O islamismo enfatiza a liberdade de culto aos não-muçulmanos — respondeu Kamal. — Eles não podem ser forçados a agir de outra forma. É proibido forçá-los a deixar sua religião e profanar seus locais de culto. O comportamento do Profeta e de seus sucessores serve como testemunho. O islamismo reconhece outras religiões e profetas anteriores. O Alcorão instrui os muçulmanos a respeitarem-nos e, sempre que o nome de um profeta é invocado, seja ele Adão, Abraão, Moisés, Jesus ou Maomé, o muçulmano automaticamente diz: "Paz seja sobre ele". Todos são portadores da Mensagem do Céu, esta eterna mensagem com o objetivo básico: a adoração de Deus e o bondoso tratamento dos seres humanos.

— Meu amigo, o senhor deve admitir que muitos de seus colegas muçulmanos parecem não ter ouvido essa mensagem do islamismo. Muitos no Ocidente vêem o islamismo como uma religião agressiva, que promove a guerra...

— A guerra no islamismo é uma exceção — interrompeu o professor. — Só usada para autodefesa contra a agressão.

— O senhor consideraria os ataques de grupos como o Hezbolah, o Hamas e o Jihad Islâmico como uso legítimo da guerra?

— É seu único meio de autodefesa contra a agressão. Sim, é legítimo.

— Professor, essa perspectiva é difícil de ser aceita por nós, cristãos. Sei que o senhor tem outra aula para dar e já me forneceu muito em que pensar. Agradeço-lhe muito pelo seu tempo. Gostaria de saber se posso orar pelo senhor.

— Sim.

Irmão André levantou as mãos, com as palmas para cima, e orou:

— Senhor Deus, agradeço-te muito por teres me trazido a este encontro com meu querido amigo Kamal. Nós buscamos a verdade. Buscamos soluções. Buscamos paz. Buscamos justiça e retidão. Senhor, peço-te que operes em nossa vida — como podemos levar a paz se não tivermos paz em nosso coração? Agradeço-te por Jesus, que nos trouxe paz, que nos trouxe perdão, que tornou conhecida sua graça e o acesso ao trono de Deus. Obrigado por meu amigo, por suas informações, por sua disposição em conversar a respeito de soluções. Abençoa-o, Senhor, protege-o, protege sua família e seu trabalho. Reúne-nos novamente em teu bom e devido tempo. Em nome de Jesus, amém.

———

No dia seguinte André e Butros aguardaram o encontro com Kareem numa área de recepção decorada no último andar de um prédio do governo. Um homem vestido com uma toga engomada serviu café em um bule de prata enquanto eles relaxavam num luxuoso sofá de couro. Um tapete persa cobria o chão de uma ampla sala. Do outro lado deles estava sentado um secretário que preparava documentos para a assinatura do ministro, cada um deles numa grossa pasta de couro. Depois de Butros e André terem esperado alguns minutos, o secretário entrou com uma pilha de pastas no gabinete do ministro e voltou para acompanhá-los na reunião deles.

Para recebê-los, Kareem levantou-se e deu a volta em torno de uma imensa mesa de madeira entalhada. A pilha de pastas de couro ficou no meio da escrivaninha, junto com uma fileira de canetas-tinteiro. No lado direito da escrivaninha havia vários telefones. Havia também um frasco de perfume e André detectou o forte aroma de incenso. O gabinete era em forma de L. À frente da escrivaninha de Kareem estava a área de sentar com luxuosos sofás e outro grande tapete oriental; à esquerda havia uma área de refeições e, contra a parede, uma mesa com vários pratos quentes. Ali um garçom preparava uma bandeja de café e biscoitos.

Ao mostrar-lhes o escritório, o xeque tirou de uma estante um exemplar do Alcorão encadernado com capa de couro e o ofereceu como presente ao Irmão André.

— Tenho vários exemplares do Alcorão — disse André, sorrindo. — Entretanto, este é o mais bonito que já ganhei.

Em retribuição, André ofereceu ao ministro uma Bíblia em árabe com capa de couro e quatro livros seus traduzidos para o árabe.

Kareem mostrou a André e a Butros as cadeiras, perto de sua mesa, onde eles podiam sentar-se e, depois que o garçom os serviu e saiu, fechando a porta atrás de si, disse:

— É um prazer vê-lo, Irmão André. Por favor, diga-me em que posso ajudá-lo?

Butros avisara André que Kareem os receberia em caráter oficial, por isso ele, sem sombra de dúvida, teria de ser cauteloso no que dissesse.

— Quero agradecer ao senhor por nos ter recebido hoje — André começou. Kareem sorriu e fez um gesto de aquiescência. — Estamos aqui para falar em favor dos que não podem falar por si mesmos. Os cristãos neste país estão sendo ameaçados cada vez mais. Igrejas têm sido incendiadas. Os cristãos têm sido atacados. Garotas adolescentes têm sido seqüestradas e forçadas a se converter ao islamismo. Isso deve ser muito perturbador ao seu governo e eu vim ao senhor para perguntar o que pode ser feito a respeito.

O ministro se mexeu de maneira desconfortável em sua cadeira e, finalmente, disse:

— O senhor tem razão. Isso é muito incômodo. Eu também estou triste com essas informações. Como o senhor sabe, existe liberdade de religião neste país.

— Liberdade no papel, talvez — André protestou —, mas não na prática, ao que parece.

— Meus amigos, compreendo sua preocupação e frustração. Todos deveriam ter o direito de praticar sua religião sem interferência. Eu gostaria de ordenar à polícia que protegesse seus amigos e desse um fim aos ataques. Entretanto, não tenho a autoridade para dar-lhes essa ordem. E mesmo que eu a tivesse, isso não significa que tais ordens seriam obedecidas.

— Então não há nada que o senhor possa fazer? — André perguntou.

— O que posso fazer é levar o assunto ao rei. Vou procurar um momento adequado para discutir isso com ele.

— Estou certo de que o senhor está ciente dos artigos escritos sobre a situação. Há pessoas no Ocidente observando para ver como o governo trata isso.

— Sim, estou ciente disso.

— Há, também, cristãos saindo do país ou tentando sair. Existe alguma coisa que o governo possa fazer para encorajá-los a ficar?

— Definitivamente, eu vou levar esse assunto aos meus colegas ministros. Não é bom para a nossa imagem que as pessoas queiram fugir do nosso país.

Butros fez um gesto e Kareem disse:

— Meu amigo, você quer dizer alguma coisa?

— Excelência, quero enfatizar que os cristãos são cidadãos leais e uma bênção para este país e todos os países onde vivem. Por exemplo, todos os domingos em nossas igrejas, oramos pelos governantes deste país. Oramos também pela prosperidade econômica da nossa nação — oramos por chuva e por boas colheitas. É verdade que sofremos, mas nunca paramos de orar pelo nosso povo. Além disso, servimos à grande comunidade muçulmana de muitas maneiras, operando escolas, orfanatos e hospitais.

— Sim, como vocês sabem, eu fui educado em uma de suas escolas — disse Kareem.

André observava o claro desconforto de seu anfitrião.

— Tenho certeza de que o senhor fará tudo o que puder para ajudar o corpo de Cristo. Quero que o senhor saiba que Butros me falou a seu respeito. Vou manter essa informação em absoluto sigilo. E quero que saiba que estou orando pelo senhor.

— Muito obrigado — respondeu Kareem. — Gostaria de poder dizer mais, mas o senhor compreende...

— Eu compreendo.

Ao sair da reunião, o secretário que estava na área de recepção os recebeu com uma bandeja de prata. Nela havia dois lindos pratos de cerâmica decorados com caligrafia dourada, um para Butros e outro para André levar como lembrança à Holanda.

Mais tarde, de volta ao hotel, André disse a Butros como era difícil para um homem, mesmo que em tal alto cargo do governo, fazer diferença.

— Kareem estava claramente constrangido com a nossa conversa — disse André.

— Sim, mas pelo menos ele não mentiu para nós — disse Butros. — Nesta cultura é comum mentir a visitantes como você. Eles dirão o que você quer ouvir, porém, sem intenção nenhuma de fazer alguma coisa.

— Nosso amigo não fez isso. Ele parece querer tentar ajudar.

— Acho que ele irá tentar, mas deve operar dentro de um sistema. Ele não pode mudar a cultura. Até o rei está limitado quanto ao que pode fazer. Ele anda sobre uma linha tênue, tentando manter boas relações com as democracias ocidentais enquanto abranda a crescente influência dos fundamentalistas neste país. Ele dirá que este país reconhece oficialmente a Declaração dos Direitos Humanos da ONU, mas na realidade a lei islâmica é suprema, e nunca fará nada que contradiga isso.

— Então, realisticamente, não há nada que Kareem possa fazer pelos cristãos?

— Ele será uma voz de moderação e, talvez, use sua influência discretamente em certos casos específicos. Mas ele precisa ser muito cuidadoso. Não pode arriscar o pescoço. Lembre-se, ninguém sabe que ele é realmente um seguidor de Cristo.

André pensou no que haviam conversado quando Butros o deixou no hotel.

— Você tem razão — disse André ao pôr a mão na maçaneta da porta. Hesitou, depois disse: — Não podemos confiar demais em um oficial do governo. Entretanto, devemos orar por ele. Deus o tem naquele cargo por uma razão e algum dia ele terá a oportunidade de ser usado de uma forma singular. Devemos orar para que ele esteja pronto quando isso acontecer.

22

UM ANO DEPOIS

O pessoal da Al Kalima de Suq al Khamis se reunia às segundas-feiras de manhã no andar térreo do escritório de Ahmed, embaixo do apartamento onde ele e Salima moravam. Ahmed, que liderava a equipe, gerenciava o orçamento que Butros supria — pagando os salários e obtendo livros e outros recursos quando necessários. Mustafá e Hassan tinham estabelecido com sucesso centros de alfabetização entre a comunidade cristã nos vilarejos onde eles viviam. Cada homem dava aulas para uma classe de adultos do sexo masculino durante a semana à noite depois do trabalho nos campos. Uma mulher, esposa de pastor, treinada no curso primário de ensino de professores de alfabetização no Centro de Treinamento Logos, dava para as mulheres aulas de higiene, matemática elementar, redação e leitura.

Pela grande maioria os professores foram bem recebidos. A comunidade cristã dos vilarejos, que reconheceu a necessidade das aulas, providenciou-lhes espaço e encorajou suas congregações a participar. Durante os primeiros meses, não houve protestos. Embora, Mustafá e Ahmed estivessem recebendo bilhetes e telefonemas ameaçadores. A equipe havia conversado a respeito das ameaças e tomado precauções, mas não viu motivo para interromper o trabalho.

Salima também foi à reunião. Ela se tornara parte vital da missão. Cinco tardes por semana ela dava aulas de alfabetização às mulheres. Ela começara um curso à noite para garotas adolescentes que não tinham concluído o curso primário. Naquela manhã, como era seu costume, ela juntou-se aos homens para a reunião de avaliação dos vários cursos e dos problemas que estavam enfrentando.

Nadir foi o último elemento da equipe a chegar. Ele se beneficiara do treino em seu negócio, que se expandira de doces a bebidas e um balcão de sorvetes muito popular. Fez um grande esforço para eliminar a venda a crédito, com algum sucesso. Agora ele ensinava os princípios básicos do comércio a dois crentes vindos do islamismo.

Aquelas reuniões eram também um momento para renovação espiritual. Os cinco passavam parte do tempo em oração pelas pessoas a quem ministravam. Mustafá e Hassan lideravam pequenas congregações de crentes de origem muçulmana em seus vilarejos, e o grupo de Suq al Khamis havia crescido e se dividido em três grupos de cerca de 12 pessoas cada um. Para ter proteção e segurança foi decidido manter as congregações pequenas. Um grupo era formado principalmente pelos familiares de Ahmed. O pai de Ahmed ficou sabendo das reuniões e deixou claro que não queria que isso se tornasse conhecido de nenhum de seus amigos. A saúde dele estava piorando a olhos vistos. Ahmed orava constantemente pelo pai e ansiava por um abrandamento e completa reconciliação.

Além de liderar a equipe em Suq al Khamis e na área circunvizinha, Ahmed também ajudava Butros em outras partes do país, especificamente na reunião com outros crentes vindos do islamismo e treinando-os em seu discipulado e reuniões. Além disso, assim que essa reunião da equipe terminava, Ahmed passava o resto da semana viajando a várias cidades encorajando congregações recém-formadas de crentes vindos do islamismo.

A reunião terminou com um almoço rápido que Salima preparou. Hassan fechou seu laptop e o guardou em sua mochila. Nadir ajudou Mustafá a carregar duas caixas de livretos e Novos Testamentos em árabe até um pequeno automóvel de fabricação japonesa. Ahmed abraçou os dois amigos antes que eles entrassem no carro e fossem embora.

Dentro de poucos minutos eles estavam fora de Suq al Khamis e Hassan entrou numa estrada de terra que dividia dois grandes campos. Um canal estreito corria por um lado, levando irrigação de um poço profundo.

De repente, saindo de um pequeno arvoredo, surgiram na estrada várias motocicletas. Duas cortaram a frente deles e Hassan puxou o volante do carro para evitar uma colisão e desviou na direção do canal, parando na lama um pouco antes de afundar na água. Rapidamente deu marcha à ré, mas as rodas traseiras estavam suspensas e o carro não se mexeu.

Dois homens abriram, num puxão, a porta do lado do motorista e o puxaram para fora. Mustafá pulou do banco do carona e começou a correr, mas um dos motociclistas deu um tiro e ordenou-lhe que parasse. Os dois homens foram agarrados. Chegaram mais dois carros. Mustafá foi empurrado para o banco de trás de um deles; Hassan, para o outro. Enquanto isso dois dos agressores começaram a remexer no carro de Hassan e tiraram sua mochila.

———

Depois de um percurso de duas horas Ahmed chegou ao seu destino e estava procurando os endereços onde deveria encontrar-se com dois líderes crentes convertidos do islamismo quando seu telefone celular vibrou. Tirou o telefone do bolso e o abriu. Antes que pudesse falar, Salima gritou em seu ouvido:

— Eles pegaram Mustafá e Hassan. Você tem de fugir. Agora...

Ahmed nunca tinha ouvido sua esposa naquele estado.

— Salima, calma. Diga-me o que está acontecendo.

Ahmed esperou que Salima recuperasse um pouco do controle de suas emoções. Finalmente, ela disse:

— Acabo de receber um telefonema. Uma voz disse: "Estamos com os amigos do seu marido. E vocês são os próximos".

— Eles ameaçaram você?

— Não, estou dizendo que eles queriam que eu te desse um recado.

— Estou a caminho...

— Não, eles querem dinheiro.

— Posso chegar aí em duas horas.

— Não, não venha. Acho que é uma armadilha.

— Salima, é melhor você se acalmar e me dizer exatamente o que eles te disseram.

— A voz me disse para eu não chamar a polícia, caso contrário Mustafá e Hassan serão mortos.

— Querida, por favor. Comece pelo começo.

— Sinto muito. Estou assustada.

— Claro que está. Mas eu preciso compreender exatamente o que está acontecendo.

Salima respirou fundo.

— Ele não disse muita coisa.

— Ele falou o nome?

— Nada de nomes. Nada de grupo. Apenas disse: "Diga ao seu marido que estamos com os amigos dele". Depois, disse: "Não chamem a polícia ou nunca mais vocês verão seus amigos vivos novamente".

— Certo, não vamos chamar a polícia. Por enquanto.

— Eles disseram que querem dinheiro.

— Quanto?

Salima disse a quantia.

Ahmed suspirou.

— Não sei se posso arrumar esse tanto...

— Parece que ele acha que temos muito dinheiro.

— Acabo de pagar os salários. Você me viu fazer isso esta manhã.

— Talvez Butros possa ajudar.

— Quanto tempo temos?

— Ele disse que me telefonaria amanhã de manhã com instruções.

— Certo. Por favor, eu preciso que você fique calma. Ouça: Quero que você telefone para minha irmã e fique esta noite com ela.

Salima soluçou e disse:

— Certo, vou telefonar para ela.

— E eu vou telefonar para Butros. Juntos vamos ver o que faremos em seguida.

— Ahmed, estou realmente com medo.

— Claro que você está, querida. Mas você precisa manter a calma.

— Você não pode vir para casa. O homem disse que se você não fizer exatamente o que ele disse, matará você.

— Salima?

— Sim?

— Eu amo você.

— Eu amo você também. Você tomará cuidado?

— Isso terminará bem. Não devemos entrar em pânico; ao contrário, devemos orar e confiar em Deus. Vou manter meu celular ligado. Ligue-me se algo acontecer.

———

Mustafá não sabia onde estava. Tinha sido forçado a ficar no chão da parte de trás do carro enquanto ele sacolejava pela estrada de terra. Hassan tinha sido levado em outro carro. O grupo, que ele calculava ter oito homens envolvidos, tinha ido para uma fazenda distante e entrado num celeiro onde ficavam animais e equipamentos. Hassan fora levado para o outro lado. A roupa dos dois havia sido tirada. Enquanto dois homens seguravam os braços de Mustafá, outro, a uns quinze centímetros do seu rosto, gritava:

— Apóstata! Por que você está combatendo o Islã?

Mustafá começou a protestar, mas o acusador continuou:

— O que você está fazendo com minha irmã?

— Desculpe, mas quem é a sua irmã?

Um soco no estômago tirou-lhe a respiração.

— Fátima. Você reconhece esse nome?

Outro soco o fez vomitar e Mustafá teria caído se os dois homens não o tivessem segurado.

— Seu apóstata! — o homem gritou. — Por que você está colocando idéias infiéis na mente da minha irmã?

Mustafá não tinha idéia de quem era a irmã daquele homem. Ele presumiu que ela freqüentasse um dos centros de alfabetização onde a esposa de um pastor dava aulas, mas havia também muçulmanos que queriam a instrução. Ele fora informado de que várias mulheres muçulmanas tinham começado a freqüentar, e a esposa do pastor ficou com dó de mandá-las embora.

Outro golpe na cabeça de Mustafá quase o fez desmaiar, mas ele ainda ouviu o acusador dizer:

— Minha irmã só precisa do Alcorão. Ela não precisa de nenhuma daquelas idéias do Ocidente cristão.

Um grito do outro lado do celeiro chamou a atenção de todos.

— Encontrei algo no computador do infiel!

O líder ordenou aos dois homens que estavam segurando Mustafá:

— Amarrem-no.

E foi em passadas largas até o outro lado do celeiro.

Mustafá não tentou resistir quando os homens amarraram suas mãos atrás das costas, os pés um junto ao outro e o empurraram para uma cadeira velha de madeira. Ele ouviu o homem que estava com o computador dizer:

— Veja — a ONG deles, a Al Kalima. Aqui estão os nomes daqueles estudantes infiéis.

— Ótimo — disse o líder. — Copie-os e depois vamos tratar com eles. Estou mais interessado em descobrir quem dirige a organização. Ele tem endereços e número de telefones aí, talvez uma lista de contatos importantes?

— Estou procurando.

Mustafá ouviu o barulho das teclas do computador enquanto o homem vasculhava os arquivos do laptop.

— Há muitos documentos — disse a voz. — Aqui existe algo. "Como se tornar cristão". É uma tradução do inglês. Esta é a prova de que eles estão fazendo proselitismo.

— Certo. Mas eu quero os nomes dos líderes, sua rede de contato. Quem os apóia?

— Não acho isso aqui.

Depois de mais alguns instantes, a voz disse:

— Acho que isso é tudo. O que devemos fazer com o infiel?
— Mate-o — disse o líder.
Mustafá estremeceu e gritou:
— Não!
Um dos guardas que o tinha amarrado o golpeou no lado da cabeça. Mustafá ouviu o clique de uma pistola e depois o estrondo de um único tiro ecoou pelo celeiro.

———

Ahmed orou mais fervorosamente do que jamais antes fizera. Ficou surpreso ao sentir uma calma sobrenatural descer sobre si, como se estivesse sendo envolto em um cobertor quente em noite fria de inverno. *Meu Senhor Jesus, proteja meus amigos Mustafá e Hassan. Proteja minha esposa, Salima. Dá-me uma mente clara e dirija meus passos.* Imediatamente ele decidiu que precisava ir às reuniões programadas para aquela tarde e noite. Antes de entrar na casa onde deveria se encontrar com os líderes dos crentes vindos do islamismo, telefonou para Butros de seu celular e relatou-lhe rapidamente a situação. Ao terminar, perguntou:

— O que devemos fazer?
— Posso arrumar o dinheiro para você. — Butros suspirou. — Mas não acho que seja dinheiro o que eles querem.
— Por que não?
— Acho que isso mantém a polícia afastada até eles terminarem seu terrível trabalho.
— O que eles *realmente* querem?
— A mim e a você. Qualquer pessoa que tenha ligações com o nosso trabalho. Ahmed, receio que você esteja correndo sério risco. Você pode ir até a cidade?
— Acho que sim. Mas e quanto a minhas reuniões?
— Bem pensado. Não mude seus planos. Reúna-se com os líderes. Vá à reunião hoje à noite, mas depois que terminar venha para cá imediatamente. Telefone-me ao entrar na cidade e eu lhe direi onde me encontrar.
— E quanto a Salima?
— Você não deve dizer a ela para onde está indo. Quanto menos ela souber, mais seguros vocês estarão. Ela pode ficar com alguém de sua família?

— Eu disse a ela para ficar com minha irmã.
— Ótimo. Deixe Salima com sua irmã por enquanto.

―――

Não houve tempo para Mustafá lamentar o assassinato de Hassan. Sentiu fortes braços puxá-lo para cima e, quando abriu os olhos, o líder estava novamente a uns quinze centímetros do seu rosto.

— Você não se lembra de mim, lembra?

Mustafá torturava seu cérebro. A face, de barba densa, de fato parecia familiar.

— Não, você não se lembraria de mim. Você era o brilhante futuro líder do nosso movimento. Eu era apenas um recruta. O imã não podia falar nada a respeito do grande Mustafá. Você era o muçulmano fiel que dava o exemplo ao resto de nós.

O homem cuspiu no rosto de Mustafá e o empurrou de volta para a cadeira que se quebrou ao súbito peso e se fez em pedaços. Mustafá caiu de lado.

— Você era um bom escritor — disse o homem. — Eu li todos os seus livretos. Você era muito persuasivo. Você é o motivo de eu agora pertencer à Fraternidade Muçulmana. Esperava-se que você escrevesse o grande argumento contra o cristianismo.

Mustafá não viu o chute que seria dado e recebeu todo o golpe no estômago. Os dois assassinos o levantaram, mas Mustafá se curvou e quis vomitar. Tudo ao seu redor girou. Tentou pensar com clareza, dando-se conta de que provavelmente tinha somente alguns minutos restantes de vida. Agora compreendia por que estava ali. Ele havia traído a Fraternidade Muçulmana e aquele jovem fanático estava exigindo vingança.

— E o que deu errado? — zombou o interrogador.

Os dois assassinos puxaram Mustafá para cima, forçando-o a ficar em pé e a olhar para o acusador, que agora empunhava uma cimitarra.

— Você leu aquele livro corrompido, não leu? — Como pode uma pessoa tão inteligente ser tão enganada?

Rápido como um gato, o acusador golpeou com a faca, enterrando-a no estômago de Mustafá. Ao retirá-la, disse:

— Isto é o que acontece a apóstatas. Alá nos recompensará por varrermos você da face da terra.

Outro golpe de faca. Quando ela foi retirada, Mustafá reuniu todas as forças para olhar para o seu agressor e dizer:

— Eu encontrei a verdade. Isa... Ele amou o mundo. Ele morreu por você.

O agressor pareceu não ouvir suas palavras. Como Mustafá gostaria de falar as boas-novas àquele homem! Estava surpreso e grato por não ter sentido mais dor. As palavras brotaram de dentro de sua alma: *Ele humilhou-se a si mesmo e foi obediente até a morte, e morte de cruz!*

O acusador, juiz e executor continuou seu ataque impiedoso.

— Você pode ter certeza de que faremos o mesmo aos seus amigos...

Mustafá mal podia respirar e sua mente estava indistinta quando o mundo ao seu redor desapareceu. *Por isso Deus o exaltou à mais alta posição e lhe deu o nome que está acima de todo nome.* Teve a impressão de que podia ver o Senhor que ele amava, em pé. Teve vontade de ir, desejoso de estar com ele. O Deus, que foi desonrado, era agora honrado acima de todos. *Para que ao nome de Jesus se dobre todo joelho, nos céus, na terra e debaixo da terra.*

Um dia seus agressores se curvariam e confessariam que Jesus Cristo é Senhor. Mas naquele momento Mustafá festejava na alegria de vê-lo face a face.

23

Algo parecia errado. Salima começou a destrancar a porta do escritório da Al Kalima, com Farah aguardando logo atrás, quando se deu conta de que a fechadura estava quebrada e a porta se abriu no momento em que ela tentou girar a maçaneta.

Salima tinha saído às pressas do prédio de dois andares na tarde anterior, desesperada por escapar para um lugar seguro, preocupada com Ahmed, orando desesperadamente por Mustafá e Hassan. Ela não tivera tempo de fazer as malas com cuidado — por isso precisava subir as escadas até o apartamento e juntar algumas roupas e artigos de toalete. Ela não queria voltar, mas tinha de esperar ali pelo telefonema.

Quando a porta se abriu, bateu numa cadeira que estava caída. Ela olhou para a cena. A sala estava uma desordem total. O telefone estava no chão. Livros espalhados por toda parte. As gavetas da escrivaninha estavam abertas e os documentos espalhados. A impressora do computador estava destroçada ao lado da escrivaninha e o lugar onde deveria estar o computador de Ahmed estava vazio.

Com todo cuidado, Salima entrou na sala. Então ela gritou e desmaiou. Estendido debaixo da escrivaninha estava o corpo de Hassan.

———

Abuna Alexander descobriu o corpo de Mustafá no alto das escadas que dão acesso à igreja de São Marcos. O corpo estava envolto num cobertor marrom e com sangue dos ferimentos que o encharcaram com grandes manchas cor de ferrugem. Presa ao cobertor, balançando ao vento, havia um bilhete. O padre estremeceu ao se curvar para ler a mensagem:

> Em nome de Alá, o Misericordioso. Graças a Deus, o Senhor dos mundos e oração e paz sejam sobre o Enviado como misericórdia ao mundo todo, o nosso Profeta Maomé. Deus disse: "Digam que Deus é único". Ele é o mais forte. Ele não teve filho nem nasceu e não existe ninguém igual a ele". Todas as criaturas de Deus, as montanhas, os céus e a terra desmentem as mentiras do cristianismo que diz que Deus tem um filho. Precisamos fazer uma revolução contra esses centros evangelísticos que mudam a religião das pessoas para o cristianismo e espalham o ateísmo pela distribuição de livros que despertam a ira de Deus. *Allahu Akbar!* Deus é grande!
>
> Ouçam e prestem atenção. Ao padre que se associa com apóstatas, agora você vê o que acontece. Você cessará todo contato com os apóstatas. Você não fará proselitismo. Obedeça ou vamos explodir esta igreja e mandar o padre para o inferno.
>
> Ao apóstata Ahmed, você não tem medo do fogo eterno? Vamos caçar você e matá-lo. Você irá retornar para o islamismo, talvez Alá seja misericordioso.
>
> Ao infiel Butros, seus centros de cruzadas combatem o islamismo e ensinam contra a religião de Deus. Você está espalhando heresias por meio de livros e atividades apoiadas pelos países das cruzadas, que são

ateus e cheios de ódio. É por isso que nós os advertimos do que fazem e de sua presença aqui. Queremos que vocês saibam que podemos destruir seus prédios, mas primeiro estamos avisando.

Padre Alexander quase desmaiou. Levantou-se e sentiu o mundo girar. Tinha de telefonar imediatamente para Butros. O bilhete ameaçava claramente o Centro Logos. Tinha de avisar sua esposa para que não saísse do apartamento. Onde estava Ahmed? Tinha de avisá-lo. Onde estava Salima? O que deveria fazer? Tinha de tomar aquela decisão porque, naquele momento, o carro da polícia tinha dobrado a esquina e estava parando junto à base da escadaria da igreja.

―――

Um lento ventilador tentava movimentar o ar na delegacia de polícia de Suq al Khamis. Butros enxugou o suor do rosto e olhou para o policial do outro lado da escrivaninha. Estava sentindo os efeitos de uma noite sem dormir. Rapidamente juntou o dinheiro — se recebesse um telefonema para pagar um resgate, estava pronto. Ahmed tinha chegado à capital depois da meia-noite e Butros havia providenciado um lugar seguro para ele, pelo menos durante alguns dias. Abuna Alexander havia telefonado da delegacia de polícia em Suq al Khamis para informá-lo que a polícia queria que ele comparecesse para interrogatório. Foi quando ele ficou sabendo que o amigo Mustafá estava morto. Mas não houve tempo sequer para pensar nele.

— Eles querem saber por que o seu nome está naquele bilhete que estava junto ao corpo de Mustafá — disse o padre.

Alguns minutos depois Salima havia telefonado para informar a respeito de Hassan. Ela também estava na delegacia de polícia, onde ficara sabendo que Nadir havia sido detido.

Butros mal pôde se lembrar de dirigir até Suq al Khamis. Sua mente era uma confusão de pensamentos e perguntas. Tentou orar, mas tudo o que conseguiu foi repetir a frase *Senhor, tenha piedade de nós*. Ele chegou à delegacia de polícia e viu Salima rapidamente antes que um policial o conduzisse ao gabinete onde agora se encontrava. Foi solicitado ao padre que fizesse uma declaração e o liberaram. No saguão, antes de entrar no gabinete, Butros ouviu um grito vindo do porão. Imaginou que poderia ser Nadir e orou a Deus que não permitisse que aquele irmão sofresse mais do que podia suportar.

Ficou na expectativa de um duro interrogatório por parte do oficial de polícia, mas aquele homem parecia calmo e falava num tom racional.

— Precisamos localizar o homem chamado Ahmed. A esposa dele disse que você pode saber onde ele está.

Butros ficou imediatamente alerta e sentiu que precisava ganhar tempo para dar mais informação, até que soubesse o que aconteceria a Ahmed se ele se entregasse.

— Ahmed trabalha para mim. Ele está executando uma tarefa. Teve reuniões ontem em — e disse o nome da cidade —, uma à tarde e outra à noite. Estava programado que passaria a noite lá e voltaria para mais compromissos hoje.

— Você confirma isso?

— Sim, claro. Por quê?

— Porque ele é o nosso principal suspeito.

Durante um momento Butros ficou boquiaberto. Gaguejou:

— Não é possível. Eu não compreendo.

O policial colocou os cotovelos sobre a escrivaninha e se inclinou para a frente.

— Veja, dois homens estão mortos. O último homem que os viu vivos foi o seu empregado da ONG, Ahmed. Por isso precisamos falar com ele.

— Compreendo, mas isso não o torna um suspeito.

O policial não disse nada. Reclinou-se em sua cadeira e estudou Butros. Finalmente, disse:

— Não temos outros suspeitos.

— Mas eu soube que vocês encontraram o carro das vítimas e rastros de motocicletas e de carros. Certamente a evidência mostra que os dois homens foram seqüestrados.

— E onde estão esses seqüestradores?

— Eu não sei. O senhor deve ter alguma idéia.

O policial virou a palma das mãos para cima.

— Esse é o meu problema. Quem viu esses homens pela última vez: O jovem Nadir — estamos conversando com ele neste momento —, a mulher Salima e seu marido, Ahmed. E Ahmed está desaparecido. Vê o meu problema? Até que eu veja evidência em contrário, a sua ONG será responsável.

— Mas... mas isso não faz sentido.

―――

Butros e Salima se encontraram com Abuna Alexander em sua sala de estar para conversarem depois da provação passada o dia todo na delegacia de polícia de Suq al Khamis. Nadir, eles tinham sido informados, ficaria detido a noite toda. A esposa do padre, Nour, trabalhava na cozinha, preparando uma refeição. Os três na sala de estar pareciam estar em choque.

Foi Butros quem rompeu o silêncio:

— Posso ver a mensagem?

Padre Alexander levantou-se e foi até uma pequena escrivaninha e pegou um pedaço de papel.

— Esta é uma cópia — disse ele, entregando-a a Butros. — A polícia está com o original.

Butros a leu lentamente, duas vezes.

— Não há nomes nesta mensagem. Nenhum grupo ou indivíduo. Você tem alguma idéia de quem escreveu isto?

— Não, não sei — disse o padre.

— Salima?

Ela fez que não, sem dizer nada.

— Então não sabemos com quem conversar.

Nenhum deles sabia o que dizer.

— Acho que eles não irão cumprir suas ameaças imediatamente. Eles mandaram seu aviso. Agora vão esperar para ver o que vamos fazer.

— Eles querem Ahmed — disse Salima, com lágrimas descendo pela face. — Quando eles telefonaram, a voz disse que era Ahmed que queriam.

— Vocês acham que eles esperavam que Ahmed estivesse no carro?

Ninguém pôde responder a essa pergunta.

— Onde ele está? — perguntou o padre.

— Ahmed está num lugar seguro — Butros respondeu — por enquanto. O que vocês acham? Devemos deixar que a polícia fale com ele?

A esposa de Alexander chegou com uma bandeja de sanduíches de pão sírio, alguns biscoitos e três copos de chá gelado. Butros e o padre aceitaram, cada um deles, um sanduíche, mas Salima fez que não. A mulher mais velha colocou a bandeja na mesa de café e sentou-se junto a Salima que apoiou a cabeça no ombro de Nour e chorou.

Ninguém sabia o que dizer. Butros deu uma mordida no sanduíche. Alexander sentou-se, segurando seu sanduíche, olhando para ele como se dele esperasse uma resposta.

Butros deu outra mordida, pôs de lado o sanduíche e bebeu um pouco de chá gelado. Olhando através da janela da sala de estar, falou novamente:

— E quanto à igreja de São Marcos? — disse ele. — As ameaças contra você. O que isso significa? O que podemos fazer para protegê-lo?

— Historicamente temos tido boas relações com os muçulmanos — disse Alexander. — Mas isto... Butros, você se lembra da primeira vez em que nos encontramos?

— Sim, lembro-me bem do dia.

— Eu me queixei do prédio e de não poder obter permissão sequer para consertar o banheiro.

— O prédio *está* caindo aos pedaços.

— Mas você também perguntou a respeito da condição espiritual da congregação. Não esqueci disso. — O padre fez uma pausa, depois disse enfaticamente: — O prédio não é importante. Se eles o destruírem, não terão destruído a verdadeira igreja.

A esposa de Alexander levantou os olhos, surpresa.

— Mas e a nossa congregação. Onde vamos adorar?

— Chegou a hora de lutarmos por Cristo. — Alexander voltou-se para Butros. — Nosso Senhor falou a respeito de separar as ovelhas dos cabritos. Eu quero estar no lado certo. Quero que o meu Senhor diga: "Você apascentou minhas ovelhas". Talvez seja disso que precisamos para despertar a nossa congregação.

— O que você vai fazer? — Nour perguntou com um tremor na voz.

— Vou convocá-los a orar. Vou contar-lhes a respeito das ameaças. E vou dizer que nós temos uma escolha. Podemos nos encolher de medo ante as ameaças do inimigo ou podemos tomar posição e enfrentar este mal.

— É difícil enfrentar uma ameaça quando não se sabe quem a faz — disse Butros.

— O desafio não é do inimigo externo, mas do íntimo do nosso coração — ele respondeu. — Muitos que têm recursos fugiram. Outros simplesmente tentaram se esconder e não causar problemas, na esperança de que isso os proteja. Uma família tem a filha sendo mantida por muçulmanos e ferve de raiva, sem possibilidade, entretanto, de fazer coisa alguma. E nenhum de nós está disposto a firmar posição e afirmar a verdade.

O padre fez uma pausa e acrescentou:

— E eu sou o maior de todos os covardes.

———

Naquela noite Butros recebeu um rápido telefonema pelo celular.

— Sr. Butros, é melhor o senhor tomar cuidado — disse a voz.

— Quem é? — Butros perguntou.

— O importante é que nós sabemos quem você é. Estamos com o computador do seu escritório de Suq al Khamis. Encontramos o seu nome e de outros — e a voz citou 11 nomes.

— O que vocês querem de nós? — disse Butros tentando manter a calma.

— Queremos que você vá embora. Estou avisando. Se você não sair deste país, nós vamos procurá-lo, vamos encontrá-lo e vamos matá-lo. — Houve um clique e a linha ficou muda.

Butros sabia que precisava de tempo para pensar, para colocar as coisas em ordem. Telefonou para Nadira e tomou providências em relação à sua família. Depois telefonou para a empresa aérea e fez reservas de passagens para si, para a esposa e para os filhos.

———

Na manhã seguinte, quando Nadir saiu da cadeia, Butros se encontrou com ele e levou o homem terrivelmente abatido ao apartamento de Alexander para que pudessem conversar em particular. Enquanto isso, o padre telefonava para os membros de sua congregação.

Antes de se sentarem, Nadir pediu a Butros que tocasse em sua face.

— Sente como está quente? — Butros assentiu. — Eles me bateram muitas vezes. Dói quando eu aperto mesmo de leve.

Depois ele se virou e levantou a camisa.

— Olhe o que eles me fizeram. Acho que me espancaram por toda parte do meu corpo.

Suas costas eram uma massa de vergões. Mas não parecia haver cortes ou infecção.

— Vou conseguir um pouco de ungüento para você — disse Butros.
Nadir parecia não ouvir. Abaixou a camisa e sentou-se no sofá.

— Eu não disse nada a eles — declarou.

— Sinto que você tenha passado por isso.

— Eles são uns bárbaros. — O jovem tinha um olhar desafiador. — Disseram-me para não sair de Suq al Khamis. Tenho de ficar em casa para que eles possam me chamar se tiverem mais perguntas. Mas como você pode ver, eles têm uma forma estúpida de fazer perguntas.

Butros sentiu-se impotente.

— O que eles querem?

— É Ahmed que eles querem. Está claro que eles têm a intenção de jogar a culpa dos assassinatos sobre ele.

— Você tem certeza?

— Eles me disseram: "Ele é um blasfemador. Diga-nos onde ele está e você fica livre".

— O que você disse a eles?

— Que eu não sabia onde Ahmed estava. E não sei mesmo. Eu o vi ontem de manhã. Depois do almoço ele estava de saída e não sei para onde estava indo.

— Você fez bem.

— Perguntei ao interrogador o que acontecerá a Ahmed. Espero não ter compreendido bem. Talvez eles tivessem apenas algumas perguntas para lhe fazer. Mas não é tudo o que eles querem.

— O que você quer dizer? O que eles te disseram?

— Eles disseram: "O que acontece a blasfemadores? Recebem o que merecem".

Butros ainda estava tentando processar o que tinha ouvido quando Nadir acrescentou:

— Um dos homens disse que eles deviam ter acabado com Ahmed quando ele estava na prisão. Ele disse: "Aqui não temos medo de aplicar a lei da Sharia".

Nesse momento Butros percebeu que tinha feito a coisa certa ao esconder Ahmed. A polícia não tinha nenhuma intenção de encontrar os verdadeiros assassinos de Mustafá e Hassan. Ela estava usando aquilo como pretexto para encontrar e matar Ahmed.

Estava claro que Ahmed tinha de ser tirado do país ou seria um homem morto.

———

Dois dias depois

A conhecida voz holandesa respondeu:
— *Goeien avond met* André.
— Irmão André?
— Butros.
Era tarde da noite e Irmão André estava em seu escritório se preparando para assistir às notícias.
— Que bom te ouvir. Onde você está?
— Em Chipre.
— Está tudo bem?
Butros hesitou.
— Não, não está.
— O que há de errado?
— Eu quis telefonar antes, mas acho que, provavelmente, os telefones estão grampeados em casa. Foi por isso que vim até Chipre. Preciso ir para um lugar seguro e pensar no que fazer. Receio que estejamos em grande dificuldade.
— O que aconteceu?
Butros deu a notícia a respeito dos assassinatos, da ameaça por escrito e de como Ahmed estava se escondendo.
— Tivemos de fechar a ONG, pelo menos temporariamente. Fechei o Centro Logos. Nadira e as crianças saíram para ficar com os pais dela. Avisei as comunidades de crentes de origem muçulmana para tomarem cuidado extra. Recebi uma mensagem pessoal na qual eu era uma das 12 pessoas marcadas para morrer.
— De quem?
— Eles não se identificaram. Mas acredito que seja a Fraternidade Muçulmana. Mustafá e Ahmed faziam parte dela e a maneira como torturaram Mustafá... — Butros, emocionado, não conseguiu falar durante um momento. — Foi assassinato por vingança. Brutal. Abriram sua barriga... Não posso falar mais. Foi horrível.

— E quanto a Ahmed? Ele está a salvo?

— Por enquanto. Ele está em liberdade, porém escondido. Preciso tirá-lo do país.

— Isso é possível?

— Telefonei para o nosso amigo Kareem. Estou esperando que ele responda à ligação. Ele acha que pode haver um jeito.

— Precisamos publicar isso?

— Não, não acho que seja uma boa idéia. Não seria bom constranger o governo neste momento. Quero ver se posso tirar Ahmed e Salima discretamente do país.

— Tenho certeza de que há muitos países que o receberiam. Talvez eu possa ajudar.

— Obrigado, Irmão André. Mas neste momento, o que mais precisamos é de oração.

— Você sabe que pode contar com isso — André respondeu. — O que acontecerá depois que Ahmed e Salima estiverem a salvo?

— Não sei. — Butros lutou para controlar a emoção. — Realmente eu não sei o que fazer. Sinto que o trabalho foi destruído. Não sei se Nadira e eu podemos algum dia voltar.

— Butros, meu querido amigo. — A maneira como André falou causou uma surpreendente onda de esperança em Butros. — Você perdeu uma batalha, não a guerra. O inimigo é feroz e gostaria de fazê-lo pensar que ele venceu. Não acredite nessa mentira. Entretanto, há algo muito importante que você precisa fazer.

— O que é?

— Ficar onde está e descansar. Você está exausto. Perdeu dois preciosos soldados. Está ferido espiritualmente. Vou até aí amanhã. Deixe-me orar e ministrar a você. Dê tempo para que Deus o cure e fale com você. Esse é o próximo passo.

Butros ficou surpreso com a sensação de alívio que o invadiu. Quase se sentiu culpado por começar a experimentar esperança em meio àquela tragédia.

— Irmão André, eu aceito.

— Vou pegar o próximo vôo de Amsterdã.

24

LARNACA, CHIPRE

A recepção do quarto de hotel parecia um refúgio. O suave rolar das ondas do mar Mediterrâneo tinha um efeito tranqüilizante. Irmão André e Butros olhavam fixamente para a água azul cristalina. Ao longe um navio cargueiro tomava o rumo em direção ao Egito ou a algum outro país do Oriente Médio.

André chegara tarde na noite anterior e, no momento, enquanto a temperatura subia, os dois homens bebericavam café e desfrutavam a paisagem tranqüila.

Butros sentia diminuir um pouco o estresse dos últimos dias. Ali não haveria telefonemas com ameaças. Nenhuma multidão de extremistas muçulmanos atacaria. Estava grato por sua esposa e filhos estarem seguros na casa do sogro. Finalmente, ele poderia relaxar.

Isto é, relaxar enquanto não pensava nas ruínas do trabalho de sua vida.

— Tudo pelo que trabalhei se foi — disse Butros. — Bem, talvez nem tudo. O Centro Logos em nosso sítio ainda permanece, mas não nos atrevemos a usá-lo neste momento. — Ele sentia-se compelido a listar suas perdas. — O trabalho em Suq al Khamis está fechado. Vários centros Al Kalima foram atacados ou ameaçados. E dois irmãos estão mortos.

Suas lágrimas começaram a fluir novamente. Butros não conseguia esconder sua dor. As palavras saíam:

— Eles amarraram mãos e pés de Hassan e o executaram com um tiro na cabeça. E Mustafá... — e não pôde mais falar porque as lágrimas desceram por sua face.

— Está bem — disse Irmão André. — Você precisa falar sobre isso. Diga o que quiser, você está seguro aqui.

— Irmão André, eles retalharam Mustafá! Foi brutal. Eles o cortaram várias vezes. Abriram seu estômago... Deve ter sido horrível. — Levantou o olhar e fitou seu mentor. — É assim que termina? É isso que conseguimos por servir ao Senhor? Eu não quero morrer desse jeito — amarrado, nu, torturado. É assim que a nossa vida tem de acabar?

Irmão André não disse nada. Ele também sentia uma dor na alma. Batizara Mustafá e Hassan e ouvira o testemunho e sonhos deles. Parte dele queria ficar só, chorar e orar. Mas, por mais que ele sofresse, sabia que a dor do amigo era maior. Tinha perdido dois colaboradores e amigos e seu sonho estava morrendo. Butros precisava pôr para fora suas emoções e precisava fazer isso com um amigo, com alguém de confiança. Não estava pedindo respostas, não naquele momento.

— E Nadira? — André perguntou. — Como está lidando com isso?

— Minha esposa tem sido tão maravilhosa, forte e encorajadora. Mas isso teve um efeito negativo sobre ela. Ela tem dores de cabeça terríveis. Teve erupções cutâneas. Não quer atender ao telefone. Pergunto-me se algum dia ela irá se recuperar... Pelo menos ela e nossos filhos estão a salvo com os pais dela agora. Talvez todos nós precisemos nos mudar de lá para sempre — apenas fechar o trabalho. Eu encerraria a ONG neste momento se pudesse — mas, devido à investigação dos assassinatos, não posso fazer isso. André, é isso que significa o ministério? Se é, não acho que valha a pena.

André apenas ouvia, profundamente comovido.

— Eu não devia ter dito isso.

— Pelo contrário, você precisa expressar o que está sentindo. Afinal, Deus já sabe. Os salmos estão cheios de declarações que, tiradas do contexto, provavelmente seriam interpretadas por muitos cristãos como ofensivas e até desprovidas de fé.

— Bem, acho que minha fé acabou. Não restou nada.

Na areia, debaixo da sacada onde eles estavam, um grupo de crianças gritou de alegria ao correr para as ondas. Quando elas começaram a jogar água umas nas outras, André disse:

— Você se importa se eu fizer algumas perguntas?

Butros assentiu.

— Você se lembra quando Deus o chamou para a obra? O que ele pediu que você fizesse?

— Fui chamado a voltar para o meu país e fortalecer a igreja lá. Lembro-me como se fosse ontem quando você me escreveu — guardei aquela carta todos estes anos. Você disse: "Um homem com Deus é maioria". Só que, Irmão André, este homem fracassou!

André deixou aquela exclamação suspensa no ar durante um momento e depois, gentilmente, fez a pergunta seguinte:

— Butros, como Deus o usou?

— Você acha que ele usou?

— Ah, não há dúvida sobre isso. Definitivamente, ele o usou. Mas neste momento, compreensivelmente, é difícil para você ver como. Você disse que voltou para fortalecer a igreja. A igreja está mais forte hoje do que há dez anos?

Butros pensou na pergunta durante um momento.

— Bem, acho que fizemos algumas coisas, algumas boas atividades. Você ajudou, Irmão André — sei disso.

— Que boas coisas você fez?

— Encorajamos pastores. Acho que quase todos os pastores e padres do país foram, pelo menos uma vez, a uma conferência de restauração.

— Bem, isso é alguma coisa. O que mais?

— A ONG, a Al Kalima, ajudou alguns adultos a aprender a ler e a escrever.

— E cada formando ganhou uma Bíblia. Assim, mais cristãos podem agora ler as Escrituras e, como resultado, estão mais fortes na fé.

— Nós também treinamos líderes leigos.

— Ótimo. Continue.

— Tivemos muitos sonhos. Eu queria estabelecer um programa no Centro Logos para treinar cristãos para conseguirem melhores empregos. Eu esperava podermos ter um centro de computação — precisamos de bons operadores de computador em nosso país. E Nadira queria começar um centro feminino — essa é uma imensa necessidade, ajudar mulheres espancadas. Mas agora não acho que qualquer dessas coisas venha a acontecer.

André ignorou o desespero que havia na voz do amigo e perguntou:

— Butros, a igreja cresceu desde que você começou o trabalho?

— Não. Acho que não. Há muitos cristãos, mas os que têm recursos saíram do país. A igreja provavelmente encolheu.

— Você está dizendo que nenhum muçulmano converteu-se a Jesus?

Butros ficou surpreso, percebendo que havia esquecido uma grande parte da obra de Deus.

— Sim, tem havido muitos convertidos. Eu, pessoalmente, sei de pelo menos mil e, provavelmente, há muito mais que eu desconheço.

— Isso é fantástico! Eles são parte do corpo de Cristo.

— Mas a maioria das igrejas ainda não os recebe.

— Por isso os crentes de origem muçulmana começaram suas próprias congregações. Saibam as denominações estabelecidas ou não saibam, eles são seus novos irmãos. Esta é uma igreja que cresce!

— Mas os extremistas estão tentando destruí-los. Quando uma congregação é descoberta, eles atacam os líderes. Mustafá e Hassan estão mortos. Ahmed está fugindo para salvar a vida. Como pode a igreja sobreviver sem seus líderes?

— Deus pode levantar mais líderes?

— Sim, mas não sei se posso começar de novo. — Butros deu um grande suspiro. Seus olhos não estavam mais cheios de lágrimas e ele tentava raciocinar com clareza. — É perigoso demais para a minha família. Não sei o que fazer.

— Butros, ouça-me. — André inclinou-se para a frente em sua cadeira de plástico no terraço para enfatizar seu ponto de vista. — Se permanecer em seu posto, qual é a pior coisa que pode acontecer a você?

— Não sei. Pode ser que eu não possa fazer nada.

— Isso é o pior que pode acontecer?

Butros ficou irritado.

— Não, eles podem me matar. Então está realmente acabado.

André fez uma rápida pausa e disse:

— É mesmo? Acabou? A pior coisa que pode acontecer é você ser morto servindo a Deus em seu país?

— Na verdade seria pior se eles matassem minha esposa ou as crianças.

— Se isso acontecer, e daí?

— E daí? O que você quer dizer?

— Se você, sua esposa ou seus filhos forem mortos, o que acontece então?

— O trabalho morre.

— Morre? Não existem outros que Deus pode levantar e usar? E quanto a você e à sua família? Por que você tem servido a Deus tão fielmente? Se eles de fato o matarem, o que você perdeu?

A luz se acendeu.

— Se eles me matarem, eu estarei com o Senhor!

Pela primeira vez durante dias, Butros sorriu.

— Nadira e eu conversamos a respeito de como desejamos algum dia ouvir as palavras do nosso Senhor: "Muito bem, servos bons e fiéis".

Irmão André recostou-se em sua cadeira. Não era preciso falar mais nada. A mente de Butros estava focada na direção certa. Havia um longo caminho a percorrer, mas a cura tinha começado.

Naquela tarde, quando o sol começava a se pôr, Butros, sentado havia bastante tempo num banco da praça, contemplava o mar. As crianças tinham ido embora, provavelmente exaustas de um dia de brincadeiras na areia, sob o sol, mas alguns homens mais velhos nadavam nas ondas e subiam e desciam enquanto conversavam. Distraído pela cena, era fácil sua mente vagar sem preocupação.

Finalmente, ele se levantou e tomou a direção leste ao longo da calçada com palmeiras alinhadas. Passou por uma marina e por um busto do general grego Kimon, que havia expulsado os persas daquela área 450 anos antes do nascimento de Cristo. Continuou ao longo da praia em direção ao antigo forte Larnaca, construído pelos turcos em 1625. Do outro lado da rua do forte, pôde ver a mesquita do século 16, que o lembrava de que precisava processar as muitas idéias que estavam em sua mente.

Irmão André o havia lembrado de outra vez, numa viagem de trem por uma suntuosa terra cultivada da Inglaterra, com Deus falando ao seu coração e à sua mente. Aquela viagem, o encontro com o evangelista muçulmano e a carta do Irmão André o tinham empurrado para uma aventura, para um trabalho que ele não planejara, mas no qual havia encontrado recompensa e, tinha de admitir, fora produtivo.

E então? Aquele trabalho tinha terminado? Era o momento de se mudar para outro país e para uma nova incumbência? Talvez devesse voar para Londres e renovar os contatos que havia feito durante os dias de universidade. Certamente lá poderia encontrar trabalho em uma das agências missionárias. Ou poderia fazer doutorado, algo sobre o que pensava fazer durante algum tempo. *Senhor, o que tens para eu fazer?*

Sua mente foi até a Grande Comissão. *Vão e façam discípulos de todas as nações*. Irmão André o havia lembrado: "Deus disse para ir. Ele não prometeu que você voltaria". Certo, estava lidando decisivamente com a possibilidade de que aquela tarefa poderia custar-lhe a vida. Por isso ele não deixaria seu posto a menos que Deus o liberasse daquela incumbência.

Entretanto, como saber quando o trabalho estava concluído? Se as circunstâncias sempre demonstrassem que a obra estava concluída, não estaria? Para o que ele estava voltando? *Neste mundo vocês terão aflições; contudo tenham ânimo! Eu venci o mundo.* Novamente o Espírito Santo estava lhe falando, desta vez lembrando-o das palavras de Jesus na noite anterior à sua crucificação. E aí estava o problema. Butros estava concentrado na primeira parte da promessa — vocês terão dificuldades. Quanto a isso, não havia dúvida. Entretanto, a segunda parte da promessa precisava mais do seu foco. Acreditava *realmente* que Jesus tinha vencido o mundo? Acreditava que Jesus era maior do que o espírito do Islã e do extremismo muçulmano? Acreditava que Jesus podia ressuscitar sua obra que o maligno tinha tentado destruir? Acreditava realmente que valia a pena lutar pela igreja, valia a pena fortalecê-la, que uma igreja forte era a esperança para sua nação? Acreditava realmente que aqueles muçulmanos, que tinham arriscado a vida para declarar seu amor por Jesus, faziam parte do corpo de Cristo e que Jesus os amava e os protegeria?

Jesus dissera para não se intimidar com os que matam o corpo, mas não podem matar a alma. *Não se vendem dois pardais por uma moedinha? Contudo, nenhum deles cai no chão sem o consentimento do Pai de vocês.* Sim, certamente Deus cuidou de Mustafá e de Hassan. Ele soube o que lhes aconteceu. Deus soube quem matou aqueles queridos irmãos e, no final, eles prestarão contas por seus atos. Deus conhecia também Ahmed e, se ele fosse martirizado ou vivesse muitos anos, esse querido irmão não deixaria de pertencer a Deus. Da mesma forma, Deus conhecia Butros e o número de seus dias. Ele permanecia servo de Deus, esperando pela próxima missão.

A lembrança da Escritura e da aplicação das promessas de Deus eram como ungüento para sua alma dolorida. Agora ele sabia que *tinha* de voltar. Entretanto, qual era a sua missão? Teria ela sofrido alguma modificação?

Apascenta as minhas ovelhas. Esse era o seu chamado — alimentar os pastores que trabalhavam fielmente em um país hostil ao cristianismo, apascentar os tantos que estavam crendo no Rei Jesus, formando postos avançados do Reino em vilarejos e pequenas cidades onde o islamismo antes não conhecia competição e, talvez mais importante ainda, identificar e alimentar os líderes daqueles pequenos rebanhos.

Mas, Senhor, e quanto a Nadira? E quanto aos meus dois filhos? Butros ficou surpreso ao ouvir o som da própria voz. Expressar sua oração daquela maneira o sacudiu para a maior luta que já havia enfrentado. Uma coisa era ele entrar em território hostil e possivelmente dar a vida no serviço por seu Senhor Jesus, mas isso significava que devia pôr em risco também a vida de sua família? Uma boa pergunta. Esperou que o Espírito falasse, mas dessa vez não ouviu resposta.

———

No dia seguinte os dois amigos, andando pelas ruas, passaram pela antiga feira em direção à igreja de São Lázaro, onde se supõe que os restos mortais do homem que Jesus ressuscitou ficaram guardados até o ano 901 d.C., quando então foram trasladados para Constantinopla. De acordo com a lenda local, Lázaro fora até ali depois de morto e ressuscitado por Jesus e se tornara bispo da igreja em Chipre até sua segunda morte. Ao olhar para o edifício de mais de 11 séculos, com o campanário latino acrescentado na reforma feita no século 17, Butros disse ao seu mentor que já havia recebido notícias de que Ahmed deixaria o país em quarenta e oito horas. Ele voaria até Larnaca e se encontraria com Butros.

— Você estará conosco, Irmão André?

— Claro, será um prazer. Mas como ele vai conseguir sair do país e como passar pela imigração aqui?

— Kareem está providenciando um documento especial para ele. Não sei dos detalhes exatos, mas isso garante a sua entrada em Chipre. Entretanto, ele não pode ficar aqui muito tempo — talvez sessenta dias, no máximo. Por isso precisamos de uma solução de longo prazo.

— E Salima?

— O governo não pode permitir que ela saia do país até o final da investigação.

— Quanto tempo isso irá levar?

— A polícia acredita que Salima a levará até Ahmed. Ela, entretanto, realmente não sabe onde ele está. Depois de algumas semanas, eles irão relaxar o controle sobre Salima e Kareem acha que pode encontrar uma forma para que ela também saia do país.

— O que acontecerá quando eles estiverem fora?

— Eu queria fazer essa pergunta a você. Existe algum lugar que os possa receber? Holanda ou algum outro país europeu? Ou mesmo da América do Norte?

— É possível. — André hesitou. — Existem vários grupos nesta situação. Posso ver com alguns amigos. Eles estariam buscando o status de refugiados?

— Não sei se isso é o melhor.

— Provavelmente não. Eles teriam de procurar asilo.

— E se vier a público que Ahmed está sendo investigado por assassinato...

— Exatamente — eles o expulsariam.

Os dois homens entraram na antiga igreja e, silenciosamente, observaram a mistura eclética de estilos bizantino, romano e gótico. Três pequenos domos eram suportados por quatro colunas. De uma coluna pendia um púlpito de 300 anos. Em uma outra havia um painel de madeira representando Lázaro saindo do seu túmulo.

Ao saírem da igreja, André disse:

— Gostaria de saber se a mudança para o Ocidente é melhor para Ahmed.

— Por que você diz isso?

— Ele é árabe e não fala inglês.

— Ele é inteligente. Aprende fácil.

Ao passearem pelas ruas antigas do quarteirão turco, André disse a Butros:

— Na verdade, a minha preocupação é ainda maior. Quero te pedir que pense em algo muito desafiador. Jesus disse: "Se o grão de trigo não cair na terra e não morrer, continuará ele só".

Butros completou o versículo:

— Mas se morrer, dará muito fruto.

— O dever antes da autopreservação — esse é um princípio muito importante na Escritura. Você lembra quando Davi enfrentou Golias? Ele disse que, quando um leão ou um urso atacavam as ovelhas do seu pai, ele ia atrás deles, os matava e resgatava as ovelhas. Não podemos conceber um pai que permite que seu filho seja exposto a um perigo desses, mas essa não foi a atitude de Jessé, nem a de Davi. O dever antes da autopreservação. Tanto o pai como o filho esperavam que Davi fizesse seu trabalho para salvar a ovelha. O Pai celestial teve a mesma atitude com relação a Jesus.

Butros pensou nas palavras de André. Pensou em como havia ensinado Ahmed, Mustafá e Hassan sobre Filipenses 2, para que tivessem a mesma atitude de Cristo. "[Ele] humilhou-se a si mesmo e foi obediente até a morte."

— É natural que queiramos resgatar os que estão sofrendo por Cristo — André continuou. — Mas desejo saber se é isso que Deus quer que façamos.

— Eu não pude resgatar Mustafá e Hassan, mas posso ajudar Ahmed. Não podemos forçá-lo a ficar e enfrentar a morte certa.

André deu vários passos antes de responder:

— Você tem razão. Isso não compete a nós decidir. Precisamos perguntar a Ahmed para que se sente ter sido chamado.

Butros mudou de assunto.

— Na noite passada eu estava pensando nos crentes muçulmanos. Não temos muitos líderes fortes e perdemos três deles. Acho que precisamos identificar uma dúzia ou mais entre os crentes vindos do islamismo pelo país — talvez uns 20 — e chamá-los para serem pastores e treiná-los na Bíblia. Eu gostaria de ensiná-los durante uma semana por mês. Talvez no Centro Logos de Treinamento, se for seguro. Ou em vários locais pelo país. Gostaria de saber o que você achou disso.

— Butros, essa é uma boa visão. — André parou e agarrou o amigo pelos ombros. — Vejo que Deus o está curando. Você irá voltar!

— Sim, Irmão André. Não tenho escolha. Preciso voltar.

O quarto do hotel tinha uma vista espetacular da baía e do mar Mediterrâneo. Mas Ahmed não tinha interesse na vista. Andava pelo quarto, querendo saber o que tinha acontecido à sua vida e quando poderia ver Salima.

Butros tentava acalmar o homem agitado:

— Ahmed, precisamos ter paciência. Estamos buscando uma solução.

— Para você é fácil ter paciência. Não é a sua vida que está sendo arrancada.

Butros não pôde deixar de rir, pensando na luta que havia tido nas últimas semanas e especialmente na batalha solitária com Deus sobre seu próprio futuro. Mas aquela era uma das ovelhas do Senhor e ela estava assustada.

— Você conversou com sua esposa?

— Não, desde que você me abandonou e saiu do país. Não me atrevo a telefonar para ela pelo meu celular.

— Você pode telefonar para ela pelo meu celular. Mas não...

— Não diga a ela onde eu estou. Eu sei. Ela está desesperada de preocupação, intimidada pela polícia, incapaz de ficar em seu próprio apartamento. E ela não pode me ver, nem sequer sabe onde eu estou.

— Sinto muito, Ahmed. Sinto mesmo. Mas o meu contato disse que tinha de ser assim.

— Quem é esse contato?

— Um amigo seu que ocupa um alto cargo no governo.

— Eu não tenho nenhum amigo no governo.

— Nenhum que você conheça pessoalmente. Mas você tem um irmão em Cristo que está ajudando você. E nunca vou poder te dizer quem ele é.

Ahmed não ficou feliz com aquilo, mas enquanto continuava a andar, perguntou:

— O que vai acontecer em seguida? Confesso que este quarto de hotel é agradável, mas não é um lar. Realmente não é possível eu voltar para casa?

— Receio que não. Pelo menos durante um longo tempo. Agora estamos convencidos que a Fraternidade Muçulmana queria matar vocês três. E alguns policiais locais apóiam — eles o matarão ou deixarão que você seja assassinado.

Irmão André esboçou uma opção para Ahmed enquanto Butros traduzia.

— Há um grupo no Canadá que identificou um empresário que irá patrocinar você. Ele lhe dará apartamento e emprego. Ele disse que, se você estiver interessado, assim que aprender inglês, poderá continuar seu curso universitário e talvez ir para uma escola bíblica ou para um seminário.

Ahmed ouviu com atenção, depois disse:

— Não vou me mudar para o Canadá. Não vou para a Europa ou para a América do Norte ou para qualquer outra parte do mundo. — Parou de andar e olhou para os dois homens. — Irmão André, eu realmente agradeço tudo o que você tem feito por mim. Você tem me encorajado. Lembro-me como Mustafá ficou animado quando você falou conosco depois que saímos da prisão. Você se lembra que ele disse que queria fazer a peregrinação a Meca e testemunhar de Jesus?

André sorriu e disse:

— Ele estava entusiasmado. Você acha que ele realmente teria feito aquilo?

— Ele falava naquilo o tempo todo. Estava fazendo planos. Aquele era seu sonho. Irmão André, aquele sonho dele *será* realizado. — Olhou dentro dos olhos de André. — Não sei quantos anos isso irá demorar para acontecer, mas eu vou no lugar dele.

Butros e André ficaram aturdidos.

— Isso é realmente viável? — disse Butros.

Ahmed olhou para o seu mentor.

— Não, não é viável, mas Irmão André nos disse: "Diga-me onde você não pode ir como cristão e eu lhe direi como você pode entrar lá". Você se lembra de ter dito isso?

André riu.

— Claro. Tenho desafiado muitas pessoas com essa declaração. Mas você se lembra da outra parte do que eu disse?

— Sim. "Pode ser que eu não consiga dizer como sair." Deus nos disse para irmos. Ele não prometeu que voltaríamos.

Butros mal pôde controlar sua emoção ao dizer:

— Meu irmão, você me desafia. Porque essas são exatamente as idéias que Deus me deu, convencendo-me de que não devo desistir e que devo continuar o meu trabalho.

— Então você compreende o que eu sinto. Olhe, sei que você quer me ajudar e faz sentido eu ir a algum lugar que seja seguro. E estou certo que Deus pode me usar no Canadá, na Europa ou em qualquer lugar.

Ele parou, foi até a grande janela, olhou para fora durante uns momentos e continuou:

— Só que eu sou árabe. Eu falo árabe. Eu sou um muçulmano que ama Jesus. — Virou-se e encarou os dois amigos. — Esse é o meu povo. Eu quero alcançar muçulmanos para Jesus. Eu *preciso* ficar no Oriente Médio.

André e Butros se entreolharam para certificar-se de que estavam de acordo. Então Butros falou:

— É claro que você faz parte disso. Não sei como vamos fazer, mas vamos achar um jeito de você viver e trabalhar no Oriente Médio.

25

SEIS MESES DEPOIS

Um barulho acordou Abuna Alexander. Foi preciso um momento para dar-se conta de que alguém estava batendo à porta da frente. Vestiu um roupão e apressou-se a descer as escadas. Olhou atentamente pela janela e viu uma mulher segurando o que parecia um pequeno pacote. Ouviu-a falar baixinho, com medo de chamar a atenção dos vizinhos.

— Abuna Alexander, por favor, pode entrar?

Rapidamente ele abriu a porta e Layla irrompeu sala adentro. Do pacote que ela carregava veio um som — o choro de um bebê.

———

A história surgiu aos poucos. Nour ajudou Layla a acomodar o bebê no quarto onde Salima tinha vivido enquanto se escondia. Depois conversaram até o dia clarear. Layla começou com o dia do seu seqüestro. No começo ela não sabia quem eram os seqüestradores, mas aos poucos percebera que havia um primo distante que se sentia atraído por ela e, depois da conversão do tio ao islamismo, ele ficara cada vez mais interessado em possuir Layla.

— No começo eles tentaram ser amáveis para que eu pronunciasse a *shahada*[17] espontaneamente, mas, claro, eu me recusei.

As palavras de Layla vertiam como se antes estivessem reprimidas pela pressão e, uma vez esta retirada, todas as suas emoções transbordavam.

— Eles me trancaram num celeiro. Espancaram-me. Fizeram-me trabalhar como escrava — fui forçada a me levantar cedo com o cantar do galo e nunca podia dormir antes da meia-noite.

As lágrimas vertiam com freqüência e a esposa do padre oferecia consolo à garota assustada que havia se transformado numa jovem senhora durante os anos de seqüestro.

---

[17] "Testemunho". Declaração islâmica de fé: "Não há Deus além de Alá e Maomé é o mensageiro de Deus" [N. do T.].

— Certo dia eles ficaram impacientes; arrastaram-me até uma mesquita e me disseram para pronunciar a *shahada*. Prometeram matar-me se eu resistisse. Abuna, será que Deus irá me perdoar? Ele sabe que eu não quis pronunciar aquelas palavras. Na verdade eu não me tornei muçulmana.

— Claro, nosso Senhor perdoa você — o padre lhe garantiu.

— Padre, eles me disseram que uma vez pronunciadas as palavras, eu sempre seria uma muçulmana e nunca poderia voltar atrás.

— Você não as pronunciou de coração — disse o padre.

— Eles me disseram que eu poderia ser morta por blasfêmia se um dia voltasse atrás.

O padre aumentou a intensidade da voz e disse:

— Layla, eles estão intimidando você. Nosso Senhor Jesus é mais forte do que as ameaças deles. Não dê ouvidos a elas. Você pertence a Jesus!

Layla pensou naquelas palavras e pareceu ficar confortada. E continuou sua história.

— Meu pai e minha mãe foram ver-me e eu quis muito contar-lhes a verdade. Mas o rapaz estava bem atrás de mim com uma faca e tinha prometido que me mataria se eu não dissesse exatamente o que ele havia me ordenado a dizer, que eu era muçulmana e estava feliz. Ah, padre, foi horrível!

O padre perguntou pelo bebê.

— Depois que a minha família foi embora, aquelas pessoas decidiram me transferir para outro sítio. O rapaz que havia me seqüestrado já estava cansado de mim e me "deu" para um amigo. Disse-me que dali em diante Abdul-Qawi era meu marido e que me espancaria se eu não o obedecesse.

Ela chorou ao relatar a forma brutal como ele a possuía todas as noites. Tinha pavor das noites. Pelo menos durante o dia, embora tivesse de trabalhar duro, ela podia distrair-se com o trabalho. Mas, à noite, ela pensava na família e suportava os horrores do seu agressor. Mesmo depois de saber que estava grávida, seu pesadelo não terminou. Nunca pôde parar de trabalhar e sempre tinha de fazer suas tarefas, mesmo doente. E, quando começaram as contrações, ela teve o bebê num sofá da casa do sítio da família. Claro, seu "marido" ficou muito orgulhoso de ter um filho e o considerou muçulmano.

— Abuna Alexander, nunca irei permitir que o meu filho seja muçulmano. Nunca! Não me importa o que digam. Eu oro todos os dias por ele.

Tentei me lembrar de tudo o que o senhor leu para nós na Bíblia e contei à criança as histórias de Jesus, tudo o que eu podia lembrar. Claro, sei que ele é muito novo para entender, mas não vou deixar que ele seja forçado a crer naquela religião horrível. Não vou!

— Como você escapou? — o padre perguntou.

— Eles me trancavam no quarto todas as noites. Eu sempre verificava a porta e, há três noites, Abdul-Qawi tinha saído e sua irmã não a trancou. Peguei o bebê e corri para o campo. Eu me escondia durante o dia e andava depois que escurecia. É um milagre eu não ter sido pega.

— Estamos muito felizes por você ter voltado — disse Alexander. — Oramos todos os dias por você.

— Qual é o nome da criança? — Nour perguntou.

— O pai dele o chama de Abdul-Azim, mas eu o chamo de Alexander.

———

Abuna Alexander tremeu ao ficar em pé na frente do santuário lotado. Aquela era a terceira reunião da paróquia desde que ele havia descoberto o corpo de Mustafá com o bilhete ameaçador, em frente à igreja. Havia mais pessoas ali do que nas duas primeiras reuniões — numa rápida inspeção visual da assembléia, sentiu que cada família da paróquia estava representada. Notou com satisfação que mais de 20 adolescentes estavam sentados num grupo em um canto do salão. Layla estava no meio deles, e sua amiga Franziah a abraçava enquanto outra garota segurava o bebê Alexander. Notou também a família de Layla no outro lado do corredor; sua mãe enxugando os olhos com um lenço, seu irmão mais velho sentado com os braços cruzados e uma carranca furiosa.

Layla ficara na dúvida em ir para a casa da família — tinha medo da reação deles, especialmente do irmão ao saber a respeito do bebê. Por isso o padre havia chamado os pais de Layla e pedido a eles que fossem até sua casa e os exortado a aceitar a filha.

— Por favor, não se concentrem na honra e na vergonha da família, mas no fato de que sua filha foi capturada por agentes do maligno. Agora ela está livre. Ela precisa de restauração e necessita muito do amor de vocês.

O pai queria saber a reação de seus familiares se permitisse que ela voltasse para casa, por isso o padre e sua esposa se ofereceram para cuidar de Layla e da criança por certo período até que se pudesse pensar em algo melhor.

A raiva no santuário era palpável. A congregação havia chegado claramente a ponto de ruptura e muitos homens pareciam querer uma desculpa para atacar os muçulmanos. O padre orou a Deus que lhe desse palavras para, de alguma forma, acalmar os ânimos.

— Eles ameaçaram destruir a nossa igreja. — Falou um dos membros do conselho paroquial. — Eles roubam nossas filhas. Queimam nossas lojas. É hora de tomar uma atitude. Não podemos deixar que nos ameacem mais. O governo não nos apóia. A polícia não irá nos defender. Precisamos tomar uma atitude nós mesmos.

— Foi assim que Cristo nos ensinou a responder à perseguição? — Alexander perguntou.

Mas foi como se ninguém o tivesse ouvido.

Outro comerciante se levantou.

— Conversei com outros cristãos da cidade. Eles concordam que devemos tomar uma atitude. Precisamos fazer uma declaração. Eu proponho que nos reunamos na sexta-feira à tarde e façamos uma manifestação em frente à mesquita principal.

— Exatamente. Todos ficarão sabendo que estamos falando sério.

— E se eles nos atacarem? — disse uma voz vinda do fundo da igreja.

— Então nós reagimos — disse o membro do conselho da paróquia.

— Nós também temos armas — gritou um dos homens.

— Não! — o padre gritou. Todos ficaram quietos. — *Não* é assim que vamos reagir. Não devemos nos rebaixar aos padrões deles. Nós somos cristãos. Precisamos ser diferentes.

— Não podemos deixar que eles nos intimidem — disse o membro do conselho.

— E não vamos nos intimidar — respondeu Alexander —, tampouco vamos mandar uma mensagem de ódio. Sei que todos nós estamos assustados. Estamos irados, e isso é compreensível. Mas, se reagirmos com armas e violência, não seremos melhores que os fanáticos da Fraternidade Muçulmana. Há outra forma, um jeito melhor.

O membro do conselho da paróquia sentou-se e todos aguardaram atentamente a alternativa que o padre ia apresentar.

— Como vocês sabem, faz dois anos que temos feito reuniões de oração todas as semanas, envolvendo pessoas de todas as igrejas da cidade.

Tenho conversado com meus colegas de ministério sobre esta situação. Nós propomos convocar uma reunião especial. Vamos levantar uma tenda e convidar todos os cristãos para comparecerem. E vamos convidar também os muçulmanos. E vamos lhes dizer que nós os perdoamos...

Ouviu-se um burburinho de vozes em protesto. Finalmente, um homem conseguiu quebrar o silêncio:

— Como podemos perdoar? Pessoas morreram. Nossas lojas foram destruídas. Estupraram nossas filhas e ameaçaram destruir esta igreja. Como o senhor pode falar em perdão?

Alexander sentiu uma onda de energia ao responder:

— Por causa de Cristo em nós, a esperança da glória.

O reclamante, relutante, sentou-se.

— Por que nos reunimos aqui aos domingos? Por que celebramos a Eucaristia? Porque fomos perdoados. A maioria dos muçulmanos não sabe nada a respeito do perdão. Não vamos buscar vingança, porque é preciso mostrar o amor de Cristo aos nossos vizinhos.

Uma mulher, humildemente, levantou a mão e Alexander concedeu-lhe a palavra.

— Padre, nós estamos com medo — disse ela.

— Claro que você está, irmã — disse o padre gentilmente. — Todos nós estamos amedrontados. Mas qual é a promessa de Deus para nós? O amor perfeito expulsa todo medo. Irmãos e irmãs da igreja de São Marcos, precisamos demonstrar aos muçulmanos de Suq al Khamis o amor de Cristo. Essa é a nossa única resposta.

26

SEIS MESES DEPOIS

Ahmed checou o seu relógio. Passava da 1 hora da manhã — ainda restava muito tempo. Aquele era o momento mais importante para falar sobre as coisas espirituais com interessados de todo o mundo muçulmano. Ahmed redobrou a atenção sobre a tela do seu laptop e tentava convencer pelo teclado. Estava em uma sala de bate-papo, participando de uma conversa animada com quatro árabes. Era uma conversa contínua. Nos últimos três meses, eles haviam discutido a Bíblia versus o Alcorão, as declarações de Maomé versus as de Jesus, as questões do estilo de vida cristão e muito mais.

Butros havia trabalhado muito para achar um emprego para Ahmed e conseguiu, fazendo um acerto com o Fórum Bíblico. Como empregado deles, ele conseguiu obter permissão de residência naquele país do Oriente Médio e o Fórum havia ajudado a ele e a Salima alugarem um apartamento num arranha-céu próximo ao centro daquela grande cidade. Eles se filiaram a uma igreja protestante — já que eram desconhecidos ali, não houve problema decorrente de sua origem muçulmana naquela igreja. Na verdade, poucos na comunidade cristã conheciam sua história.

Mas Ahmed não havia perdido sua paixão por muçulmanos e esperava logo começar uma reunião para crentes vindos do islamismo. Depois do expediente na sociedade, ele normalmente parava numa cafeteria para puxar conversa com jovens muçulmanos e quase nunca chegava para o jantar em sua casa antes das 9 horas da noite. Sua evangelização havia rendido alguns frutos, porque vários homens estavam interessados em conversar a respeito de Isa. Depois do jantar ele ia para o computador para mais evangelismo on-line.

Ahmed não perdera a esperança de voltar para sua terra e encorajar a crescente igreja de crentes vindos do islamismo. Sentia saudades de Suq al Khamis, mas se dera conta de que jamais podia ver sua cidade natal novamente. Sua irmã, Farah, mantinha contato por e-mail — eles usavam uma conta especial com nomes disfarçados apenas para o caso de a polícia secreta estar bisbilhotando. Combinaram que era perigoso falar por telefone. Logo depois do assassinato de Mustafá e de Hassan, o pai deles falecera. Aquilo tinha sido doloroso. Como Ahmed desejara ter tido mais uma conversa com o pai, mais uma oportunidade para ajudá-lo a ver a verdade a respeito de Jesus! Mas seu pai havia rejeitado todas aquelas discussões e Ahmed tentava consolar-se com a esperança de que, de alguma forma, sua vida, suas palavras, as de sua irmã e de outros da grande família tivessem dado ao pai a oportunidade de mudar o coração, ainda que no leito de morte.

Era no computador que Ahmed encontrava seu maior contentamento. Num site árabe que proviam recursos cristãos para muçulmanos, Ahmed conversava com pessoas de todo o mundo árabe. Mantinha uma lista ativa de países onde tinha contatos que, no momento, chegava a mais de 20, incluindo a Arábia Saudita. Sim, mesmo na terra que é o coração do islamismo, país onde a prática do cristianismo era absolutamente proibida, havia inúmeros interessados e muitos seguidores secretos de Jesus. Estava claro que o Espírito Santo não estava limitado por fronteiras e pelas restrições políticas da Wahhabi, a polícia religiosa que vigorosamente reforçava a lei da Sharia. Havia cristãos até em Medina e Meca, as duas cidades mais santas do islamismo onde supostamente nenhum infiel tinha permissão para pôr os pés. Isso renovou sua intenção de algum dia fazer a peregrinação, para realizar o sonho de Mustafá, que desejava dar testemunho de Jesus aos peregrinos. Ele faria aquilo e procuraria por seus irmãos naquelas duas cidades.

Só havia um problema para Ahmed, que vivia aquele sonho de dar testemunho de Jesus. Enquanto ele prosperava no ministério cristão, sua esposa estava só e lutava para se ajustar ao novo país e ao novo lar. Muitas noites, depois do jantar, ele tentou confortá-la, contudo ela parecia estar se desgarrando para longe, para uma região escura que ele não conseguia alcançar. Ao pensar naquilo, ele ficava preocupado, mas se distraía quando outra pessoa entrava na sala de bate-papo, ansiosa para conversar sobre as declarações do profeta Isa.

———

Salima estava enrolada na cama. Desejava que o marido viesse ficar com ela, mas ouviu que ele estava digitando no computador e percebeu que aquilo levaria pelo menos mais algumas horas — ele raramente ia dormir antes das 3 horas da manhã. Ela chorou em silêncio; não conseguiu conter as lágrimas. Nos últimos meses ela havia chorado, a maioria das noites, sozinha antes de dormir, e Ahmed não parecia notar. Ela sabia que devia estar feliz. Seu marido estava vivo e fazia um trabalho maravilhoso para Deus. Muitas pessoas estavam interessadas em Jesus e Ahmed nunca deixava de conversar com as pessoas na cafeteria ou pela internet. Só que aquilo fazia com que ele tivesse pouco tempo para ela. E ele era tudo que tinha.

Ela sempre pensava em sua casa, nos pais, nos irmãos e nas irmãs. Tinham sido uma família maravilhosa. Lá havia servos para atender todas as suas necessidades e papai trazia, de suas viagens, livros para que ela lesse. Tinha amigas que gostavam de ir às compras com ela. Por que ela desistira daquilo? Agora havia pouco dinheiro e nenhuma amiga, e eles estavam vivendo num país estrangeiro onde as pessoas falavam árabe com sotaque diferente. Para quê? Por Jesus? Não era sua intenção desistir de tanto. Se ela soubesse... Claro, ela se apaixonara por Jesus, mas qual a razão de ela, por causa dele, abrir mão de tudo o que amava?

Pediu permissão a Ahmed para telefonar para casa; gostaria de ouvir a voz de sua mãe e ver se havia alguma chance de reconciliação. Mas o marido disse que não era seguro.

— Seremos descobertos e forçados a voltar — ele protestou.

Salima sugeriu ligar de um telefone público, mas Ahmed disse que mesmo isso iria indicar onde eles viviam.

Várias vezes Ahmed havia lhe falado a respeito da confiança em Deus e citado versículos bíblicos, mas aquilo só a deixara irritada. Ele não sabia o que ela estava sentindo, nem estava tentando compreender. Ele sugeriu que ela fizesse um curso de computação para que ela pudesse ajudá-lo ou arrumar um emprego. Tiveram uma discussão a respeito disso. Salima achava que o marido queria remediar seus problemas para que ele pudesse continuar sua vida.

Como gostaria de ter alguém com quem conversar! Alguém que compreendesse sua história e a dor de suas perdas! Mas não havia ninguém. Ela não havia feito nenhum amigo na igreja e tinha receio de contar a qualquer pessoa o seu passado. Afinal, veja o que aconteceu a Mustafá e a Hassan em Suq al Khamis. Não, ela achava que tinha de manter sua história em segredo, custasse o que custasse.

A única pessoa com quem ela podia conversar era Jesus, e isso ela fazia com freqüência. Mas ele não era de carne e osso. Não podia abraçar Jesus e chorar em seu ombro. Que adiantava abrir mão de tudo por alguém que ela não podia ver nem ouvir? Aquilo era agonizante e ela sentia seu espírito afundar-se cada vez mais em trevas que ela jamais conhecera. Estava com medo das profundezas às quais havia descido e já não via como escapar. Havia alguma esperança?

Tudo o que ela podia fazer era sussurrar uma oração: *Jesus, tu estás aí? Existe alguma esperança para mim?*

―――

Abuna Alexander estava conversando com um de seus paroquianos quando um importante comerciante aproximou-se dele. Ele parou e eles trocaram cumprimentos.

— Quero te dizer que a reunião que você organizou foi muito elogiada pela comunidade — disse o xeque.

— *Shukran*. Obrigado por ter vindo nos ajudar.

O xeque inclinou-se para a frente, quase tocando o padre.

— Sabe, nem todos nós muçulmanos concordamos com o fanatismo da Fraternidade Muçulmana.

— Compreendo.

— Na verdade eu esperava ir fazer uma visita a você um dia destes. Tenho uma pergunta para você.

Alexander teve de prestar muita atenção, enquanto o comerciante falava baixinho para não ser ouvido por outras pessoas.

— Você fez um discurso especial naquela reunião — ele disse. — Você falou a respeito de perdão. Eu nunca ouvi uma mensagem dessas e estava querendo saber... — olhou para os dois lados e disse num sussurro: — Você poderia me arrumar algo impresso sobre o profeta Isa? Eu gostaria de saber mais a respeito desse profeta que perdoa.

Depois da breve conversa, o xeque seguiu seu caminho.

O paroquiano olhou para Alexander com uma expressão de espanto.

— Eu nunca esperava...

— Que um muçulmano se interessasse por nossas boas-novas? — O padre riu da situação. — É o amor de Cristo. Essa é a esperança para Suq al Khamis.

———

Nadir e Samir deram uma olhada nos arredores do Centro de Treinamento Logos enquanto Butros saía do prédio para recebê-los. Nesse momento um muezim começou seu chamado à oração, vindo da mesquita construída junto à parede oposta do edifício.

— Eles a construíram no ano passado — Butros explicou, notando os olhares inquiridores.

— Não há casas ao redor daqui, somente campos — Nadir observou.

— Exatamente. Mas, quando eu perguntei, eles me disseram que era necessário ter uma mesquita para os trabalhadores do campo. Explicaram que, de acordo com a doutrina islâmica, todo muçulmano tinha de ficar a uma distância audível de uma mesquita.

— Mas exatamente pegado à sua propriedade?

— Eles pediram desculpas — mas disseram que desse jeito não estariam perdendo muito na forma das colheitas. A localização era mais eficiente. — Butros balançou a cabeça, perplexo. — Claro, eles conseguiram passar centenas de anos sem uma mesquita nestes campos.

— Olhe para os alto-falantes — disse Samir. — Todos eles apontam para você, para esta propriedade.

— É. E às vezes eles abrem todo o volume quando temos uma reunião. Tudo com o propósito de intimidação.

— Para expulsá-lo?

Butros riu.

— Eles estão tentando. Mas foi aqui que Deus nos plantou.

Os três homens andaram ao longo do muro durante alguns momentos e Butros disse:

— Obrigado por virem aqui hoje. Eu tenho uma pergunta muito importante para vocês dois. Pensei em vários homens que eu acredito poderem liderar as comunidades de crentes de origem muçulmana. Gostaria que cada um de vocês fosse treinado para esse ministério.

Nadir concordou, quase como se esperasse pelo convite. Na verdade ele sentia que Deus o estava incitando para um trabalho maior para o Reino.

— Sinto muita falta de Ahmed, Mustafá e Hassan — ele disse.

Butros deu um sorriso triste de concordância.

— Mas o trabalho que eles começaram não deve morrer. Nós continuamos a nos reunir, mas, sinceramente, estamos perdidos sem eles.

— Como ovelhas sem pastor?

— Sim, exatamente.

— Nadir, quero treiná-los para ser um pastor. É um chamado honroso e eu acredito que Deus tem a mão sobre vocês para fazer isso.

— O que é preciso? — Samir perguntou.

— Vou me reunir com vocês e uma dúzia de outros iguais a vocês. Vamos nos reunir durante cinco dias consecutivos por mês para estudar a Bíblia, teologia e ministério. Vou trazer também instrutores para aulas especiais sobre assuntos como discipulado, vida cristã familiar e outros assuntos que vocês precisam conhecer.

— Eu gostaria muito de aprender esses assuntos — disse Samir. — Continuou andando durante um momento, depois perguntou: — E quanto à ONG?

— Tivemos de parar suas atividades por enquanto. Você compreende. Nadir e Samir concordaram.
Você gostaria de continuar aquele trabalho?
— Sim, muito — disse Samir. — Precisamos dele. Hesitou antes de acrescentar: — Quero terminar o trabalho que o meu amigo Ahmed iniciou.
— Ótimo. Vou treinar vocês dois.

———

Butros e Nadira davam um passeio pela propriedade mais à noitinha. Havia-se tornado seu hábito depois que as crianças iam dormir. Era um momento para eles conversarem sobre o dia, orarem juntos e sonharem com o futuro. Tinham decidido fazer do Centro Logos o seu lar. Butros gostava da tranqüilidade do campo em vez do barulho constante da cidade — exceto, claro, quando a mesquita ao lado decidia aumentar o volume de seus alto-falantes. Todavia, ele ainda temia pela segurança da família. Por duas vezes sua família tivera de fugir para a casa dos pais de Nadira, e ele ainda queria saber se ela sentia-se bem vivendo ali, com as constantes ameaças.
— E então, como se sente a minha esposa aqui no centro? — ele perguntou enquanto o sol se punha, produzindo um espetáculo colorido de vermelho e laranja formado pela poeira do deserto além dos campos cultivados.
— Estou bem, meu querido marido. É bom ter nossa família reunida. Onde você estiver, aí é o meu lar.
Butros adorava a maneira como Nadira expressava sua afeição por ele. Isso o fazia querer ser mais protetor.
— Você não parece mais com medo. Você está apenas escondendo-o melhor? — ele perguntou.
— Eu orei muito enquanto estivemos separados. Deus deixou claro que pertencemos a ele. — Ela acenou para a propriedade onde estavam andando. — E esta terra pertence a ele. Esta obra em que estamos é dele. Butros, você realmente previu este fruto, que vimos acontecer, quando nos casamos?
— Não, não posso dizer que realmente soubesse o que Deus ia fazer. Eu apenas sabia que ele havia me chamado.
— E ele me chamou para ser sua ajudadora. Ele chamou a nós dois para ministrar. Você se lembra quando oramos sobre esta terra com o Irmão André?

— Ah, sim.

— Eu tenho pensado na próxima etapa deste campus.

— E o que você acha que deverá ser?

— Eu gostaria que construíssemos um centro feminino.

— Você pode ter razão. Tenho pensado no que deveríamos construir aqui em seguida. Por que você acha que um centro para mulheres deveria ser a prioridade?

— Lembra-se quando Abuna Alexander nos falou da garota de sua igreja? Os olhos de Nadira se encheram de lágrimas e ela hesitou em falar: — Existem muitas garotas, garotas cristãs, mulheres cristãs que estão sofrendo neste país. Algumas foram seqüestradas e foram terrivelmente maltratadas. Mesmo famílias cristãs, muitas delas não sabem como ter um casamento ou uma família cristã. — Nadira segurou a mão do marido. — Como nós temos. Muitos cristãos pensam exatamente como muçulmanos quando se trata de suas mulheres.

— Claro, existem bons e maus casamentos entre os muçulmanos.

— Sim, isso é verdade. Mas deveria haver algo especial, algo diferente para casais cristãos comprometidos. Por isso uma das coisas que eu quero fazer é ajudar mulheres cristãs a serem esposas piedosas.

— Assim como Paulo instruiu Tito, que as mulheres mais velhas deviam instruir as mais jovens a amar seus maridos e os filhos.

— Na verdade, as mulheres tendem a fazer isso naturalmente, pelo menos inicialmente. Mas, quando vivem sob constantes maus tratos verbais e físicos, são levadas a acreditar que não têm valor. É difícil para elas acreditar que o Deus real e verdadeiramente as ama. Por isso elas começam a viver com medo de seus maridos em vez de acreditar que elas são entregues à sua família por amor.

— Eu acredito que os homens precisam aprender a amar suas esposas de maneira sacrificial, assim como Cristo nos ama. Essa é uma das áreas que eu penso ensinar aos homens que se tornarão pastores de congregações de crentes vindos do islamismo.

— Existe mais para o meu sonho — Nadira acrescentou. — Para as que sofreram maus tratos, elas precisam de um lugar para vir, ser curada, cuidada e ensinada no verdadeiro caminho de Cristo.

— Gosto dessa sua visão. Entretanto, elas não podem ficar aqui para sempre. O que lhes acontecerá quando deixarem o centro?

— Pensei nisso também. Quero que este centro dê treinamento vocacional para mulheres — ensinando habilidades que as capacitem a viver por conta própria, ou numa família, para conseguirem uma renda adicional.

— Que tipo de habilidades você está pensando?

— As empresas precisam cada vez mais de operadores de computadores. Eu gostaria de treinar mulheres no uso de computadores para que elas possam trabalhar em escritórios ou em casa, digitando documentos ou planilhas eletrônicas.

— Secretárias.

— Auxiliares de escritório. As mulheres alfabetizadas podem ganhar um sustento decente na cidade com essas habilidades.

— Essa é uma boa visão. Vamos orar e, se Deus continuar a nos dirigir, vamos traçar um plano para o edifício e um curso e ver se podemos encontrar recursos.

———

O toque do telefone tirou Ahmed de sua intensa concentração na sala de bate-papo na tela do seu computador. Pegou rapidamente o aparelho para que sua esposa não acordasse.

— O que você está fazendo em pé tão tarde? — disse a voz alegre no outro lado da linha.

— Zaki? Já passa da meia-noite em Londres.

— E das 3 horas da manhã onde você está. Vi que você estava conectado.

— Então por que você não mandou uma mensagem instantânea para mim?

— Porque eu preciso ouvir a sua voz. Por que você está acordado tão tarde?

— Estou salvando o mundo — Ahmed respondeu. — É surpreendente a quantidade de muçulmanos interessados em Isa. E o que você está fazendo, telefonando-me a esta hora ridícula?

— Eu estava pensando em você.

— Obrigado. Ore e volte para a cama.

— Como está Salima?

— Bem. Ela está dormindo.

— Tem certeza?

— Na verdade, ela tem andado muito quieta ultimamente.

— Leve-a ao médico.

— Por quê?

— Ouça seu amigo Zaki. Eu sou médico formado. Sua esposa está com depressão. Ela precisa de cuidados médicos.

— Como você sabe?

— Você me mandou alguns e-mails a respeito de suas preocupações. Acredite-me, ela está com depressão e precisa de ajuda. Ela sofreu um trauma terrível e muitas mudanças. Pense em tudo o que ela perdeu. Você precisa ajudá-la.

— Certo. Vou fazer isso.

— Mais importante, ela precisa do seu amor.

— Então você virou conselheiro matrimonial?

— Timóteo, você trabalha demais.

Ahmed estremeceu. Sabia que o amigo tinha razão.

— E o que eu devo cortar?

— Você não pode salvar o mundo sozinho. Omita o café hoje. Vá para casa depois do expediente. Dê uma volta com Salima. Saia com ela para jantar. Passe uma noite com amigos. E você não precisa ficar acordado todas as noites.

— Mas há muitas pessoas que precisam conversar. Elas têm muitas perguntas.

— Você não é o único que pode responder a essas perguntas.

Ahmed suspirou.

— Compreendi.

— Compreendeu? Você está apaixonado e isso é bom. No entanto, a pessoa mais importante em sua vida é a sua esposa. Por favor, cuide dela.

A mente de Ahmed voltou para a gloriosa noite iluminada pelas estrelas no terraço do apartamento em Suq al Khamis. "Eu serei a sua rocha", ele dissera à esposa. Ele prometera amá-la. E dois dias depois fizera a mesma promessa perante Deus, de entregar a própria vida por sua esposa. Era a hora de colocar em prática aquela promessa.

— Vou diminuir o ritmo e cuidar dela — disse Ahmed. — Na verdade, vou começar folgando amanhã. Vou preparar o café da manhã e passar o dia com ela.

— É um bom começo.

— Sei que isso levará tempo. Eu a tenho negligenciado e preciso fazê-la saber que estou aqui para ela, que vou ouvi-la. — Ele sabia que de todas as pessoas que Deus o chamara para amar Salima tinha de ser a primeira.

Zaki confirmou a resolução do amigo de focar as necessidades da esposa e colocá-la em primeiro lugar. Ficou contente pelo fato de não ter demorado para Ahmed reconhecer sua falha nessa área.

— Agora, e quanto a você? — Ahmed perguntou. — Você pensou no que eu disse?

— Tenho muito trabalho aqui em Londres — disse Zaki.

— O seu país precisa de você.

— Posso fazer muito pelo meu país onde estou.

— Você pode fazer mais se voltar.

— E sofrer como aconteceu com você? Veja o que fizeram com os nossos amigos, a você.

— Volte e assuma o nosso lugar.

— Para Suq al Khamis?

— Sim. Você é médico. Você pode testemunhar de uma forma que nós nunca pudemos. Existe uma comunidade assustada de crentes vindos do islamismo que precisa da sua liderança.

— Isso é o Espírito Santo falando?

— Se você acredita, então é. Talvez Deus esteja falando por meu intermédio.

— Na realidade, eu penso que é.

— Então volte.

— Mas eu nem sei por onde começar.

— Existem dois homens que o ajudarão.

— Quem?

— Um é o Irmão André. Ele vive na Holanda. Voe até Amsterdã e converse com ele. O outro é uma pessoa que é apoiada por ele, Butros. Acredite-me, ele pode usar a sua ajuda.

— Agora sei por que eu não podia dormir.

— Porque eu precisava de um chute no traseiro — para cuidar da minha esposa.

— E eu precisava da confirmação de que Deus quer que eu volte.

— Zaki?

— Sim, Timóteo.

— Eu nunca te agradeci.

— Pelo quê?

Ahmed sentiu de repente uma onda de emoção e viu-se momentaneamente incapaz de falar. Lembrou-se da juventude, dos sonhos apavorantes de julgamento, das perguntas que o atormentaram e do fato de seu amigo ter se arriscado em indicar-lhe a Bíblia e Jesus. Aquilo o havia feito começar uma jornada que o lançara na cadeia e quase o matara, mas que também lhe dera mais alegria que jamais ele pensara ter sido possível.

— Zaki, espere apenas um momento.

Ahmed atravessou a sala e pegou sua agenda, na qual havia registrado sua poesia e pensamentos tirados da Escritura.

— Ouça isto — disse ele de volta ao telefone. — Não se foge de uma vida melhor, de uma vida abundante e de plena liberdade. Não se foge da revolução — a revolução do amor. E não se foge de Deus — Deus no sentido mais pleno da palavra. Um Deus que ama suas criaturas, todas elas. Um Deus que tem misericórdia. Um Deus que cura. Um Deus que liberta. Um Deus que é justo. Não se foge de um Deus de carne e ossos. Precisamos de uma pessoa real, de um Pai verdadeiro, alguém que é realmente santo, alguém que realmente ama. Não há fuga de um Deus real. Não há fuga de Jesus Cristo. Não há Deus como ele. Ele nos criou, ele nos ama com paixão e deseja o mesmo de nós em troca.

— É por isso que eu quero te agradecer, por me apresentar ao Deus de quem não posso escapar, de quem eu não quero *nunca* escapar.

Parte 2
COMO DEVEMOS REAGIR?

O vínculo
Eles afivelaram seu cinto de bombas.
Dirigiu-se para o lugar, embora isso fosse tarefa deles.
A meio-caminho ele disse: "Não quero morrer".
Continuou leal.
Eles tomaram a direção da estrada por onde vieram.
Ismael que se poupou, e Isaque.
Comovidos e surpresos seus pais o viram
Voltar salvo do cume do monte Moriá.
Seguraram-no e continuaram a observá-lo de perto.
Eles esperam que o Deus de Abraão
Providencie o sacrifício.

Pem Sluijter

Prólogo

Como você se sente depois de ter lido a respeito de seus irmãos do mundo islâmico? Animado com o que Deus está fazendo? Preocupado com a situação atual e o que Butros, Nadira, Ahmed, Salima, Layla e Abuna Alexander farão nos anos que virão? Ambas as respostas são adequadas. Espero também que você queira se envolver pessoalmente. No mínimo, espero que você esteja disposto a orar por aquelas pessoas, tendo a consciência de que esta história representa milhares de outras em situações semelhantes ou piores ao redor do mundo. Talvez você venha a ter a oportunidade de encorajar alguns deles com suas cartas. Certamente não podemos continuar felizes da vida como de costume ao ficarmos sabendo que uma parte da igreja sofre tão severamente.

Talvez você esteja também pensando na condição do mundo destes dias e querendo saber qual deveria ser o papel da igreja do Ocidente. Essa é uma preocupação crescente à medida que mais muçulmanos fixam residência na Europa e na América do Norte. Eu estou preocupado pelo fato de, atualmente, o problema mais comum ao islamismo ser o medo. Vejo isso nos comentários em público dito por vários líderes cristãos que difamam o islamismo e o profeta Maomé. Vejo isso na guerra retórica falada por políticos e generais do exército. Isso se expressa no uso de rótulos como "islamofacismo" e comparações do fundamentalismo islâmico com a ascensão do nazismo germânico na década de 1930.

Um respeitado comentarista cristão, Gary Bauer, escreveu o seguinte sobre o quinto aniversário dos ataques de 11 de setembro:

Os críticos [...] estão se queixando de que a guerra do Iraque e a impropriamente chamada "guerra do terror" já demora tanto quanto a II Guerra Mundial e nós ainda não vencemos.

Talvez seja porque ainda não começamos a combater da maneira como fazíamos — para vencer. Estamos ainda com mais medo dos processos da União Americana das Liberdades Civis e dos editoriais do *New York Times* do que do inimigo que se dedicou a destruir a civilização ocidental.

Essa guerra tem um longo caminho a percorrer — talvez uma geração. A data de hoje, cinco anos atrás, pode não ser o pior dia que iremos experimentar antes que ela termine. Certamente há mais horror e mais provas pela frente antes de sabermos se nós, herdeiros de uma grande civilização, herdamos a coragem e a decisão para defendê-la.[1]

Gary levanta importantes questões para nós. Ele está certo ao afirmar que estamos em uma guerra, mas estamos combatendo o inimigo certo? Devemos *temer* a perspectiva mundial do islamismo? É a única opção vê-lo como uma luta de "vida e morte", como vários escritores têm definido? O salmista não prometeu que aquele cujo coração confia em Deus "não temerá más notícias" (Salmos 112.7)? As Escrituras nos exortam repetidas vezes a não temermos, como Paulo escreveu a Timóteo: "Pois Deus não nos deu espírito de covardia, mas de poder, de amor e de equilíbrio" (2Timóteo 1.7). Como disse Pedro "Não [dêem] lugar ao medo" (1Pedro 3.6). Como afirmou o apóstolo João "O perfeito amor expulsa o medo" (1João 4.18).

Depois de ler a história na primeira parte deste livro, eu acredito que você compreende melhor os desafios para a igreja mundial que o islamismo representa. No entanto, seria trágico se tudo o que fizermos for reagir com medo e bater em retirada. Nas poucas páginas seguintes, quero sugerir o que a igreja perseguida do mundo islâmico está dizendo aos cristãos do Ocidente. Eu (André) acredito que a história que você acaba de ler nos apresenta quatro desafios: amar todos os muçulmanos apresentando-lhes as boas-novas, perdoar quando somos atacados, viver vidas totalmente comprometidas com Jesus Cristo e nos envolvermos na verdadeira guerra — a guerra espiritual.

Para começar o primeiro desafio, Al (Janssen) e eu precisamos levá-lo até um local secreto na fronteira entre o Afeganistão e o Paquistão.

---

[1] Gary L. BAUER, "End of Day", recebido de garybauer@cwfpac.com em 11 de setembro de 2006.

1

Era início de 2002, logo depois que as forças de coalizão haviam expulsado o Talibã do poder no Afeganistão. Ainda havia combates violentos na região e algumas vezes ouvíamos bombardeiros americanos sobrevoarem alvos nas montanhas próximas de Tora Bora, onde os líderes da Al-Qaeda se escondiam. Viajamos para aquele encontro num furgão através de sinuosas e estreitas passagens nas montanhas. Quase sempre tínhamos de nos agarrar aos apoios em cima da janela do passageiro para evitar sermos jogados de lado ao passar pela estrada rochosa e irregular, ou desviar para evitar o trânsito em sentido contrário numa estrada cuja largura da pista mal dava para dois carros.

Entretanto, nossas viagens eram fáceis se comparadas às dos homens e mulheres que encontrávamos. Vários deles tinham andando a noite toda ou suportado horas espremidos com outros 20 dentro de um furgão onde cabiam confortavelmente 12. Eles vinham de Jalalabad, Kunar e Kandahar — áreas devastadas onde o Talibã havia surgido e para onde aqueles praticantes extremos do islamismo tinham se retirado, calculando que poderiam fugir da captura e esconder-se durante anos nas cavernas das devastadas montanhas de Hindu Kush.

Quando chegamos, os homens se aproximaram de nós, um a um, e nos saudaram com largos sorrisos e aperto de mão, sempre seguidos de grandes abraços. Podíamos sentir neles o suor e perceber que muitos não tinham tomado banho havia dias. Todos, com exceção de dois deles, tinham barba e todos usavam o tradicional *shalwar kameez* — uma calça folgada do tipo serve-para-todos-os-tamanhos e camisa que se estendia até o joelho, normalmente marrom ou marrom claro. Alguns usavam jaquetas ou suéteres sobre as camisas para se proteger do ar frio da montanha. Um senhor idoso estava enrolado num velho capote de lã marrom. Vários deles usavam também gorros que identificavam a tribo, um *chitrali*[1] de lã marrom, ou um *nimazi*[2] branco. Atrás, num canto escuro, estavam duas mulheres, ambas completamente cobertas com suas burkas. O nosso anfitrião não as apresentou, mas disse que elas eram esposas de dois dos homens.

Não havia eletricidade na casa onde estávamos reunidos e cobertores cobriam as janelas para prevenir observação indesejada. Além de um pequeno feixe de luz solar nas beiradas das coberturas das janelas, velas completavam a iluminação. Quando olhei os homens ao meu redor, não pude deixar de querer saber o que aconteceria se a CIA entrasse de repente naquela casa. A julgar pelas aparências, todos aqueles homens provavelmente seriam transportados sem cerimônia para celas em Guantánamo, em Cuba, isso apenas porque os soldados olham para as aparências externas. Deus olha para o coração e nos permitiu ter um pequeno vislumbre do que ele via. Durante as horas seguintes, fomos transportados para um mundo que poucos tiveram a experiência de ver e, nesse processo, ficamos convencidos de que *existe* uma solução genuína para o castigo do terrorismo.

Começamos a nossa reunião cantando. Aquele era um território pashtu onde viviam as tribos do grupo dominante de pessoas do Afeganistão. Aqueles homens estavam memorizando e cantando salmos em pashtu, e o líder do cântico era um ex-mulá com uma voz de cantor inesquecivelmente bela. Sua face irradiou alegria e uma vez falou conosco em seu inglês mal articulado:

— Eu quero ser um mulá para Jesus!

Foi natural que precisássemos de um intérprete para traduzir para o inglês, por isso demorou um pouco para aprender suas histórias. O primeiro homem a falar foi Alef.[3] Ele tinha um começo de calvície e, em vez da tradicional barba afegã, exibia um bigode caído. Ele explicou que era

---

[1] De Chitral, capital do distrito de Chitral, nas montanhas Hindu Kush. Característico dessa cidade [N. do T.].

[2] Nimazi (Coréia do Norte). Característico dessa região [N. do T.].

[3] Esse não é o seu nome verdadeiro. "Alef" é a primeira letra do alfabeto pashtu. Com uma exceção, todos os homens neste capítulo são identificados por uma letra do alfabeto pashtu.

exigência do Talibã que todos os homens usassem barba e que os guardas do regime podiam abordá-los na rua e medir sua barba. Alef levantou o punho para indicar que a medida para ser aprovado era um punho cheio de barba. Com freqüência os que não passavam no teste eram espancados. Ele raspou a barba depois da queda do Talibã.

Até tornar-se um refugiado, Alef era fazendeiro e seus rendimentos vinham do ópio. Também cultivava cevada e legumes, mas admitiu timidamente que a única forma de sustentar a família era cultivar papoula, da qual se produz o ópio — fato trágico que hoje 90% do suprimento do ópio mundial vem do Afeganistão.[4] Ele sobreviveu durante a guerra com a União Soviética na década de 1980, mas a guerra civil subseqüente o levou, juntamento com outros do sul, aos campos de refugiados ao redor de Peshawar. Na época da invasão das forças de coalizão em 2001, cerca de três milhões de afegãos viviam no Norte do Paquistão, nos limites dos territórios tribais. Alef viveu ali durante nove anos. Muitos como ele ouviram falar de Jesus naqueles campos.

Alef era estudante de literatura e gostava de ouvir as notícias pelo rádio. Um dia ele descobriu uma nova estação e ouviu o locutor falar a respeito de Jesus comparado a um pastor. Entrou em contato com as pessoas que produziam o programa e adquiriu alguma literatura cristã em pashtu.

— Li a respeito dos milagres do nosso Senhor Jesus Cristo — ele nos contou com orgulho. — Ele ressuscitou mortos; deu vista aos cegos; andou sobre as águas. Quando olhei para aqueles milagres, eu disse: "Não existe *homem* que possa fazer essas coisas". São características divinas.

Ele relatou as mudanças em sua vida como se entrasse em outro mundo — talvez não diferente da sensação que eu, como holandês, senti ao entrar na cultura afegã.

— Perdi o medo da morte — Alef disse.

---

[4] Ver Sebastian JUNGER, "American's Forgotten War" (2006), http://www.vanityfair.com/commentary/content/printables/060327/roco02?print=true. Junger escreve: "De acordo com um recente relatório interno para as Forças Especiais Americanas, a produção do ópio subiu de 74 toneladas métricas por ano sob o Talibã para o astronômico número de 3.600 toneladas métricas, um volume igual a 90% do suprimento mundial. O lucro do comércio de drogas do Afeganistão – em torno de 2 bilhões de dólares anuais – compete com o montante da ajuda internacional que entra no país e ajuda a financiar a insurgência".

Naturalmente ele queria falar da transformação aos seus mais íntimos, mas foi esperto. Disse à esposa que havia achado um novo livro, mas não lhe disse que livro era. Começou a ler histórias dos Evangelhos para ela. Aos poucos sua esposa reagiu e quis saber que livro ele estava lendo. No tempo certo ela uniu-se a ele em sua nova jornada, seguindo a Jesus.

A exemplo de todos os homens pashtu da sala, Alef tinha sido um muçulmano devoto, mas insiste que não tivera escolha.

— Não se pode escolher se não houver opções. Então foi-me dada outra opção e eu escolhi a certa.

Na época Alef estava pregando a Palavra. Pegou, orgulhoso, um pedaço de papel no qual havia 60 nomes.

— Estas são as pessoas que estou discipulando — ele disse.

Assim que Alef terminou sua história, outros quiseram nos contar suas jornadas espirituais. Geem falou a respeito de um sonho que tivera. Havia uma lagoa enorme e Geem estava no meio dela, incapaz de nadar até a margem. Um homem vestido de branco, cavalgando um cavalo branco, galopou até ele, agarrou sua mão e o puxou para um lugar seguro.

— Por que você me resgatou? — Geem perguntou ao homem.

O cavaleiro de branco respondeu:

— Eu quis te salvar e te salvei.

Entretanto, quem era o cavaleiro? Geem pressionou o homem a revelar sua identidade. Finalmente, o cavaleiro revelou ser Jesus Cristo.

Bea era um homem forte de barba espessa e grisalha. Era professor colegial e falou sobre a sobrevivência na guerra civil e seu desgosto cada vez maior com as atrocidades cometidas pelos muçulmanos contra outros muçulmanos.

— Roubos, adultérios, furtos, corrupção — tudo isso estava acontecendo ao meu redor — disse Bea.

Ele decidiu fazer um estudo comparativo de outras religiões e, nesse processo, conheceu Jesus. Mas não compreendia a importância do profeta Isa até Alef ir ao seu vilarejo e dar-lhe alguns livros que esclareceram as verdades do evangelho.

Qaf era menino e vivia num campo de refugiados quando conheceu seu primeiro cristão. Seu professor de inglês era obviamente um missionário e Qaf ficou tão impressionado por ele que o convidou para se tornar muçulmano. O professor sorrira para o aluno e dissera:

— Você é jovem demais e eu não posso conversar com você agora. Mas vou orar para que você leia mais e faça uma boa escolha.

Em Peshawar, Qaf descobriu uma igreja com uma pequena biblioteca onde ele teve oportunidade de ler a respeito do cristianismo. No entanto, quanto mais ele compreendia a fé cristã, mais curioso ficava a respeito da própria fé. Assim, durante vários meses ele estudou e praticou fielmente o islamismo. Foi ficando cada vez mais inquieto e retornou à sala de leitura da igreja onde conheceu um professor que pôde responder às suas perguntas e o ajudou a compreender a fé cristã.

— Agora eu ensino outros — disse com orgulho — e 18 pessoas vieram a conhecer o Senhor.

Entretanto, houve nessa história um elemento triste. O sogro e o pai de Qaf conspiraram para tirar sua esposa e os três filhos. Sua família estava sendo forçada a morar com o pai de Qaf até que este retornasse para o islamismo.

— Não os vejo há dois meses — ele disse.

Depois foi Sheen, um homem baixo e musculoso que usava um *shalwar kameez* preto. Seu testemunho foi simples, porém elegante:

— Há um caminho de paz e esse é o caminho de Jesus.

Sheen conhecia as passagens nas montanhas como nós conhecemos as ruas do nosso bairro e, durante anos, havia transportado armas em comitivas de mulas por trilhas traiçoeiras do Paquistão para os guerrilheiros muçulmanos na região de Jalalabad. Com cargas de ópio ele fazia a rota de volta para o Paquistão. No momento, ele fazia um tipo bem diferente de contrabando — livros cristãos e Bíblias. Evitando postos de fronteira e de fiscalização, ele levava quase duas semanas transportando cada carga do seu precioso frete. Quando Al (Janssen) perguntou se ele carregava uma arma, Sheen lançou-lhe um olhar curioso. Claro que ele carregava armas — uma kalashnikov e uma pistola. Eu podia imaginá-lo usando um cinturão de balas por cima da camisa preta, com sua metralhadora pendurada num ombro enquanto conduzia suas mulas e se mantinha alerta para uma possível emboscada que pudesse colocar em risco sua missão.

Embora não pudesse ler o que contrabandeava, pelo fato de ser analfabeto — a exemplo de mais da metade de todos os afegãos —, ele passou sete meses na prisão ao ser pego com uma carga de Novos Testamentos.

Não compreendia o porquê da preocupação das autoridades com ele. O que eles prefeririam — que ele transportasse bons livros ou armas e drogas?

— Existe dignidade e respeito pela vida humana na fé cristã — ele disse. — Isso me trouxe grande consolo e paz. Nessa fé eu não sou ignorado ou negligenciado; ao contrário, Deus está interessado em mim.

Uma voz falou por detrás de uma burka e fomos informados que uma das esposas estava pedindo oração. Kaf, seu marido, explicou que eles estavam casados havia nove anos e não tinham filhos. Perguntei à mulher se ela gostaria de dar seu testemunho. Ela falou bem baixinho:

— Meu marido teve um sonho e conversou com seu irmão que lhe falou a respeito deste novo sistema. Sei que eles não me diriam para acreditar em algo errado.

Animei-a para que falasse um pouco mais. Ela explicou:

— Jesus mudou a vida do meu marido e seu comportamento para comigo, sua esposa estéril. Eu tento constantemente agradar a Deus e não deixá-lo zangado. Mas eu sou estéril e inútil.

O meu coração simpatizou-se com aquela mulher. Eu sabia que aquela era uma situação muito sensível. Naquela cultura o valor e a honra de uma mulher estavam diretamente ligados ao número de filhos. Orei por aquele casal, pedindo a Deus que ouvisse seus clamores assim como tinha ouvido os de Ana, mãe do profeta Samuel, no Antigo Testamento. Em silêncio orei também que aquela mulher conhecesse o amor e o consolo de Jesus, abençoasse Deus ou não com filhos aquele casal.

A razão principal para aquela reunião era batizar uma dúzia de homens e duas esposas, líderes da igreja que estava se desenvolvendo no Afeganistão. Antes de iniciarmos a cerimônia, entreguei uma curta mensagem que pareceu apropriada à ocasião. Meu texto básico foi 2Coríntios 5.17: "Se alguém está em Cristo, é nova criação. As coisas antigas já passaram; eis que surgiram coisas novas!". Como desejei que alguém pudesse testemunhar a surpreendente transformação daquelas pessoas! Cada uma delas vivia em uma sociedade muçulmana radical. Todas elas haviam suportado a guerra e o apavorante regime da seita islâmica provavelmente mais fundamentalista e legalista. Muitos tinham perdido tudo devido à guerra tribal e tinham vivido durante anos como refugiados. No entanto, todos eles foram transformados pelo evangelho.

Alef era poeta e havia escrito um hino que expressava a transformação daquelas pessoas. Quando ouvi Alef, e depois, o restante dos homens cantarem, experimentei a emoção completa do canto de tal forma que senti como se estivesse sendo transportado deste mundo para o céu. Quando eles terminaram, o nosso tradutor tentou comunicar as palavras do poema. Depois de ouvir a beleza rítmica da canção em pashtu, as palavras em inglês pareceram um pouco pedantes.

Era um poema longo que lembrava muitos milagres de Cristo. Depois mudava de direção, louvando a Deus pelos milagres na vida deles: "Tu és o único, o santo sem pecado. Somente por meio de ti podemos experimentar a pureza. Tu te tornaste nosso substituto. Tu nos salvaste dos nossos pecados. Tua graça está em nós e nós a experimentamos. Da mesma maneira como amaste teus discípulos na terra, tu nos amas também. Da mesma maneira como eles te amaram, nós queremos te amar também". O refrão, repetido muitas vezes ao longo do cântico, era algo como: "Há poder em ti, em tuas mãos".

Depois do culto do batismo, o homem à minha frente, de barba branca e *nimazi* branco, começou a falar e a agitar a mão direita.

— O que ele está dizendo? — perguntei ao nosso tradutor.

O homem parecia ter 70 anos de idade, mas eu sabia que, provavelmente, era mais jovem. A expectativa média de vida dos homens no Afeganistão era de apenas quarenta e cinco anos. Meu intérprete explicou:

— Ele diz que teve um derrame há alguns meses e aquele braço direito estava paralisado. Ele orou para que quando fosse batizado Deus o curasse. Está agitando o braço para dizer que Deus o curou.

Aquele era Nazim, um homem que gostava de aprender e que logo depois daquele culto voltou para o seu vilarejo e começou a ensinar crianças a ler e a escrever, usando principalmente histórias dos Evangelhos. Certa manhã, dois anos depois, o mulá local, membro do Talibã, junto com outras pessoas da mesquita local entrou na casa do professor Nazim e o espancou severamente, gritando:

— Por que você ensina os Evangelhos e não o Alcorão às nossas crianças? Tudo o que elas precisam é do Alcorão.

O mulá ameaçou voltar e matar Nazim se ele não parasse.

Quando o mulá e seus assassinos saíram, Nazim pediu à esposa e aos dois filhos que corressem depressa e reunissem a família e os amigos, junto com os alunos. Em poucos minutos havia aproximadamente 20 pessoas comprimidas em sua casa. Apesar da dor dos ferimentos, ele reuniu forças para dizer aos presentes:

— Quero lhes dizer uma coisa muito importante.

E então contou sua jornada para a fé no Senhor Jesus Cristo. Concluiu lendo os Evangelhos e dizendo:

— Jesus, ao dar sua vida por nós, nos liberta do fardo do pecado e nos liga a Deus.

Desafiou os ouvintes a seguirem Jesus, depois fez seu último esforço e morreu.

Quando essa notícia perturbadora chegou até mim, imediatamente o pensamento me veio à mente — *se o grão de trigo não cair na terra e não morrer, continuará ele só. Mas se morrer, dará muito fruto"* (João 12.24).

A esposa de Nazim foi expulsa do vilarejo, mas mudou-se para outra área onde alfabetiza mulheres jovens.

Que eu saiba, não havia igreja na região pashtu do Sul do Afeganistão antes de 2000. Hoje existem vários milhares de crentes em Jesus naquela região. Eles formam a igreja no Afeganistão. Eles se reúnem em segredo, mas são exuberantes de alegria.

Essa história muda a sua maneira de ver os muçulmanos? Quando você vê filmes de grandes multidões de muçulmanos protestando contra caricaturas de Maomé em Londres ou em Lahore, você os vê como uma ameaça? Ou você os vê como um campo missionário?

O primeiro desafio que eu quero propor é este:

Desafio nº 1

**Vemos os muçulmanos como inimigos?
Ou estamos procurando ganhá-los para Cristo?**

É possível que estejamos dando demasiada atenção às ameaças de Osama bin Laden, da Al-Qaeda e de outros grupos fundamentalistas muçulmanos? Talvez este seja o momento de nos perguntarmos se Deus está operando no coração desses homens.

No Sermão do Monte, Jesus desafiou o senso comum a respeito da maneira de se relacionar com os soldados romanos que ocupavam a nação, (v. Mateus 5.38-48): "Vocês ouviram o que foi dito: 'Ame o seu próximo e odeie o seu inimigo'. Mas eu lhes digo: Amem os seus inimigos e orem por aqueles que os perseguem". (v. 43,44). Jesus ilustrou isso com três situações práticas. A primeira foi: Se alguém batesse na face, a outra deveria ser oferecida. Segunda: Se alguém tomasse a túnica, a capa deveria também ser dada. Terceira: Se um soldado romano obrigasse alguém a carregar sua mochila por uma milha, a pessoa deveria ir com ele duas.

Com que objetivo Jesus sugeriu que o fardo pesado do soldado deveria ser carregado por mais uma milha sob o sol escaldante do Oriente Médio? Porque a primeira milha era uma obrigação legal. Porém, quando a vítima se oferecia para levar o fardo uma segunda milha, seria natural que o soldado romano quisesse saber por que a pessoa estava disposta a carregar o fardo além da exigência legal. Isso dava oportunidade de falar do amor de Jesus ao soldado.

Hoje andamos a primeira milha, seguindo Jesus. Eu proponho que andemos a segunda milha a fim de compartilharmos seu amor com os muçulmanos. Jesus disse que devemos *amar* nossos inimigos. Isso não faz sentido para a nossa mente. Como podemos amar alguém a quem odiamos? Essa ordem, porém, é algo esplêndido, pois se eu decido amar alguém essa pessoa não pode continuar sendo minha inimiga. Eu digo sempre que a melhor maneira de desarmar um terrorista é ir até ele e dar-lhe um caloroso abraço — pois você está perto demais para que ele o alveje. Se eu amo alguém, certamente vou procurar dar a ele ou a ela o melhor presente que se possa imaginar. Isso significa compartilhar as boas-novas do evangelho.

A ordem para a igreja é "vão e façam discípulos" de todos os povos e nações (v. Mateus 28.18-20). Em *Força da luz,* eu relato meu encontro com o Hezbollah, o Hamas e o Jihad Islâmico. Com certeza, isso mostra que é possível ter acesso aos muçulmanos fundamentalistas e, se isso é possível, eles também podem ser conquistados.[5] Talvez você não teve a oportunidade de se encontrar com esses extremistas, mas certamente há

---

[5] Ver Irmão André e Al JANSSEN, *Força da Luz: a única esperança para o Oriente Médio* (Editora Vida, 2005); ver especialmente os capítulos 2, 11, 17-20, 22, 25-26.

muçulmanos em sua cidade. Você conhece algum? Tem feito amizade com eles? Pense nisso: Você pode ser o único Jesus que eles virão a encontrar.

Algumas pessoas podem não concordar com a minha declaração de que eu procuro *ganhar* muçulmanos para Cristo. Mas eu lhe mostro as palavras do apóstolo Paulo: "Porque, embora seja livre de todos, fiz-me escravo de todos, para ganhar o maior número possível de pessoas". (1Coríntios 9.19). Ele segue afirmando que, para os judeus, ele se tornou como judeu para *ganhar* os judeus. Para os que estão sob a lei, ele se fez como um deles a fim de ganhar os que estão sob a lei. E, para os que não têm lei, ele se fez como eles, a fim de *ganhar* os que não têm lei. Finalmente, para os fracos, Paulo se tornou fraco, a fim de *ganhar* os fracos.

A paixão de Paulo era ganhar o maior número possível de almas para Jesus Cristo. Não deveríamos ter essa mesma paixão para com os muçulmanos?

Por favor, entenda que isso *não* quer dizer que devemos forçar alguém a aceitar Jesus. Essa não é nossa responsabilidade e não podemos fazer isso de forma alguma, pois, na verdade, é Deus mesmo quem atrai as pessoas para Cristo, como vimos pelos testemunhos de nossos irmãos afegãos. Séculos atrás, alguns cristãos tentaram converter pessoas pela espada. Isso contraria todos os mandamentos de nosso Senhor. É o amor que leva as pessoas a Cristo, e nunca a força!

Em março de 2006 o mundo pareceu despertar, por um momento, para a possibilidade de que um muçulmano podia mudar de crença quando ficasse sabendo do caso de Abdul Rahman, preso e acusado de injúria contra o Islã pelo simples fato de ter aceitado a Jesus como salvador dezesseis anos antes. Se condenado, poderia ser executado pelas leis islâmicas afegãs. Então, levantou-se um clamor dos países ocidentais em seu favor, países que tinham gasto bilhões de dólares e sacrificado centenas de vidas para libertar o Afeganistão do duro regime do Talibã. Aquela certamente não era uma atitude que se poderia esperar de um governo eleito livremente. A administração de Hamid Karzai tinha de encontrar uma saída a fim de salvar as aparências. Então foi declarado por eles que Rahman tinha problemas mentais. Com isso, foi solto e ganhou a permissão de deixar o país e se refugiar na Itália.

O mundo respirou aliviado e começou a se preocupar com outros assuntos, mas nem tudo estava bem. Longe dos olhos do mundo, dois irmãos em Cristo, recém-convertidos do islamismo, foram imediatamente presos. Outro foi rudemente espancado e foi hospitalizado. Muitos outros sofreram invasão da polícia em suas casas e ameaças telefônicas. Eu me perguntei quantos daqueles irmãos perseguidos não estavam entre aqueles que Al e eu encontramos naquela cidade da montanha nos arredores de Tora Bora.

Na realidade, não deveríamos nos surpreender com o que aconteceu com Abdul Rahman. Em dezembro de 2003 eu recebi a cópia de uma carta de irmãos afegãos, endereçada ao presidente George W. Bush, pedindo-lhe que interviesse para impedir a confirmação de uma constituição afegã que imporia a lei islâmica à nação. Fiquei sabendo mais tarde que nossos irmãos tinham jejuado e orado durante muitos dias antes de enviar a carta. Por favor, ouça aqui a voz dos seus sentimentos, enquanto eu mostro uma pequena parte da carta:

> Durante o regime do Talibã não havia o conceito de liberdade e, após a queda do regime, pensamos que com a vinda dos Estados Unidos teríamos aqui uma nova constituição que desse liberdade para cada pessoa escolher a sua religião, o que é um direito básico de todo ser humano. Os muçulmanos estão convertendo, para sua religião, centenas de pessoas cristãs e de outras religiões, mas, quando um muçulmano se converte à outra religião, é ameaçado, perseguido e morto. Agora temos esse projeto da nova constituição para ser aprovado, que é quase a mesma da época do Talibã.[6]

A carta foi mandada a uma pessoa que tinha ligações com um alto funcionário da Casa Branca, e este prometeu que a levaria até o presidente. Infelizmente, eu não soube de mais nada sobre isso. Nunca pude confirmar se o presidente chegou a ver ou ler a carta.

Cito essa carta para mostrar que nós, no Ocidente, precisamos reconhecer que há muitos muçulmanos que provavelmente viriam para Cristo se tivessem uma chance. Será que estamos fazendo todo o nosso esforço para ajudá-los a ter essa oportunidade? Certamente temos um débito muito grande com esse povo!

---

[6] Ver no apêndice a carta completa (e inédita) da Igreja afegã perseguida em Cristo ao presidente Bush.

2

Há um segundo desafio que emerge da igreja nos países islâmicos. Diz respeito a um poder que só os cristãos têm o privilégio de usar, porém os muçulmanos não compreendem e raramente vêem. Eu observei esse poder há vários anos num vilarejo do Paquistão.

Em 5 de fevereiro de 1997, ao término de uma reunião de oração vespertina, alguém jogou um bilhete com insultos ao islamismo em uma mesquita às margens de um canal, perto de um bairro cristão, em Shantinagar, na província de Punjab, no Paquistão. Na verdade ninguém viu o culpado, porém imediatamente os alto-falantes da mesquita foram usados para reunir um grupo de jovens. Alguém alegou que as páginas do Alcorão tinham sido queimadas. A suspeita foi que aquilo tinha de ser obra de cristãos já que, obviamente, nenhum muçulmano profanaria o Alcorão. A notícia se espalhou com rapidez e logo todas as mesquitas da região estavam incentivando os muçulmanos a darem uma lição nos cristãos.

A cidade de Khanewal, cerca de oitenta quilômetros da cidade de Multan, tornou-se o ponto principal onde crescia a populaça enraivecida. Boatos e acusações se espalhavam. Um oficial de polícia acusava os cristãos de fabricarem bebidas alcoólicas e venderem aos muçulmanos. Outros diziam que o profeta Maomé tinha sido injuriado e que agora os cristãos tinham também profanado uma cópia do Alcorão. Com essas acusações, cada vez mais, a ira da população crescia.

A multidão começou então a seguir em direção aos vilarejos cristãos. Um dos líderes da polícia local gritava através de um megafone, pedindo que o povo voltasse, mas o pedido não foi ouvido, e a igreja católica de São José e a igreja do Paquistão, em Khanewal, foram queimadas. Bíblias e hinários foram empilhados no púlpito e queimados. A multidão se reuniu novamente e, dessa vez munida de pedras, facas e armas de fogo, foi em direção a Shantinagar. Alguns tinham até mesmo armas mais perigosas, como granadas, bombas caseiras, e produtos químicos para atearem fogo.

Alguém logo deu a ordem:

— Destruam somente as propriedades. Não vamos matar os infiéis desta vez, somente dar-lhes uma lição.

Quando a agitação terminou na manhã seguinte, 15 mil cristãos tinham perdido suas casas e propriedades — gado, árvores frutíferas, carrinhos de mão, tratores e bicicletas, estava tudo destruído.

Um grupo de pessoas de Lahore lotou um furgão e fez uma viagem de quatro horas até Khanewal, a fim de ver o ocorrido. Primeiro eles pararam em frente a uma igreja católica que ainda estava fumegando. As paredes e o teto estavam enegrecidos; os bancos estavam todos destruídos. O pároco, Darshan Theodore, contou que o bairro de Shantinagar tinha sido completamente destruído.

— Todas as casas foram destruídas pelo fogo — ele contou.

Rapidamente, a equipe dirigiu-se ao vilarejo por uma estrada estreita de mão dupla e que consistia em uma trilha de terra com uma camada de óleo. Passaram por algumas pessoas que iam de bicicleta e por uma carroça puxada por um búfalo. Os campos estavam como que abandonados. Ainda se podia ver o trigo da primavera, recentemente plantado, brotando. Passaram pelo vilarejo de Tibe e viram a distância, a mais ou menos oitocentos metros, muitas colunas de fumaça que subiam do vilarejo de Shantinagar. O exército do Paquistão, com seus caminhões estacionados ao redor do vilarejo, montava guarda em volta da vila, observando os acontecimentos.

A devastação foi total. Em uma mercearia, os alimentos estavam espalhados pelo chão. Cinzas e pedaços de dinheiro voavam pelo ar. Uma porta corrediça de metal estava deformada pelo calor do fogo. A clínica de Shantinagar, fundada em 1973, conforme mostrava uma placa na parede externa, virou apenas uma carapaça. Ali perto estava uma ambulância chamuscada com os pneus derretidos pelo calor do fogo. Todas as igrejas foram destruídas. Uma delas tornou-se apenas uma pilha de tijolos chamuscados. Outra teve as paredes chamuscadas, sem o teto, porém. Em uma terceira, o equipamento de som virou lixo entre os assentos retorcidos. Uma Bíblia, com as páginas chamuscadas, estava ali jogada, aberta no Salmo 82. Pássaros se empoleiravam nas vigas de outra igreja. Próximo à Assembléia do Evangelho Pleno, um furgão tinha as laterais dos pneus totalmente queimadas. Não havia dúvida de que o fogo tinha sido muito forte. Uma igreja ainda estava em chamas naquele momento. Podia-se ver o fogo saindo através do telhado.

A cena das casas era ainda pior. Nada fora poupado.

— Quantas casas foram destruídas? — perguntou o líder do grupo.

— Todas foram destruídas — respondeu o pastor. — Mil, 1,5 mil casas. Todas destruídas.

Em frentes às casas, as crianças permaneciam confusas. Uma mulher vasculhava uma pilha de livros queimados. Nada pôde ser aproveitado. O que havia na despensa estava tudo espalhado pelo chão. A cerâmica, toda quebrada; a mobília, queimada. As roupas foram todas empilhadas e queimadas. Um senhor já idoso olhava para aquela devastação. Ao lado de sua casa, um trator estava ali queimado, sem condições de uso.

Logo, porém, os moradores do vilarejo souberam que não estavam sós. Chegou um furgão de uma igreja de outro vilarejo, cheia de cobertores. Outros carros e carroças chegaram durante o dia. Os cristãos das comunidades vizinhas ajudaram com alimentos, água e agasalhos para o frio. A noite iria esfriar e todos teriam de dormir ao relento, mas ninguém, com certeza, iria sentir frio ou fome.

———

Dois meses depois, a pedido dos líderes cristãos do país, eu visitei Shantinagar, onde foi montada uma tenda para um encontro com os líderes do vilarejo. Ao comissário do Exército de Salvação, que tinha fundado o vilarejo há oitenta anos, se uniram os pastores locais.

Entre outros delegados estavam o delegado distrital, o bispo de Sialkot e o juiz presidente aposentado da Suprema Corte do Paquistão. O juiz Nasim Hassan Shah, representando muitos no governo, cumprimentou-me calorosamente:

— Quero que o senhor saiba que estamos todos transtornados pelo que aconteceu aqui. A comunidade cristã foi ferida em sua honra. Devemos fazer algo para restaurar sua confiança.

Perguntei a um dos bispos que estavam ali:

— O senhor tem uma idéia de quem instigou toda essa confusão? Certamente isso não foi algo espontâneo.

— Não, isso foi bem organizado — concordou o bispo. — Tenho conversado muito sobre isso com os pastores da região. Eles parecem achar que tudo começou quando três soldados muçulmanos rasgaram a Bíblia de um morador de um vilarejo durante uma batida policial para averiguação, causando um grande protesto por parte da comunidade cristã. Os soldados foram suspensos do serviço por duas semanas. Outros acham que tudo começou quando um cristão profanou o Alcorão. Mas a mais provável é a primeira hipótese.

O bispo refletiu por um momento antes de abrir o coração:

— Tem havido um crescimento do fundamentalismo islâmico nesta região. Aqui há quatro vilarejos cristãos. Creio que eles querem encontrar uma razão para destruir tudo e mandar os cristãos embora para sempre.

Estávamos todos reunidos ali na tenda, onde mais ou menos 300 pessoas estavam sentadas e várias centenas ainda estavam em pé, nos fundos. Soldados armados com metralhadoras eram visíveis ao lado. Eu era um dos muitos pregadores ali e pediram-me que trouxesse uma mensagem da Bíblia. Aquela era, sem dúvida, uma experiência traumática para aquelas famílias. Todos nós podemos imaginar o que sentiríamos se também perdêssemos todas as nossas coisas em um simples ato de vandalismo. Como as pessoas reagiriam? E eu, como reagiria? Sobre o que eu poderia pregar ali para aquele povo que realmente lhes trouxesse cura e paz? Eu precisava entregar-lhes uma mensagem e, todavia, lembrar que muitos muçulmanos também estavam ouvindo.

Comecei lendo as Bem-aventuranças, também chamadas de "belas atitudes", em Mateus 5. O desafio para aquela comunidade cristã era refletir sobre as palavras de Jesus diante do desastre.

Entreguei a mensagem com base nestes versos:

> Bem-aventurados os perseguidos por causa da justiça, pois deles é o Reino dos céus. Bem-aventurados serão vocês quando, por minha causa, os insultarem, os perseguirem e levantarem todo tipo de calúnia contra vocês. Alegrem-se e regozijem-se, porque grande é a sua recompensa nos céus, pois da mesma forma perseguiram os profetas que viveram antes de vocês.
>
> Mateus 5.10-12.

— Alegrem-se e regozijem-se, disse Jesus. Isso significa mudança de atitude. Se nós, que somos perseguidos, somos abençoados, então por que reclamamos? Mas como chegar a essa atitude? A resposta está em Mateus 6, em que Jesus nos dá um modelo de oração perfeita. Ela inclui uma súplica por perdão, não na base da reparação, mas na base da reciprocidade. "Perdoa as nossas dívidas", disse Jesus, "assim como perdoamos aos nossos devedores". Quando falei essas palavras, vi pessoas se endireitarem em seus assentos. "Pois se perdoarem as ofensas uns dos outros, o Pai celestial também lhes perdoará. Mas se não perdoarem uns aos outros, o Pai celestial não lhes perdoará as ofensas" (vs. 14,15).

Pude imaginar o que os cristãos no auditório estavam pensando: *Você está exigindo muito. Nós perdemos tudo!* Além disso, embora os líderes manifestassem vergonha por aqueles que tinham agido com toda aquela violência, ninguém, realmente, tinha pedido perdão. Como perdoar, se ninguém pede perdão?

A resposta está na cruz de Cristo. Quando Jesus estava pregado na cruz — estiquei meus braços para mostrar —, ele orava: "Pai, perdoa-lhes". (Lucas 23.34). Não havia ninguém, no meio daquelas pessoas raivosas ali assistindo à morte de Jesus, que pensasse em pedir perdão. Contudo, Jesus o ofereceu.

É assim que Jesus age. Ao oferecer o perdão, ele remove a barreira do pecado na vida do homem, perdoando-o e fazendo com que ele passe a sentir a presença de Deus. O perdão quebra barreiras. Entretanto, normalmente não nos antecipamos em perdoar as pessoas. Queremos, muitas vezes, que aquele que nos ofendeu venha primeiro a nós, rastejando no pó, implorando por perdão.

Concluí dizendo:

— Neste momento, aqui em Shantinagar, nós vamos perdoar todos aqueles muçulmanos que cometeram este crime.

O juíz Shah e outros líderes muçulmanos ficaram espantados e profundamente comovidos com minhas palavras. O chefe da suprema corte, após o término da reunião, pediu a um bispo ali presente que conseguisse para ele uma cópia do sermão, dizendo:

— Eu nunca ouvi palavras como essas. Quero lê-la novamente.

Mas o processo do perdão requer mais do que palavras. Antes do encontro, eu havia perguntado à liderança da igreja o que poderia ser feito para ajudar aquele povo. Eu estava ciente de que, por todo o mundo, havia irmãos que tinham boas condições financeiras e queriam ajudá-los. Os líderes da comunidade em Shantinagar disseram que uma das maiores perdas foi quanto à impossibilidade de as crianças freqüentarem as aulas já que, segundo eles, os livros e uniformes tinham sido destruídos.

A maior parte das famílias não tinha condições de repor as perdas, estando as crianças, dessa forma, impossibilitadas de estudarem por pelo menos dois anos, se não, para sempre. Por isso, em meu discurso, ofereci maletas escolares, livros e uniformes para cada criança do vilarejo, cristãs e muçulmanas. Anunciei também que iríamos construir um centro comunitário cristão, onde funcionaria escola e biblioteca.

Desafio nº 2

**Vamos procurar vingança ao sermos atacados?
Não deveríamos, em vez disso, oferecer perdão?**

Qual a lição que aprendemos em Shantinagar? O perdão é a força que pode verdadeiramente mudar o mundo. Vimos isso acontecer lá. Poucos meses depois, todo o vilarejo compareceu a cerimônias em que mais de 1,3 mil crianças ganharam maletas e livros escolares.

Um segundo encontro aconteceu a duzentos metros da mesquita onde a revolta começou, um ano antes. O filho do falecido presidente do Paquistão, Zia ul-Haq, junto com o chefe da Suprema Corte, Nasim Hassan Shah, e outras personalidades estavam ali para a inauguração de um novo prédio, onde haveria uma biblioteca e um centro comunitário para todos da região. Foi lida uma mensagem do Arcebispo de Canterbury; um coral se apresentou; balões e pombos brancos foram soltos e me foi pedido que fizesse uma oração de dedicação da nova biblioteca Príncipe da Paz.

Aquela linda construção fica junto ao vilarejo reconstruído, como um testemunho da força do perdão. Muitos adultos do lugar aprenderam a ler e a escrever entre as paredes dessa biblioteca. E não é por acaso que nenhum outro vilarejo próximo foi atacado.

Há alguns anos eu me encontrei com um líder político de um país onde o islamismo é muito forte. Acontece que esse homem também era editor de um jornal do país e tinha publicado em seu jornal um artigo de Portas Abertas sobre a ameaça do comunismo. Ao final do nosso encontro, ele me perguntou se poderíamos trocar correspondências e eu concordei.

Algumas semanas depois, escrevi-lhe a primeira carta. Fiquei meio indeciso em como escrever para um homem de tão alta posição e resolvi-me por uma abordagem neutra, começando meu texto com "Prezado senhor". Alguns dias depois, recebi uma carta dele — nossas cartas foram enviadas ao mesmo tempo. A dele começava assim: "Caro irmão André. Em nome de Alá, o compassivo e misericordioso...". De repente, me senti terrivelmente culpado. Aquele homem tinha usado sua carta como oportunidade para proclamar os dogmas da sua fé e eu não tinha aproveitado a minha primeira oportunidade para dar testemunho a ele.

E o que eu poderia pregar àquele líder muçulmano? Após muita oração, decidi que, quando lhe mandasse a próxima carta, começaria citando o mais importante versículo da Bíblia. Entretanto, antes de revelar o que eu escrevi, preciso colocar isso em contexto.

Precisamos entender que o desafio que o islamismo apresenta é muito diferente do apresentado pelo comunismo durante o século 20. O comunismo chegou ao absurdo de proclamar que Deus não existe e o resultado foi um horroroso sistema de governo, que entrou em colapso apenas setenta anos depois. O islamismo está no mundo há mil e quatrocentos anos e traz um desafio muito maior aos cristãos. Ele nos apresenta a pergunta: "Quem é Deus?". A forma como respondemos a essa indagação tem uma profunda relação com a forma de vivermos a nossa vida.

A situação em Shantinagar tinha tudo a ver com esta pergunta: "Quem é Deus?". Os muçulmanos revidaram a uma suposta provocação com ira e violência, destruindo igrejas e casas. Os cristãos tinham então uma decisão a tomar: Exigiriam vingança? Atacariam os muçulmanos? Se o fizessem, certamente teria começado uma guerra entre os dois grupos. Teria havido ataque e contra-ataque. Pessoas teriam morrido. Muito provavelmente a pequena comunidade cristã teria precisado fugir devido à maioria esmagadora de muçulmanos, deixando-lhes valiosos campos e propriedades.

Porém, Deus mostrou-lhes outra saída. Vê-se esta abordagem ao longo de toda a Escritura, começando com o notável encontro entre Deus e Moisés. Como todos sabemos, Moisés primeiramente encontrou-se com Deus na sarça ardente e com isso aprendeu o seu nome: "Javé" ou "Eu sou". Pouco depois, Deus levou os israelitas do Egito ao monte Sinai e lá em Êxodo 32—34 podemos ver uma situação surpreendente, em que Moisés intercedeu por sua nação. Deus estava prestes a destruir aquele povo por causa da sua idolatria. Ousadamente, Moisés se ofereceu como substituto e Deus "mudou de idéia" e disse que não destruiria o povo.[7] Por causa daquela experiência, Moisés fez um incrível pedido. Do fundo do coração, Moisés pediu para ver Deus: "Peço-te que me mostres a tua glória" — pediu Moisés (Êxodo 33.18).

Deus concedeu o pedido e ele é mostrado nos versículos que eu acredito devem ser os mais importantes da Bíblia. Deus passou diante de Moisés, *proclamando*: "SENHOR, SENHOR, Deus compassivo e misericordioso, paciente, cheio de amor e de fidelidade, que mantém o seu amor a milhares e perdoa a maldade, a rebelião e o pecado". Ali, pela primeira vez, um ser humano aprendeu "quem é Deus". Ele é um Deus longânimo e grande em amor. E o mais importante, talvez, é que ele é um Deus que perdoa.

Algumas pessoas podem não concordar com essa ênfase sobre o perdão. Como vimos na primeira parte deste livro, os cristãos lutam com isso. A família de Layla e os membros da igreja de São Marcos tinham de decidir entre partir para a vingança, fazer uma marcha de protesto e oferecer o perdão. Butros, Ahmed, Salima e Nadir tiveram de enfrentar a necessidade de perdoar, quando lidaram com o horror de um duplo assassinato. Por isso, deixe-me dizer que perdão não significa somente palavras. O salmista escreveu: "Tu eras um Deus perdoador, embora os tenha castigado por suas rebeliões" (Salmos 99.8). Sabemos por experiência que o pecado tem conseqüências. Deus disciplina, mas também perdoa. Quando falamos nos pecados de muçulmanos, de fundamentalistas em particular, e de seus ataques terroristas, pergunto-me se estamos muito mais interessados na disciplina deles (não chamamos isso de revanche) do que no perdão.

Compreendo que nenhum de nós tem domínio sobre isso. Para muitos, o conceito de perdão é muito superficial. Afirmamos que perdoamos, mas nos afastamos da pessoa que nos ofendeu. Não queremos que as pessoas perdoadas se transformem em bons cidadãos? O perdão é o primeiro passo para que haja restauração e aceitação da pessoa e assim ela seja reabilitada. Pedro achou que estivesse sendo bonzinho ao perguntar a Jesus se deveria perdoar uma pessoa até sete vezes. Jesus disse que o padrão era perdoar

---

[7] Ver Irmão André com Susan DeVore WILLIAMS, *Prayer Works* (1990; reimpressão, Grand Rapids: Revell, 2006), p. 30-35.

setenta vezes sete. Li em alguma parte que Dietrich Bonhoeffer explicou o ato de perdoar desta forma: "Enquanto você fica contando, não está perdoando uma vez sequer".

No livro *Força da luz* eu relatei uma conversa que tive em janeiro de 1993 com o dr. Abdulaziz Rantizi, um dos fundadores do Hamas. Tivemos esse encontro depois que 415 líderes do Hamas haviam sido deportados por Israel para as montanhas geladas do Sul do Líbano. Eu lhe perguntei:

"O senhor acha que poderia perdoar Israel pelo que eles fizeram a vocês?"

Ele admitiu que o Alcorão diz que é melhor perdoar do que se vingar. Certamente aqueles líderes não praticaram o perdão quando voltaram para casa. Durante os anos em que estiveram deportados, o Hamas aprendeu novos métodos de resistência com o Hezbollah, inclusive ataques suicidas a bomba.[8]

Por que o islamismo se mostra mais forte do que o cristianismo hoje? Isso tem tudo a ver com a pergunta crucial feita pelo islamismo: "Quem é Deus?". No início de cada surata do Alcorão, no começo de seus documentos importantes, como primeira declaração em seus discursos e decretos, os muçulmanos declaram sua lealdade a Alá, o Deus único, que é misericordioso e compassivo. Mas no dia-a-dia, vemos que o Deus deles é misericordioso apenas para alguns muçulmanos. Ele é também um Deus que exige vingança e ordena que os muçulmanos lutem o jihad, forçando todo mundo a se converter ao islamismo ou morrer.

Quem é então o Deus a quem os cristãos adoram? Ele é o Deus que ama e perdoa. Certamente Jesus mostrou essa realidade na cruz. Mas como demonstramos isso em nosso comportamento? Nossa vida deve ser uma viva demonstração de que conhecemos um Deus que perdoa. Podemos começar *proclamando* essa verdade. Em outra carta que escrevi àquele alto funcionário, comecei desta forma: "Prezado [nome]. Em nome do Senhor, Deus compassivo, clemente, longânimo e grande em misericórdia e fidelidade; que guarda a misericórdia em mil gerações, que perdoa a iniquidade, a transgressão e o pecado". Desde então, tenho usado essa proclamação do nome de Deus em cada carta que escrevo aos muçulmanos.

[8] André e JANSSEN, *Força da luz,* p. 146-152.

Muitas vezes, as pessoas me perguntam:

— André, quanto tempo vai durar esse conflito com os muçulmanos e com os terroristas?

Então eu sempre respondo:

— Durará até que nós, como cristãos, achemos uma resposta para a pergunta: "Quem é Deus?". E também que sejamos capazes não só apenas de falar, mas de mostrar em nossas atitudes que Deus não é o Deus de vingança, mas o Deus que perdoa.

Isso leva ao que considero ser o maior desafio aos cristãos do Ocidente. Está ligado ao fato de que os muçulmanos ao redor do mundo nos desprezam. No próximo capítulo mostraremos as razões para isso e enfrentaremos o nosso terceiro e, talvez, o mais difícil conjunto de questões.

3

Não sei como Sayyid foi parar ali naquela igreja em Greeley, Colorado. Talvez tenha sido convidado por alguém da Colorado State Teachers College,[9] onde ele estudava. Apenas posso dizer que aquele evento causou o maior impacto em sua vida.

Sayyid tinha 42 anos, uma idade avançada para um estudante de faculdade. Tinha vivido uma vida exemplar no Egito, onde foi professor, autor e crítico e trabalhou durante dez anos no Ministério da Educação. O governo lhe dera uma bolsa de estudos para estudar currículos educacionais nos Estados Unidos. Foi assim que ele se viu ao sopé das Montanhas Rochosas, sozinho e perdido em uma cultura completamente diferente.

Um dos problemas com sua adaptação consistia no grande contraste entre a América "cristã" e sua origem muçulmana. Nascido em 1906, Sayyid memorizou o Alcorão quando garoto, mas cresceu com uma inquietação em sua mente que o levava a refletir sobre o significado da vida e da morte.

---

[9] Hoje a escola é conhecida como Universidade do Norte do Colorado.

Era curioso e tinha uma tendência mística que o levava a escrever muitas poesias quando ainda jovem. Era também moralista, e, como tal, procurava se afastar das influências ocidentais. Publicou um estudo comparativo entre o Alcorão e o Novo Testamento, em que mostrava que a sociedade européia era pouco influenciada pelo cristianismo, enquanto o pensamento e as leis egípcias eram grandemente afetados pelo Alcorão e pela lei islâmica. Aceitava com rapidez as influências científicas do Ocidente, mas rejeitava as influências culturais da Europa e das Américas.

Agora Sayyd estava na América, capaz de ver por si mesmo se tinha ou não razão quanto aos seus preconceitos. Ficou algum tempo em Nova York, Washington, Denver, São Francisco e San Diego. Mas o evento que talvez tenha causado maior impacto em sua vida ocorreu quando esteve na igreja em Greeley. Ele estava presente em um culto vespertino naquela igreja, tendo em seguida um evento social para a mocidade, próximo ao "salão de oração". O pastor escolheu a música e a dança começou. "Dançavam sob o som de um gramofone e o salão se encheu de sapateado, pernas atraentes, braços envolvendo cinturas, lábios colados com lábios e peitos pressionados contra peitos. A atmosfera estava carregada de desejo..."[10]

Foi uma pena que Sayyid não tivesse um amigo cristão, alguém que fosse com ele à igreja, conversasse sobre o que ele estava vendo nos Estados Unidos e trocasse idéias sobre o cristianismo e o islamismo e seu impacto na vida das pessoas, no dia-a-dia, na moral, na cultura. O mais trágico, porém, foi que ninguém, aparentemente, lhe mostrou o que é o verdadeiro cristianismo. Sayyid retornou ao Egito com uma firme convicção de que a América era cheia de jogos violentos, como o futebol americano, músicas de mau gosto, forte discriminação racial e obsessão pelo sexo. E isso se deu antes da revolução social dos anos 60. Imagine o que ele teria presenciado hoje! Ele chegou à conclusão de que a América era desalmada e materialista.

De volta ao seu país de origem, Sayyid se tornou um ativista, dedicando-se cada vez mais ao estudo do Alcorão. O Egito estava se libertando

---

[10] *All Things Considered*, NPR, 6 de maio de 2003. Ver também Adnan A. MUSALLAM, *From Secularism to Jihad* (Westport, CT: Praeger, 2005).

do jugo do governo britânico e tentando se recuperar da derrota humilhante de seu exército para Israel, país recém-formado em 1948. Um grupo denominado Fraternidade Muçulmana estava, naquele tempo, convocando a sociedade para fazer uma reforma econômica e a redistribuição de terras, a fim de conter o avanço das influências ocidentais no país. Sayyid então, usando seu considerável dom como escritor, entrou na luta também, expressando em seus escritos a ideologia do grupo durante o período em que o Egito estava passando por convulsões políticas com a queda do seu rei e a subida do presidente Gamal Abd al-Nasser ao poder. Em 1954, junto com outros pensadores radicais, Sayyid foi preso e durante dez anos exerceu seus dons literários, escrevendo diversos livros. O mais notável foi um tratado, terminado em 1964, em que declarava que a humanidade estava prestes a entrar em colapso, a menos que esta se rendesse às doutrinas do Islã. Publicou um chamado ao jihad (guerra santa) — não uma luta defensiva, mas uma vasta ofensiva que colocasse primeiro os árabes e, por fim, o mundo todo sob o regime do islamismo. Suas idéias foram consideradas tão perigosas que ele foi executado em agosto de 1966.

Aquele pequeno livro chamado *Milestones*[11] tornou-se como um manifesto do radicalismo islâmico, tão poderoso como *Mein Kampf*[12] de Hitler foi para a ascensão do nazismo, ou como os escritos de Karl Marx foram para o comunismo. Praticamente todos os grupos extremistas, do Hezbollah ao Hamas, e até a Al-Qaeda, conhecem esse livro e o seu autor, Sayyid Qutb, como o homem que criou a filosofia do jihad moderno.

Eu falo sempre que nós somos a Bíblia para os incrédulos. Será que a vida de Sayyid Qutb não teria sido diferente se ele tivesse um amigo que lhe demonstrasse a realidade de uma vida cristã, fiel a Jesus Cristo? Isso poderia ter acontecido no Egito, ou nos Estados Unidos. A tragédia é que, aparentemente, ele nunca teve a experiência do verdadeiro amor de Jesus.

No tempo em que Sayyid esteve nos Estados Unidos, poucos muçulmanos vinham para o Ocidente. Hoje, há milhões de muçulmanos vivendo na Europa e na América do Norte e eles nos apresentam um desafio.

---

[11] Literalmente "Marcos históricos". Refere-se a qualquer acontecimento de vulto que constitua um marco histórico importante [N. do R.].
[12] Tradução: Minha luta [N. do T.].

Desafio n.º 3

O que aconteceria se aceitássemos o desafio do islamismo ao esforçarmo-nos como cristãos para imitar Cristo?

Quando viajo pelos países muçulmanos, vejo e ouço uma raiva vociferante contra a Europa e os Estados Unidos. O problema é que os muçulmanos olham para o Ocidente e pensam estar vendo o cristianismo e não querem nada com ele. Na mente deles, a religião não é algo separado da cultura e da política. Assim, quando eles observam os Estados Unidos invadindo o Iraque, a maioria dos muçulmanos vê isso como um ataque do cristianismo ao islamismo.

Quando eles direcionam suas antenas parabólicas aos nossos meios de comunicação, vêem e ouvem artistas populares quase sempre usando grandes cruzes de ouro, embora estejam vestidos em trajes extremamente insinuantes e cantando músicas com letras que promovem a violência e o sexo. Eles acham que estão vendo o comportamento cristão. Não adianta você e eu protestarmos que isso não é o verdadeiro cristianismo.

"*Allahu Akbar*", que significa "Alá é maior do que qualquer deidade", é pregado cinco vezes ao dia, através de milhões de minaretes por todo o mundo. Você já não ouviu isso?

Por meio de suas declarações, eles proclamam que o islamismo é a única solução para os problemas da sociedade no campo moral, político e cultural.

É claro que nós protestamos e declaramos que na sociedade democrática há liberdade de pensamento e expressão, mas os muçulmanos não se impressionam com isso. Nossa decadência fala muito mais alto do que qualquer palavra. Estou certo de que alguns de vocês acham que estamos levando uma vida de autênticos cristãos porque não nos comportamos como a cultura em geral. Porém, o desafio de imitar Cristo nos coloca num nível muito mais profundo. Ouça o que Paulo diz: "Entre vocês não deve haver nem sequer menção de imoralidade sexual como também de nenhuma espécie de impureza e de cobiça; pois essas coisas não são próprias para os santos" (Efésios 5.3). "Porque outrora vocês eram trevas, mas agora são luz no Senhor. Vivam como filhos da luz, pois o fruto da luz consiste em toda bondade, justiça e verdade; e aprendam a discernir o que é agradável ao Senhor. Não participem das obras infrutíferas das trevas; antes, exponham-nas à luz" (vs. 8-11). Esse é o desafio. Eu já fiz esta pergunta: Estamos procurando ganhar os muçulmanos para Cristo? Não adianta pregarmos o evangelho a esse povo se eles não dão crédito à nossa pregação, por causa de tudo o que estão vendo na nossa cultura e ouvindo dela. Precisamos nos arrepender de todas as atividades e comportamentos que desonram nosso Senhor Jesus. Sei que há cristãos que estão assumindo uma posição corajosa contra a cultura ocidental, mas a realidade é que há muitos outros que assistem a filmes e programas de TV e ouvem músicas que celebram a nossa decadência egoísta. O número de divórcios entre os cristãos não é menor do que o do povo sem Deus. Se a nossa moral é a mesma ou pouca coisa melhor do que a da sociedade em geral, que mensagem temos para os 1,2 bilhão de muçulmanos que, pelo menos nas aparências, têm um padrão moral mais alto?

Muitos cristãos concluirão que precisamos de um avivamento. Receio *não* ser essa a resposta. Reavivamento somente enche os bancos das igrejas. Precisamos de algo muito mais poderoso — uma reforma cultural. A entrega de nossa vida a Jesus significa uma mudança no nosso estilo de vida. Quando bastantes cristãos fizerem isso, a estrutura da nossa sociedade mudará radicalmente, baseada na Palavra de Deus. Daremos atenção à miséria, combateremos o crime, cuidaremos dos doentes, dos fracos e combateremos também a vida devassa e a decadência. A igreja do Ocidente tem deixado de lado muitas de suas responsabilidades; já não é mais uma guardiã da moral.

Como fazer isso? Paulo nos instrui: "Sejam imitadores de Deus... e vivam em amor, como também Cristo nos amou e se entregou por nós" (vs. 1,2). Aqui está a base: a única alternativa que temos para lutarmos com o implacável crescimento do islamismo está em milhões de cristãos revelando, através de seu comportamento, o amor de Cristo. Devemos ser imitadores de Cristo! Esse foi o desafio encarado por Ahmed, Butros e outros irmãos que pudemos ver na primeira parte deste livro. Esses irmãos tiveram fé suficiente para proclamar o nome de Jesus aos muçulmanos, mas foi a vida deles que deu autoridade à sua mensagem. Eles não eram perfeitos. Cometiam erros. Mas na Bíblia há uma passagem que eles seguiam: "Seja a atitude de vocês a mesma de Cristo Jesus" (Filipenses 2.5). Jesus foi a estrela-guia deles.

Através do exemplo do Mestre puderam aprender como viver em um lugar hostil à fé. O Espírito de Cristo deu a eles poder para serem perseverantes, mesmo que isso lhes custasse a própria vida.

Algumas pessoas acham que o chicote do Islã sobre nós pode ser uma forma que Deus usa para nos castigar. Se isso é verdade, realmente não nos ajuda a combatermos o islamismo. Devemos nos arrepender e *então* Deus nos protegerá. Aqui está o desafio que me condena: existe algo em nosso estilo de vida que Deus queira proteger? Se não, por que, então, ficamos preocupados com o islamismo dominando o Ocidente? Por que Deus restauraria uma sociedade onde ele não vê nada que seja digno de ser protegido em nossa moral, justiça, ética ou espiritualidade? Talvez este seja o tempo de olharmos para nossas igrejas com mais seriedade e admitirmos que, embora elas pareçam bem-sucedidas e prósperas exteriormente, na verdade são igrejas fracas e estão dando fraco testemunho aos muçulmanos, se é que estão. Há vários anos, líderes do Hamas convidaram-me para a cerimônia de inauguração de uma sala de conferências na Universidade de Gaza. Pediram-me para fazer uma palestra aos estudantes sobre o tópico: "O que é o verdadeiro cristianismo?". Com os líderes do Hamas sentados logo nas primeiras filas, eu falei:

— Vocês muçulmanos nunca entenderão plenamente a mensagem da cruz até que nós coloquemos em prática o desafio de Jesus de negarmos a nós mesmos, tomarmos a nossa cruz, e segui-lo".[13] Se não fizermos isso, não poderemos causar um impacto positivo no mundo muçulmano; não teremos nenhum testemunho em nossa vida, e não poderemos mudar em nada a sociedade, a não ser uma mudança para pior, pois estaremos fugindo de seus ataques violentos.

O problema não está em amarmos a nós mesmos mais do que a sociedade a quem Deus ama? Não amamos a nós mesmos mais do que aos muçulmanos? Jesus disse que, se amarmos a nossa vida, iremos perdê-la. Mas, se a perdermos por causa de Cristo, iremos encontrá-la. (João 12. 25,26). Se isso é difícil para você, saiba que é para mim também. Mas há outra saída?

---

[13] Para a história da palestra do Irmão André na Universidade Islâmica de Gaza, ver André e JANSSEN, *Força da luz*, p. 213-217.

Este é o desafio do islamismo. Devemos responder a esta pergunta: Quem é Deus? Os muçulmanos já fizeram sua declaração e estão prontos para espalhar o islamismo por todo o planeta. Como vamos responder? A única resposta legítima é se os cristãos demonstrarem quem é Deus ao imitarem Cristo.

Ainda é tempo. Se nos arrependermos, poderemos ser renovados. Assim, estaremos preparados para encarar o quarto desafio.

4

Há uma guerra violenta. Não estou falando de guerras sobre as quais lemos nos jornais ou vemos no noticiário da TV, mas uma guerra espiritual que se reflete nos conflitos mundiais. Se observarmos somente o conflito no Oriente Médio ou os atos terroristas em todo o mundo, perdemos o foco do quadro como um todo. O Apóstolo Paulo compreendeu que estamos em uma guerra, e disse:

> Não lutamos segundo os padrões humanos. As armas com as quais lutamos não são humanas; ao contrário, são poderosas em Deus para destruir fortalezas. Destruímos argumentos e toda pretensão que se levanta contra o conhecimento de Deus, e levamos cativo todo pensamento, para torná-lo obediente a Cristo (2Coríntios 10.3-5).

Mas como obter a compreensão necessária sobre a natureza dessa luta? Um excelente modo é ouvir nossos irmãos que vivem sob perseguição. Eles estão na linha de frente dessa batalha; eles e seus queridos sofrem os mais terríveis infortúnios. Foi por isso que Al se encontrou com dois crentes de origem muçulmana em um apartamento secreto no Cairo. Eu havia conhecido aqueles homens anos atrás, porém, como agora estou na lista negra no Egito, Al foi em meu lugar para se encontrar com eles. Nenhum de nós sabe seus nomes verdadeiros, por isso vamos identificá-los simplesmente como Pedro e Tiago. Por favor, ouçam com atenção suas palavras.

Pedro é um líder natural com uma energia contagiante. Ele tem várias identidades, inclusive como empresário, escritor e pai de família. Entretanto ele falava com Al em sua identidade de muçulmano que se tornara seguidor de Jesus Cristo, há mais de vinte anos. Ele sofreu terrivelmente por sua fé. Falou do espancamento que sofrera no gabinete de um procurador-geral e dos meses que passou dentro de uma cela escura, onde tudo o que podia sentir eram teias de aranha sobre seu rosto.

— Parecia que tinham me colocado em um túmulo — disse ele.

Em certo sentido, Pedro morreu naquela cela, porque hoje ele é um homem destemido e confiante em testemunhar de Jesus.

Ao lado dele estava Tiago, um homem pequeno e calmo que já seguia a Jesus por dezesseis anos. Quando indagado sobre o desafio que enfrentavam como crentes de origem muçulmana, Tiago disse:

— Vou contar uma coisa a você sobre meu filho. Ele tem 7 anos de idade. É muçulmano, mas no coração é cristão. Na escola ele aprende o islamismo e todos se relacionam com ele como se fosse muçulmano. Mas em casa ele é cristão e está crescendo como cristão. Com o passar da idade, algo terrível está acontecendo. Meu filho está ficando isolado. Não sabe qual é a sua identidade. Todos os meninos da vizinhança o tratam como cristão — em outras palavras, eles o rejeitam. Dizem-lhe que só brincam com ele se for à mesquita e se tornar muçulmano.

Aqueles dois homens tinham se afastado das suas famílias para o anonimato de uma grande cidade.

— Tive de me mudar porque todos sabiam que eu tinha me tornado cristão — disse Tiago. — Perdi meu emprego. Eu precisava trabalhar, e qual espécie de emprego poderia procurar? Quando me apresento nas firmas, eles me perguntam sobre a minha religião. Quando ficam sabendo que sou cristão, me dispensam. Por isso eu trabalho com missionários, mas, no ano passado, eles foram expulsos daqui. E existem os problemas com os agentes de segurança. Uma vez eles pegaram meu pai e o prenderam. Meu pai não tem nada a ver com o meu trabalho, mas fizeram isso para me pressionar. Eles o fizeram assinar uma declaração dizendo que seu filho tinha problemas mentais.

Pedro inclinou-se para a frente, olhou fixamente para Al e explicou:

— Enfrentamos uma situação problemática, pois o segundo artigo da constituição do Egito diz que o islamismo é a religião do estado, e que é a única fonte de inspiração para as leis egípcias. Mas, no artigo 46, há garantia de liberdade de crença e de prática religiosa. Isso é uma séria contradição. Além disso, o Egito assinou a Declaração dos Direitos Humanos da ONU.

Ele se referia ao documento adotado pela Assembléia Geral em 1948. O artigo 18 diz: "Todos têm direito à liberdade de pensamento, consciência *e religião; isso inclui a liberdade de mudança de religião ou crença,* e de manifestar a sua religião ou seguir ensinamentos religiosos, práticas, adorações e observâncias doutrinárias, sozinhos ou em comunidade, em lugares públicos ou privados" (grifo do autor).

— Quando o Egito assinou essa declaração — continuou Pedro — colocou-se sob seu regime. Mas, já que temos a lei da Sharia, todas as outras leis foram anuladas. Os únicos que sofrem com isso são os novos convertidos do islamismo ao cristianismo. As implicações são claras. Qualquer um — presbiteriano, copta, católico — é livre para se tornar muçulmano. O muçulmano, entretanto, *nunca* é livre para se tornar cristão.

Referindo-se a uma lei promulgada recentemente, Pedro mostrava o quanto a situação era difícil:

— O artigo 98 do código criminal egípcio é uma nova maneira de pressionar os cristãos de origem muçulmana. Ele fala sobre a profanação da fé muçulmana. Diz respeito a tudo o que *eles* consideram desrespeitoso. Assim, eles dizem que todos têm liberdade de religião, mas somos incriminados porque somos cristãos, e tudo o que falarmos pode nos incriminar. O paradoxo é que todos os dias eles usam a mídia para publicar coisas contra o cristianismo, e isso não é considerado desrespeitoso.

Há um problema crítico nisso tudo para cristãos de origem muçulmana; é no que diz respeito à carteira de identidade que todos têm de levar consigo. Em uma parte da carteira, é identificada a religião do portador. Um cristão pode ir a um departamento do governo e receber uma nova identidade que o identifica como muçulmano. Mas, se um muçulmano se tornar cristão, fica preso ao seu antigo cartão de identidade, porque nenhum órgão do governo irá trocá-lo. E a identidade traz ainda outro problema: uma mulher cristã de origem muçulmana não pode se casar com um cristão porque a sua identidade diz que ela é muçulmana e não é permitido aos muçulmanos se casarem com cristãos. Portanto, sua única esperança é se casar com outro cristão de origem muçulmana.

— Algum de vocês já pensou em deixar o Egito? — Al perguntou. — Afinal, se é tão difícil para um ex-muçulmano praticar sua fé aqui, por que não vão para o Ocidente, onde há liberdade religiosa, tanto na lei como na prática?

Mas aqueles dois homens não pensavam assim.

— Nos primeiros dez anos de nossa vida de cristãos — disse Pedro — éramos desprezados pelos egípcios como traidores da causa. Agora eu acho que fomos bastante fortes na época. Nós achamos que algumas pessoas precisam ir embora por causa das ameaças de morte. Mas, quanto a nós, vemos isso como uma exceção. Somos egípcios e queremos viver aqui.

Tiago explicou que o grupo tem experimentado a migração dentro do país. Quando ficam sabendo de um muçulmano que se converteu, o grupo ajuda a pessoa a se mudar para uma nova comunidade, onde as pessoas não o conhecem, e ali ele pode começar uma nova vida. Em lugares seguros, os novos convertidos participam de um intenso discipulado de nove a doze meses e depois são apresentados a uma comunidade eclesiástica que esteja preparada para recebê-los.

Pedro explicou a idéia:

— Encorajamos todos os novos convertidos a não compartilharem a fé durante um tempo. Eles precisam de tempo para desenvolver a fé e estabelecer uma nova vida. Assim, em um ou dois anos, a pessoa demonstrará mudança de vida e a família observará isso. Temos visto que, quando novos convertidos estão eufóricos em compartilhar sua fé logo que se convertem, encontram problemas para os quais ainda não estão preparados.

Então, o que Deus está fazendo no Egito? Dito de outra forma: os cristãos estão tendo algum avanço nessa batalha espiritual? Estão derrubando alguns argumentos ou pretensões que se levantam contra o conhecimento de Deus? Tiago disse que Deus estava atuando em dois níveis. O primeiro foi com os intelectuais.

— Muitos intelectuais perderam a fé no islamismo. Assim, vemos mais intelectuais dispostos a mudar.

O segundo nível foi com respeito ao povo em geral — as pessoas são atraídas para Cristo de uma forma misteriosa.

— Em muitos de meus contatos, as pessoas já estão preparadas para ouvir. Elas receberam um folheto, tiveram um sonho, ouviram um programa de rádio ou assistiram a um programa cristão pela TV. Mas não falam sobre isso a ninguém. De modo que existe uma mudança espiritual e, se a tendência continuar, produzirá uma tempestade do outro lado. Este será o início do despertamento espiritual pelo qual estamos orando.

Al perguntou àqueles irmãos qual o recado que eles queriam dar às igrejas do Ocidente. Pedro foi enfático:

— Diga às igrejas do Ocidente que acordem para a realidade do islamismo. Temos tentado lhes dizer, mas não acreditam em nós. Em segundo lugar: que continuem pressionando nosso país por democracia, liberdade e direitos humanos. Com isso eu quero dizer que precisamos mais do que apenas eleições. Precisamos de liberdade de fato — liberdade para escrever, liberdade para praticarmos a nossa fé. Precisamos dos valores democráticos.

Você ouve o clamor deles? Eles não pedem um sistema político ocidental; estão pedindo apenas a oportunidade de proclamar o evangelho, e aos muçulmanos o direito de ouvi-lo. Veja como isso tem tudo a ver com as palavras de Paulo:

> Antes de tudo, recomendo que se façam súplicas, orações, intercessões e ações de graças por todos os homens; pelos reis e por todos os que exercem autoridade, para que tenhamos uma vida tranqüila e pacífica, com toda a piedade e dignidade. Isso é bom e agradável perante Deus, nosso Salvador, que deseja que todos os homens sejam salvos e cheguem ao conhecimento da verdade (1Timóteo 2.1-4).

— Então, em que sentido vocês necessitam mais de nossas orações? — Al perguntou.

— Precisamos de oração para que permaneçamos fortes e não voltemos atrás — respondeu Pedro. — Orem também pela segunda geração de cristãos. Nossas crianças estão realmente sofrendo. Orem para que a igreja seja mais sensível aos crentes de origem muçulmana.

— E que venham visitantes do Ocidente — acrescentou Tiago.

— Sim, precisamos manter as missões ativas aqui — Pedro concordou. — Mas precisamos compreender a parceria *verdadeira*. Precisamos de pessoas com maturidade. Este não é um campo de trabalho para iniciantes, nem para aqueles que querem ver resultados espetaculares. Precisamos de pessoas que venham servir à igreja. Seu programa de trabalho deve ser o Reino de Deus.

— Não tragam Hollywood; tragam Cristo. Não tragam poder. Não tragam apenas dinheiro. Tragam amor. Tragam o Reino.

Você ouve o coração desses irmãos? Se ouve, pense neste último desafio.

Desafio nº 4, parte A

Estamos realmente convencidos que estamos engajados numa batalha espiritual? Se sim, não deveríamos nos comprometer com uma vida de oração?

O apóstolo Paulo escreve:

> Tenham cuidado com a maneira como vocês vivem; que não seja como insensatos, mas como sábios, aproveitando ao máximo cada oportunidade, porque os dias são maus. Portanto, não sejam insensatos, mas procurem compreender qual é a vontade do Senhor (Efésios 5.15-17).

Paulo continua exortando a sermos cheios do Espírito Santo e, no capítulo final de Efésios, ele instrui em nos revestirmos com a armadura de Deus e nos engajarmos nessa batalha espiritual:

> Pois a nossa luta não é contra seres humanos, mas contra os poderes e autoridades, contra os dominadores deste mundo de trevas, contra as forças espirituais do mal nas regiões celestiais (Efésios 6.12).

Sobretudo, essa luta é travada em oração e novamente a igreja perseguida dos países muçulmanos nos mostra como.

Há um pastor no Cairo que está tentando preparar a igreja no Egito para o engajamento na batalha espiritual. Por ter sofrido um recente atentado, não vamos aqui dar o seu nome. Referindo-se a uma profecia de Isaías 19, onde diz que Deus se revelará ao Egito, esse pastor afirma:

— Estamos orando por um verdadeiro despertamento. Cremos que Deus quer derramar o seu Espírito sobre esta nação. — E ele vê evidências disso.

— Devemos amar os muçulmanos e ver esse povo sendo amado por Cristo. Cinco anos atrás eu não observava isso. Mas nos últimos cinco anos eu comecei a ver cristãos orando pelos muçulmanos. Oramos especialmente por visões e sonhos e vemos respostas todos os dias. Cristo está se revelando a eles em visões e sonhos. Vemos muçulmanos vindo a nós, questionando-nos sobre suas visões.

Certamente, isso traz um novo desafio para a Igreja, que não está habituada a envolver ativamente muçulmanos com o evangelho. Esse pastor e outros líderes estão treinando suas igrejas para esses encontros, mas o maior desafio é o do coração.

— Eles têm de amar a Cristo mais do que a si mesmos. Precisam estar preparados para morrer. Um grande reavivamento num país muçulmano significa um bom número de mártires. É preciso esperar por isso.

Sei que muitos cristãos ocidentais recuarão diante de tal declaração. Esse pastor não deveria ser mais cuidadoso? Não deveria proteger o seu rebanho?

No entanto, nosso irmão vê isso de maneira diferente. Ele acredita que a única maneira de os cristãos alcançarem seu país para Cristo é se disporem a dar tudo, até a vida, pela causa.

A pergunta que surge desta discussão é: qual o papel que o restante do corpo de Cristo pode desempenhar, especialmente a igreja do Ocidente? O pastor é enfático em responder:

— Primeiro amem os muçulmanos. Isso é um mandamento, amar o nosso próximo como a nós mesmos. Eles são nossos próximos; não são nossos inimigos. Se forem nossos inimigos, devemos amá-los ainda mais. Não podemos ganhá-los para Cristo se não tivermos o espírito de amor. Se eles nos odeiam, nosso amor a eles deve ser maior do que o ódio que sentem por nós. De outra forma, seremos derrotados. Eles precisam saber que estamos dispostos a morrer por eles, não a matá-los. Isso os condenará e os fará rever sua fé e abrir o coração ao amor de Cristo.

Então o pastor nos pede o mais importante:

— Por favor, orem *conosco*. Muitas vezes eu tenho pedido às igrejas estrangeiras: "Não orem por nós. Orem conosco". Você pode ver a diferença? Se você ora por mim, você orará por minha segurança e prosperidade. Não, somente *ore comigo* que os muçulmanos conheçam a Cristo.

Você acha que pode orar *com* eles?

Em vista das palavras desse pastor, eu proponho uma segunda parte para este desafio.

Desafio nº 4, parte B

Nesta guerra estamos dispostos a fazer qualquer coisa, até mesmo perder a nossa vida, se necessário, para o crescimento do Reino de Deus?

Ouça o que Jesus disse: "E aquele que não carrega sua cruz e não me segue não pode ser meu discípulo" (Lucas 14.27). "Qualquer de vocês que não renunciar a tudo o que possui não pode ser meu discípulo" (v. 33). "Se o grão de trigo não cair na terra e não morrer, continuará ele só. Mas se morrer, dará muito fruto. Aquele que ama a sua vida, a perderá; ao passo que aquele que odeia a sua vida neste mundo, a conservará para a vida eterna" (João 12.24,25).

A não ser que estejamos dispostos a abrir mão de tudo que consideramos importante nesta vida — nosso conforto, nosso carro, nossa casa, nossa família, nossa carreira, nossas diversões, nossas economias e nossa aposentadoria, tudo aquilo que Cristo requer de nós para sermos seus discípulos e fazermos o seu trabalho, o mundo não levará a igreja a sério. Esse é o desafio que me foi apresentado por nossos irmãos que vivem sob o islamismo, especialmente pessoas como Mustafá, Hassan e Nazim, que estavam dispostos a seguir o exemplo de Cristo, mesmo ao custo de sua vida. Eles foram imitadores de Cristo. Jesus esvaziou-se a si mesmo e, tornando-se servo, foi obediente até a morte mais humilhante (ver Filipenses 2.6-8). Estamos dispostos a ir tão longe? Os muçulmanos estão prontos para sacrificar a vida no jihad porque acreditam numa vida melhor no paraíso. Não deveríamos estar *mais* dispostos a morrer pela obra de Cristo do que eles — não em atos terroristas, mas porque ao imitar Cristo temos muito mais pelo que viver? Temos a promessa de uma vida eterna com Jesus; tudo o que Jesus requer de nós é que vivamos nesta vida presente em obediência a ele. Eu creio que somente em verdadeira submissão a Jesus poderemos ganhar o coração dos muçulmanos.

É disso que precisamos nos países muçulmanos. Essa é a solução para o desafio que o Islã nos apresenta. E não é só no Egito. Eu poderia dar aqui vários exemplos iguais a esse de pastores e cristãos de origem muçulmana na Indonésia, na Ásia Central, no Paquistão, no Iraque, no Irã e em muitos outros países islâmicos.

Eu acredito que todos nós queremos ver a vitória, mas será que estamos dispostos a pagar o preço? Al e eu fomos desafiados por esses homens com a pergunta: "Estamos dispostos a morrer por Cristo?". Eles estão. Eles vivem na prática as palavras de Jesus:

> Se alguém quiser acompanhar-me, negue-se a si mesmo, tome diariamente a sua cruz e siga-me. Pois quem quiser salvar a sua vida, a perderá; mas quem perder a sua vida por minha causa, este a salvará. Pois que adianta ao homem ganhar o mundo inteiro, e perder-se ou destruir a si mesmo? (Lucas 9.23-25).

Pense nisto: A menos que Cristo volte antes, certamente morreremos fisicamente. Se todos vamos morrer, é pedir demais que Deus seja glorificado em nossa morte? O que está nos detendo? Se temos a certeza de que Jesus pagou o preço pelos nossos pecados e que quando morrermos iremos morar com ele, não devemos ter medo da morte.

Eu chamo isso de terceira milha. A primeira milha é render-se a Cristo. A segunda significa compartilhar o amor de Jesus com os muçulmanos. A terceira significa que eu amo tanto os muçulmanos que me disponho até a morrer por eles. Lembre-se que o muçulmano se dispõe a morrer por sua própria salvação. Como podemos convencê-lo de que Jesus já morreu por ele? Mostrando-lhe que estamos mais comprometidos em viver por Jesus do que ele em morrer na guerra santa.

Nessa guerra espiritual certamente haverá mortes. Eu não tenho nenhuma intenção de tirar a minha própria vida — essa não é minha decisão; minha vida pertence a Cristo. Porém, se seguir a Cristo implica arriscar a minha própria vida a fim de que outras pessoas possam conhecê-lo, não acho que isso seja um preço tão alto. Se eu vivo para Cristo, ele pode tirar minha vida quando isso servir aos seus propósitos.

E você, está preparado para entrar nessa guerra? Se está, eu quero fazer algumas perguntas pessoais e práticas.

Primeira: você já orou pelos terroristas da Al-Qaeda, do Hamas, do Jihad Islâmico ou do Hezbollah? Deixe-me ser mais específico. Você já orou por Osama bin Laden? Eu pergunto isso porque a primeira coisa que devemos fazer nessa luta é orar. Se você disser que não orou, eu pergunto: "Será que não é pela falta de nossas orações que Osama bin Laden é o que é?" Será que não podemos orar pela salvação dele? Ou será que não podemos neutralizar todo o seu ódio e suas ações maléficas através da oração? Vamos continuar com uma ofensiva de oração! Vamos lutar contra o Diabo pela alma do homem, não com poder militar, mas com o evangelho. Afinal, Deus está no negócio de transformar vidas. Se a nossa única resposta for destruir fundamentalistas muçulmanos, não vamos ganhar uma única alma. Não podemos ganhar a batalha contra o terrorismo com armas e bombas, porque cada um que matarmos será substituído por dezenas de outros que buscam vingança. A única resposta é um verdadeiro e total comprometimento com Jesus Cristo.

Há mais algumas perguntas:

Você pode orar pelos homens cheios de ódio que vivem em campos de refugiados no Líbano, na Jordânia e em Gaza e que acreditam que a única esperança para eles é o fundamentalismo islâmico, e que estão sendo recrutados para combater o jihad contra Israel e o Ocidente?

Você pode orar pelos jovens que estão sendo preparados para se amarrar a explosivos, andar entre a multidão no Iraque, em Israel ou em Londres e explodir? Você pode orar para que alguém os evangelize antes que seja tarde demais e lhes fale a respeito de Jesus?

Você pode orar pelos pregadores nas milhares de mesquitas, inclusive na Europa e na América do Norte, que incitam o ódio contra os cristãos?

Você pode orar pela conquista de almas entre os muçulmanos? Não um ou dois, mas por *milhões* de almas? Você pode escolher um país muçulmano e orar especificamente por ele o tempo que for preciso para que Deus mova o coração de homens e mulheres lá?

Você pode orar pelas igrejas do mundo muçulmano? Você pode orar especificamente pelas igrejas do país muçulmano que você escolheu como foco? Você conhece as necessidades deles? Eles estão preparados e prontos para colher a ceifa no país deles? Vamos tentar obter relatórios preliminares dos líderes das igrejas para que você possa orar *com* eles, e não apenas por eles.

E a pergunta final: Você está disposto a se tornar a resposta às suas orações? Se Deus escolher você para levar a mensagem, você irá?

Epílogo

Normalmente um livro termina com uma conclusão. Al e eu queremos terminar com um começo, lançando uma imensa campanha ofensiva. Queremos convidá-lo a se revestir de sua armadura espiritual e entrar no bom jihad. Estamos fazendo um apelo a todos os cristãos para uma campanha de oração pelo mundo islâmico. Você pode escolher por qual país muçulmano deseja orar. Talvez você já conheça algum missionário em algum país muçulmano e queira focar sua atenção lá. Ou talvez Deus já tenha mostrado a você um país específico.

No site que criamos, www.secretbelievers.org, há muito mais informação do que podemos apresentar neste livro. Nele, você encontra dados importantes sobre o país que escolher. Há também muitas outras informações úteis, como o modo de evangelizar muçulmanos em seu bairro ou cidade.

Queremos terminar com um acróstico do qual, esperamos, você se lembre todos os dias. Ele nos leva ao ponto principal da mensagem deste livro. A palavra é: *Islam* (islamismo). Eis o que precisamos lembrar:

"Eu amo sinceramente todos os muçulmanos"[1]

Que possamos conquistar o mundo com o amor de Cristo!

---

[1] O acróstico é formado em inglês: **I Sincerely Love All Muslims**. [N. do T.]

APÊNDICE

Carta da igreja afegã perseguida em Cristo

Perto do final de 2003, recebi uma mensagem dos cristãos do Sul do Afeganistão pedindo minha ajuda. Uma nova constituição havia sido proposta e os crentes estavam preocupados com o fato de que a disposição não fora feita para os não-muçulmanos. Eles queriam saber se era aquilo que as forças de coalizão pretendiam quando libertaram o país do cruel regime do Talibã. Estavam muito frustrados e queriam saber se os cristãos do Ocidente tinham consciência do que estava acontecendo. A reação deles foi a redação de uma carta ao presidente Bush. A seguir, a íntegra da carta. Por favor, preste atenção aos sentimentos deles à medida que você lê:

> Ao presidente George W. Bush
>
> Saudações no poderoso nome de Jesus.
>
> Somos muito gratos a Deus por ter posto e mantido o senhor no governo.
>
> Também estamos contentes por Deus ter dado ao senhor coragem para combater o mal do mundo, por ter quebrado o poder do mal em nosso país e nós tivemos um vislumbre de esperança. Estamos orando por seu sucesso e que Deus lhe dê olhos para ver e ouvidos para ouvir a súplica dos que sempre

são ignorados em nosso país. Eles são sempre perseguidos e assassinados somente pelo fato de buscarem comunhão com o Deus vivo por intermédio de Cristo. Todas as pessoas olham para eles como abatidos só pelo fato de serem minoria. Quando essas pessoas querem dar testemunho do Deus vivo, são enforcadas, e a vida se torna tão difícil para elas que seus filhos morrem de fome e de doenças e não existe ninguém em nosso país Afeganistão para combater as trevas. A nossa única e derradeira ajuda é Deus, não existe mais ninguém a quem recorrer.

Nós somos o povo do Afeganistão, que viu as más conseqüências da nossa antiga religião e, depois de vinte anos de guerra, começamos a pensar que tipo de religião estávamos seguindo que produz a morte em vez de vida. A religião que levou muitos dos nossos amigos e parentes à morte.

Finalmente, vieram até nós algumas pessoas como mensageiras de Deus e nos disseram que, de fato, Deus dá vida e não a tira. Elas nos apresentaram o Deus vivo e com ele nós restabelecemos a nossa relação. Por intermédio delas nós encontramos vida eterna e, em segredo, elas trouxeram a voz de Deus às nossas regiões. Atualmente, pela graça de Deus somos mais de 3 mil pessoas e cremos que o Senhor Jesus Cristo é o nosso redentor e nos libertou do poder do pecado. Cremos que sua cruz nos reconciliou com Deus, depois de termos vivido tanto tempo nas trevas.

Estamos orando há muito tempo para podermos levar a nossa voz até o senhor e hoje Deus abriu este meio. Jejuamos hoje e estamos orando a Deus que nos oriente a escrever algumas palavras ao senhor.

Queremos chamar a sua bondosa atenção para os problemas enfrentados pela igreja perseguida no Afeganistão:

Não existia o conceito de liberdade na época do Talibã e, após sua queda, pensamos que, com a vinda dos Estados Unidos, haveria uma nova constituição que desse liberdade de escolha de religião a todos, que é um direito básico de todo ser humano. Acontece que os muçulmanos estão convertendo centenas de pessoas cristãs e de outras religiões, mas, quando um muçulmano se converte ao cristianismo ou a outra religião, é ameaçado, perseguido e morto. Agora temos a proposta da nova constituição, que é quase a mesma da época do Talibã.

O Talibã pertencia à seita muçulmana sunita e toda constituição feita por eles se baseou na seita hanfi. Esperava-se que o monopólio do islamismo sunita fosse quebrado. Isso não está acontecendo, em vez disso a mesma bandeira está sendo introduzida, nela inscrito o credo sunita. Isso prova que não apenas os cristãos, mas as grandes minorias como os shiates, os siks etc. serão exploradas.

No mundo muçulmano todos os comentários feitos pela seita hanfi dizem que quem deixar o islamismo é *murtid* e deve ser morto. Quem blasfemar contra Maomé é morto. A inscrição na bandeira prova que o Afegão está indo para o islamismo saudita e esse tipo de islamismo não tem o conceito do direito humano de liberdade.

No Afeganistão os shiats, os siks e os cristãos são perseguidos e incomodados desde a época do Talibã. Especialmente os cristãos afegãos não têm absolutamente nenhuma proteção. O Talibã explorava todas as minorias usando o islamismo e agora o mesmo se espera repetir. A espada do Islã precisa ser removida do Afeganistão e o país precisa ser democrático em vez de islâmico, onde todas as seitas podem ter liberdade.

Sente-se a respeito da nova constituição que está sendo formada por 35 pessoas, depois de se ver o projeto, que o governo teme o Talibã e tenta satisfazê-lo dando-lhe tudo o que ele quer e ignorando as minorias. Com isso, todas as minorias cairão nas trevas e não haverá futuro para elas.

Todas as pessoas martirizadas e perseguidas no passado o foram devido ao Talibã e agora, no futuro, todos os ditos incidentes serão devidos à nova constituição que está sendo preparada e as minorias totalmente ignoradas.

O senhor lutou corajosamente contra o Talibã e agora é o momento que, com a sabedoria que Deus lhe deu, muito sabiamente o senhor deve tentar evitar o governo do mesmo grupo sobre o Afeganistão e colocar um novo fundamento de esperança para cada pessoa pela liberdade de escolha. Somos sinceros com o senhor e, se houver algo que possamos fazer, estamos mais do que dispostos a fazê-lo. Podemos até sacrificar nossa vida pela liberdade das futuras gerações e pela divulgação das boas-novas por causa de Jesus Cristo.

Existem pessoas entre os muçulmanos que são boas e liberais e não querem praticar e seguir o mesmo tipo de islamismo apresentado pelo Talibã. A entrada em vigor dessa constituição não permitirá que essas pessoas prosperem e não haverá esperança para o futuro do islamismo. De certa forma, elas podem ajudar a combater o tipo de islamismo fundamentalista.

Hoje existem templos siks no Afeganistão, mas não há igrejas. Zahir Shal construiu uma igreja para os missionários em Cabul, há muito tempo, mas ela foi destruída por outras pessoas depois. Até hoje há guardas naquele lugar e o exército afegão montou alguns alojamentos. A nossa pergunta é: se é possível a construção de mesquitas nos Estados Unidos e em Roma, por que não pode haver igrejas no Afeganistão?

Nosso último argumento é: Deus o fez presidente dos Estados Unidos, Deus o mantém por tanto tempo a despeito de todas as ameaças e ataques do inimigo. Agora é uma boa oportunidade para que o senhor ajude a espalhar o Reino dele no Afeganistão e nós estamos orando constantemente pelo senhor e cremos que Deus lhe deu sabedoria e poder para ampliar seu Reino e servi-lo. O senhor é um homem escolhido por Deus e cremos que ele tem um propósito especial para a sua vida e que esse propósito é ampliar o Reino dele. Oramos para que o Espírito Santo, nosso melhor ajudador e orientador, o ajude a servir nestes últimos dias ao Rei dos reis e Senhor dos senhores, Jesus Cristo, o Filho de Deus.

Esta é a Palavra de Deus para o senhor, presidente George W. Bush:

"O Senhor estenderá o cetro de teu poder desde Sião, e dominarás sobre os teus inimigos! Quando convocares as tuas tropas, o teu povo se apresentará voluntariamente" (Salmos 110.2,3).

Que Deus o abençoe e o guarde. Se o senhor quiser entrar em contato conosco para alguma ajuda, por favor, use o mesmo canal pelo qual recebeu o nosso apelo.

Que a graça do Deus todo-poderoso e vivo e seu Filho Jesus Cristo seja com o senhor pela presença do Espírito Santo. Amém.

Igreja afegã perseguida em Cristo.

BIBLIOGRAFIA

Na tentativa de compreender o mundo islâmico, lemos muitos livros durante anos, e mais livros surgem todos os meses. Existem tantas opções disponíveis que pensamos ser útil recomendar algumas. A seguir, alguns livros que o ajudarão, como cristão, a pensar no desafio do islamismo.

Accad, Fouad Elias. *Building Bridges: Christianity and Islam.* Colorado Springs: NavPress, 1997. Excelente livrinho para ajudá-lo a dialogar com muçulmanos.

Bawer, Bruce. *While Europe Slept: How Radical Islam Is Destroying the West from Within.* New York: Doubleday, 2006. Tem sido escrito muitos livros sobre as mudanças que estão ocorrendo na Europa, em grande parte ao influxo do islamismo. Bawer tem um estilo fácil de leitura. Também, de Claire Berlinski, em estilo aprazível é, *Menace in Europe: Why the Continent's Crisis Is America's, Too* (New York: Crown Forum, 2006). Se você deseja focar mais a situação na Inglaterra, pode dar uma olhada em Malanie Phillips, *Londonistan* (New York: Encounter Books, 2006).

Caner, Ergun Mehmet, e Emir Fethi Caner. *Unveiling Islam: An Insider's Look at Muslim Life and Beliefs.* Grand Rapids: Kregel, 2002. Esses irmãos cresceram como muçulmanos e agora seguem a Cristo e, como tais, dão uma perspectiva do interior do islamismo.

Irmão André e Al Janssen, *Força da Luz: A Única Esperança para o Oriente Médio* (Editora Vida, 2005). Esse livro é nosso, porém, o recomendamos porque o conflito no Oriente Médio é o foco de muita atenção no mundo muçulmano e no Ocidente e esse livro tenta mostrar como isso afeta a igreja. Ele também relata como eu (Irmão André) tentei alcançar grupos como o Hezbolah e o Hamas.

Esposito, John L. *Unholy War: Terror in the Name of Islam*. New York: Oxford University Press, 2002. Esposito é um respeitado historiador. Seu livro *What Everyone Needs to Known about Islam* (New York: Oxford University Press, 2002) é considerado uma excelente introdução ao mundo muçulmano. Ele é também editor de *The Oxford History of Islam* (New York: Oxford University Press, 1999).

Gabriel, Mark A. *Jesus and Muhammad: Profound Differences and Surprising Similarities*. Lake Mary, Florida: Charisma House, 2004. Gabriel cresceu como um dedicado muçulmano no Egito e conseguiu o doutorado em estudos islâmicos na Universidade de Al-Azhar, no Cairo. Nesse livro ele relata sua conversão ao cristianismo e então examina a vida e os ensinos dos fundadores do islamismo e do cristianismo. Ele escreveu também *Islam and Terrorism: What the Quran Really Teaches about Christianity, Violence and the Goals of the Islamic Jihad* (Lake Mary, FL: Charisma House, 2002).

Geisler, Norman L. e Abdul Saleeb. *Answering Islam: The Crescent in Light of the Cross*. 1993. Reimpressão, Grand Rapids: Baker, 2002. Excelente fonte para quem quer argumentos para a resposta cristã às afirmações do islamismo ortodoxo.

Hadi, Abdul. *The Cross and the Crescent: Understanding Islam*. Esse livro foi escrito por um querido amigo, pastor de uma igreja em um país muçulmano e renomado estudioso da Bíblia. Ele escreve sob pseudônimo. Não há dados de direitos autorais ou do editor citado no livro, mas ele pode ser pedido via internet através do Instituto Haggai. Acesse: http://www.haggai-institute.com/Information/InfoItem.asp?InfoID=48

Huntington, Samuel P. *The Clash of Civilizations: Remaking of World Order*. New York: Simon and Schuster, 1996. Esse foi o livro que causou sensação ao propor que, depois da queda do comunismo, "civilizações" substituíssem nações e ideologias como força propulsora de política global.

The Koran. Traduzido com notas de N. J. Dawood. New York: Penguin Books, 1995. A leitura do Alcorão não é fácil para a maioria dos cristãos, mas, ao falar com muçulmanos, é útil ter lido o livro sagrado deles. Claro que você deve também dedicar bastante tempo para a leitura de sua Bíblia!

LEWIS, Bernard. *What Went Wrong? The Clash Between Islam and Modernity in the Middle East.* New York: HarperCollins, 2002. Lewis é professor emérito de estudos do oriente próximo na Universidade de Princeton e autor de muitos livros sobre o Oriente Médio e o islamismo que são bastante pesquisados.

MARSHALL, Paul, ed. *Radical Islam's Rules: The Worldwide Spread of Extreme Sharia Law.* Lanham, Maryland: Rowman and Littlefield, 2005. Coleção do Freedom House's Center para Liberdade Religiosa na qual vários contribuintes olham para o crescimento da lei da Sharia no mundo todo.

MCCURRY, Don. *Healing the Broken Family of Abraham: New Life for Muslims.* Colorado Springs: Ministries to Muslims, 2002. Don é um velho amigo que serve fielmente no mundo muçulmano. Essa é uma excelente fonte para qualquer cristão que tenha interesse em trabalhar com muçulmanos. Você pode encomendar o livro pela internet por WorldChristian.com. Acesse: http://www.ywam.org/books/default.asp. Don tem também um excelente livreto chamado *Now You Can Know What Muslims Believe: A Muslim World Overview.* Disponível por intermédio de Ministries to Muslims, 4164 Austin Bluffs Parkway, nº 357, Colorado Springs, CO 80918.

SHEIKH, Bilquis, com Richard H. SCHNEIDER. *I Dared to Call Him Father: The Miraculous Story of a Muslim Woman's Encounter with God.* 1978. Reimpressão, Grand Rapids: Chosen, 2003. Eu (Irmão André) tive o privilégio de conhecer essa mulher notável no Paquistão. Aqui está seu testemunho, um dos melhores que se pode achar de uma conversão do islamismo para uma seguidora de Cristo.

A Portas Abertas

Com a visão de servir à Igreja Perseguida, a Missão Portas Abertas declara-se um ministério de resistência. Resistência à falta de fé, ao pecado e à perseguição.

Como tudo começou

Em 1955, André, um jovem evangelista holandês, é convidado para o Festival da Juventude Comunista na Polônia. Ele se sente impressionado ao ver o entusiasmo e a devoção dos jovens poloneses a um credo sem deus. Naquele momento, André ouve o chamado de Deus para servir cristãos em países sob restrição e discriminação, oficial ou informal.

Do trabalho solitário desse jovem holandês, que consistia em atravessar fronteiras comunistas com um fusca azul repleto de Bíblias, nasceu o ministério que hoje é conhecido como Portas Abertas – servindo cristãos perseguidos. No Brasil, recebe o nome de Missão Portas Abertas.

Declaração de Visão

(Revisada e aprovada pela Diretoria de Portas Abertas Internacional em 28 de outubro de 2003)

- Fortalecer e preparar o Corpo de Cristo que vive sob, ou enfrenta, restrição e perseguição em razão de sua fé em Jesus Cristo e encorajar seu envolvimento no evangelismo mundial através dos seguintes meios:

- Prover Bíblias e literatura, meios de comunicação, treinamento de liderança, desenvolvimento sócio-econômico e oração intercessória;

- Preparar o Corpo de Cristo que vive em áreas ameaçadas ou instáveis para que enfrentem a perseguição e o sofrimento;

- Instruir e mobilizar o Corpo de Cristo que vive no mundo livre para que se identifique com os cristãos ameaçados e perseguidos e se envolva de forma ativa na assistência a eles.

Fazemos isso porque cremos que, quando um membro sofre, todos os outros sofrem com ele (1Coríntios 12.26), todas as portas estão abertas e Deus capacita o seu Corpo a ir ao mundo todo para pregar o evangelho.

Como participar

Orando. A oração é a maior contribuição que você, como cristão, pode oferecer.

Indo. Faça parte de uma equipe de mensageiros voluntários da Portas Abertas.

Contribuindo. Além de orar, você pode participar do trabalho da Portas Abertas sem sair de casa, ajudando a sustentar economicamente o serviço à Igreja Perseguida por meio de doações. A contabilidade da organização é analisada anualmente por uma auditoria independente. Se desejar contribuir, entre em contato.

Missão Portas Abertas
Caixa Postal 55.055
CEP 04733-970
São Paulo – SP

Fone: (0_ _11) 5181 3330
Fax: (0_ _11) 5181 7252
E-mail: atendimento@portasabertas.org.br
Site: www.portasabertas.org.br